Was bestimmt den Menschen?
Persönlichkeitsmerkmale, Bedürfnisse und deren
entwicklungspsychologische Einflüsse –
Statistische Analysen bei einer studentischen Population

Pia-Marie Comanns

und

Kurt Wedlich

CIP-Medien-Verlag München

Pia-Marie Comanns & Kurt Wedlich

Was bestimmt den Menschen? Persönlichkeitsmerkmale, Bedürfnisse und deren entwicklungs-psychologische Einflüsse – Statistische Analysen bei einer studentischen Population

ISBN Paperback 978-3-75288-607-8
E-Book www.bod.de

CIP-Medien, München 2018
www.cip-medien.com

Herstellung und Bezugsquelle: BOD – Book on Demand, Norderstedt

Bibliografische Information der Deutschen Nationalbibliothek
Die Deutsche Nationalbibliothek verzeichnet diese Publikation in der Deutschen Nationalbibliografie;
detaillierte bibliografische Daten sind im Internet über http://dnb.d-nb.de abrufbar.

Geleitwort

Die vorliegende methodisch hoch qualifizierte Studie von Pia-Marie Comanns und Kurt Wedlich untersucht wesentliche Elemente des Verhaltensdiagnostiksystems VDS, dessen Fragebögen und Interviewleitfäden kostenlos von der Verlagswebseite heruntergeladen werden können und in Diagnostik und Therapie eingesetzt werden dürfen, auch das Recht der Vervielfältigung gehört dazu.

Es hat sich gezeigt, dass der Anwendungsbereich sich zusätzlich zu Psychotherapie, Psychosomatik und Psychiatrie sich auch auf Diagnostik und Beratung im Bereich der Persönlichkeitsentwicklung und im Coaching erstreckt.

Ohne dass darauf zurückgegriffen werden muss, ist die Basis eine affektiv-kognitive Entwicklungstheorie des Verhaltens, die den aktuellen Stand wissenschaftlicher Erkenntnis der klinisch-psychologischen und psychotherapeutischen Forschung repräsentiert (Sulz, 2017).

Es ist sehr erfreulich, dass die umfangreichen Forschungsergebnisse zur Qualität der VDS-Skalen und -Checklisten durch diese Studie bestätigt werden.

Prof. Dr. Dr. Serge Sulz

Zusammenfassung

Die vorliegende Studie bildet eine Replikation der Forschungsarbeiten von Sulz und Müller (2000) sowie von Sulz und Maier (2009) anhand der aktuellen Versionen der Fragebögen des *Verhaltensdiagnostik-Systems* (VDS). Im Rahmen einer Querschnittsuntersuchung liegt das Ziel der differenzialpsychologisch ausgerichteten Arbeit vornehmlich auf der Untersuchung des Zusammenhangs zwischen Persönlichkeitszügen (VDS30, *Checkliste Persönlichkeitsstile*, VDS19+, NEO-FFI), frustrierenden Kindheitserfahrungen (VDS24), zentralen Bedürfnissen (VDS27) und zentralen Ängsten (VDS28) bei deutschsprachigen Studierenden. Die untersuchte Stichprobe besteht aus 216 Studierenden unterschiedlicher Fachbereiche im Alter von 18 bis 47 Jahren.

Die korrelativen Analysen bestätigen weitestgehend die Forschungsergebnisse vorangegangener Studien. Des Weiteren zeigt sich, dass Angst und Frustrationen von Selbstbedürfnissen im Kindes- und Jugendalter Prädikatoren für die Ausprägung dysfunktionaler Persönlichkeitszüge im Erwachsenenalter darstellen. In der Analyse der interessierenden Population von Studierenden ergeben sich geschlechtertypische Unterschiede in einzelnen funktionalen und dysfunktionalen Persönlichkeitszügen, frustrierenden Kindheitserfahrungen, zentralen Bedürfnissen und zentralen Ängsten. Besonders auffallend ist, dass Männer eher passiv-aggressive, schizoide, narzisstische und paranoide Persönlichkeitszüge aufweisen, während Frauen vornehmlich beziehungsbezogen sind. Auch in der Untersuchung der Studierenden unterschiedlicher Fachrichtungen resultieren signifikante Unterschiede in einzelnen untersuchten Konstrukten. So zeigt sich unter anderem, dass Studierende der Psychologie ein höheres Maß an Beziehungsbezogenheit aufweisen als Studierende anderer Fachbereiche. Des Weiteren ist feststellbar, dass erwerbstätige Studenten unter anderem ein höheres Maß an Gewissenhaftigkeit und Extraversion aufweisen als Studierende ohne Erwerbstätigkeit. Bei jenen sind dagegen neurotische Persönlichkeitseigenschaften ausgeprägter. Die Untersuchung der methodischen Konzeption der *Checkliste Persönlichkeitsstile* lässt schlussfolgern, dass es sich hierbei um ein geeignetes Instrument zur Erfassung (dysfunktionaler) Persönlichkeitszüge bei nicht-klinischen Populationen handelt, weshalb sie einen Mehrwert als Erweiterung des VDS darstellt.

Zusammenfassend sind es somit gerade die letzten Ergebnisse der Studie, die Anlass zu weiteren Untersuchungen geben und den Grundstein für eine differenzierte Erforschung unterschiedlicher Populationen in unterschiedlichen Lebenslagen legen.

Abstract

The present study replicates the empirical studies of Sulz and Müller (200) as well as of Sulz and Maier (2009) based on the current versions of the *Verhaltensdiagnostik-System* (VDS). As part of a cross-sectional study, the aim of this differential psychology-oriented study is primarily to investigate the relationship between personality traits (VDS30, *Checkliste Persönlichkeitsstile*, VDS19+, NEO-FFI), frustrating childhood experiences (VDS24), central needs (VDS27) and central fears (VDS28) among German-speaking students. The sample examined consists of 216 students from different subject areas aged 18 to 47 years.

The correlative analyzes largely confirm the research results of previous studies. Furthermore, it is shown that anxiety and frustration of self-needs in childhood and adolescence are predictors of the development of dysfunctional personality traits in adulthood. The analysis of the student population of interests reveals gender-specific differences in individual functional and dysfunctional personality traits, frustrating childhood experiences, central needs, and central anxieties. Particularly striking is that men show more passive-aggressive, schizoid, narcissistic and paranoid personality traits, while women are primarily relationship-related. The study of students from different disciplines also results in significant differences in individual examined constructs. This shows, among other things, that students of psychology have a higher degree of relationship-relatedness than students from other disciplines. It can also be stated that among other things, working students have a higher degree of conscientiousness and extraversion than students without gainful employment. In contrast, neurotic personality traits are more pronounced in those. The study of the methodological concept of the *Checkliste Persönlichkeitsstile* suggests that this is a suitable tool for detecting (dysfunctional) personality traits in non-clinical populations, thus providing added value as an extension of the VDS.

In summary, it is thus just the last results of the study, which give reason for further investigations and lay the foundation for a differentiated research of different populations in different life situations.

I. Inhaltsverzeichnis

II. Abbildungsverzeichnis

III. Tabellenverzeichnis

IV. Abkürzungsverzeichnis

APA   American Psychological Association

Au   Ausgeglichen

BO   Borderline

Bz   Beziehungsbezogen

DE   Dependent

DSM   Diagnostic and Statistical Manual of Mental Disorders

Es   Emotional stabil

Fl   Flexibel

Gm   Gemeinschaftsorientiert

HI   Histrionisch

ICD-10   Internationales Klassifikationssystem psychischer Störungen

Ks   Konfliktsicher

MINT   Mathe, Informatik, Naturwissenschaft und Technik

NA   Narzisstisch

NEO-FFI   Neo-Fünf-Faktoren-Inventar

PA   Passiv-aggressiv

PR   Paranoid

PSSO   Persönlichkeits-Stil und Störungs-Inventar

Sb   Selbstbewusst

SC   Schizoid

Ss   Selbstsicher

SU   Selbstunsicher-ängstlich

Uv   Unvoreingenommen

VDS	Verhaltensdiagnostik-System
VDS19+	VDS19+ Plus Persönlichkeit Fragebogen
VDS24	VDS24 Frustrierendes Elternverhalten in Kindheit und Jugendalter
VDS27	VDS27 Zentrale Bedürfnisse
VDS28	VDS28 Meine zentrale Angst
VDS30	VDS30 Persönlichkeitsfragebogen
ZW	Zwanghaft

Hinweis: Zur Sicherstellung der besseren Lesbarkeit wird nachfolgend auf die separate Verwendung weiblicher und männlicher Sprachformen weitestgehend verzichtet. Entsprechend gelten sämtliche Personenbezeichnungen.

1. Einleitung

Was bestimmt den Menschen? – Eine Frage, die seit Beginn der menschlichen Historie nicht nur in der Wissenschaft, unter anderem in der Psychologie, zahlreich diskutiert wird. Auch im Alltag gibt es wohl kaum eine Person, die sich noch nicht mit der Frage befasst hat, wer sie ist und warum sie so ist, wie sie ist. Bei nahezu unzähligen Faktoren, die das menschliche Erleben und Verhalten (maßgeblich) beeinflussen können, konzentriert sich diese differenzialpsychologisch ausgerichtete Arbeit vornehmlich auf die psychischen Kräfte, die als Antriebsform des Menschen fungieren und so sein Denken, Fühlen und Handeln steuern (Hobmair, 2013). Diese können in das implizite und in das explizite System eingeteilt werden (Graßl, 2013).

Nach Epstein, Pacini, Denes-Raj und Heier (1996) meint das Explizite, auch Verstand genannt, die langsame und analytische Verarbeitung, das Sequentielle, das logische und kausale Denken sowie das Beweisen. Explizite Erfahrungen sind bewusst, aktiv und kontrolliert (Graßl, 2013). Das explizite System nach Grawe (2000) umfasst die Gedanken, das Wissensgedächtnis, die bewusste Verarbeitung von Informationen sowie Absichten, Pläne und Handlungen, die dem Bewusstsein zugänglich sind. Sulz (1994) bezeichnet das explizite System als willkürliche Psyche (Sulz & Hauke, 2010).

Das Implizite, auch das Gefühl genannt, betrifft die schnelle und intuitive Verarbeitung, das Ganzheitliche, das Lust-Unlust-Betonte sowie den Glauben (Epstein et al., 1996). Laut Epstein et al. (1996) sind implizite Erfahrungen vorbewusst und passiv. Das implizite System von Grawe (2000) entspricht unbewussten, das heißt nicht bewusst wahrgenommenen Vorgängen. Sulz (1994) bezeichnet das implizite System als autonome Psyche, welche die wesentlichen Determinanten der individuellen Lebensgestaltung des Menschen beinhalten (Sulz, 2017; Sulz & Hauke, 2010).

Einen Teil der autonomen Psyche bildet die implizite Überlebensregel des Menschen. Diese Verhaltensformel wird lerngeschichtlich durch (frustrierende) Erfahrungen mit den Eltern in der Kindheit und Jugend erworben und dient dem obersten Ziel der Regelung und Sicherung des zwischenmenschlichen Überlebens (Sulz et al., 2011; Sulz, 2000a). Zu diesem Zweck wendet der Mensch jenes kognitive Regelwerk unbewusst während seiner gesamten Lebenszeit an, indem er bestimmte Verhaltensweisen aufgrund seiner Persönlichkeit zeigt, um dadurch seine wichtigsten (zentralen) Bedürfnisse zu befriedigen und um seine wichtigsten (zentralen) Ängste zu vermeiden (Sulz, 2013a). Dieses Zusammenspiel wird auf der nachfolgenden Seite in Abbildung 1 vereinfacht dargestellt.

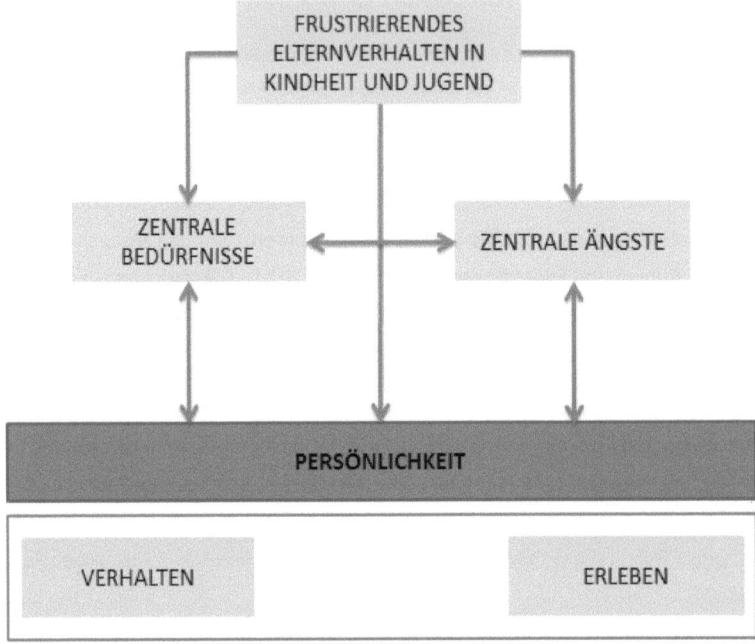

Abb. 1: Eigene Darstellung der psychischen Kräfte des Menschen und deren Einfluss auf dessen Erleben und Verhalten.

Sowohl für die implizite Überlebensregel nach Sulz als auch für ihre einzelnen Bestandteile und deren Wechselwirkungen liegt bereits eine Vielzahl empirischer Untersuchungen auf Basis des *Verhaltensdiagnostik-Systems* (VDS) von Sulz (1999) vor (vgl. Sulz et al., 2011; Sulz & Maier, 2009; Sulz & Müller, 2000). Die vorliegende Arbeit bildet größtenteils eine Replikation vorange-gangener Studien anhand der überarbeiteten Fragebögen des VDS bei einer studentischen Population.

In den folgenden Abschnitten werden zunächst die einzelnen Bestandteile Persönlichkeit, Bedürf-nisse und Ängste vor dem wissenschaftlichen Hintergrund erläutert und schließlich zu einer implizi-ten Überlebensregel zusammengefasst. Darauf folgen jeweils die Darstellung des aktuellen Forschungsstands sowie eine Zusammenfassung der aufgeführten Forschungsergebnisse, woraus die Fragestellungen und Hypothesen der Masterthesis resultieren. Danach wird die methodische Konzeption der Studie erörtert. Anschließend werden die Ergebnisse präsentiert und diskutiert. Ferner werden die Stärken und Schwächen der Studie aufgezeigt. Der letzte Abschnitt der Arbeit bildet das Fazit mit einem Ausblick auf ihren Nutzen für Theorie und Praxis.

2. Theoretischer Hintergrund

Im folgenden Abschnitt werden die zentralen Untersuchungsgegenstände, Persönlichkeit und Bedürfnisse, definiert und erläutert. Es folgen ein kurzer Exkurs zu den (zentralen) Ängsten sowie eine Zusammenfassung aller Konstrukte in die implizite Überlebensregel. Da die nachfolgende Studie vornehmlich auf den Persönlichkeits-, Bedürfnis- und Angsttheorien von Sulz (1993) basieren, liegt der Schwerpunkt des theoretischen Hintergrunds auf jenen Annahmen. Zur Gewährleistung eines ganzheitlichen Überblicks über die Thematik werden weitere Theorien und Modelle jeweils kurz angeschnitten.

2.1 Persönlichkeit

Der erste Teil des theoretischen Hintergrunds befasst sich mit der Persönlichkeit. Diese wird zunächst im Rahmen der Begriffsklärung definiert. Darauf folgt die Darstellung und Erklärung einzelner ausgewählter Persönlichkeitstheorien, wobei vor allem auf das affektiv-kognitive Entwicklungsmodell der Persönlichkeit nach Sulz (1993) Bezug genommen wird. Abschließend wird ein Überblick über den aktuellen Forschungsstand gegeben.

2.1.1 Begriffsklärung der Persönlichkeit

„Das Muster der Eigenschaften, das für einen Menschen insgesamt gesehen kennzeichnend ist, wird (...) oft als sein Charakter bezeichnet" (Schmitz, 1999, S.105). Gerade in der frühen Persönlichkeitsforschung wird der Begriff „Charakter" als Synonym für die Gesamtpersönlichkeit eines Menschen verwendet (Hobmair, 2013). Angesichts der bewertenden Kennzeichnung des Charakterbegriffs, insbesondere in der Alltagssprache, wird dieser heutzutage überwiegend von dem Begriff „Persönlichkeit" abgelöst (Hobmair, 2013).

In der Psychologie existiert kein einheitlicher Konsens über die Definition der Persönlichkeit, wodurch sich unterschiedliche Operationalisierungsversuche je nach zugrundeliegender Persönlichkeitstheorie ergeben. Allgemein besteht die Annahme darin, dass die Persönlichkeit die Gesamtheit des menschlichen Erlebens und Verhaltens bildet (Sulz, 2017; Graßl, 2013). Fiedler (1995) definiert die Persönlichkeit als überdauernde Formen des Wahrnehmens, des emotionalen Erlebens, des Denkens und der Beziehungsgestaltung (vgl. Benecke, 2014; Tschacher & Munt, 2013; APA, 1987). Schmitz (1999) beschreibt die Persönlichkeit als „(...) die Gesamtheit der Emotionen, Gedanken, Phantasien und Erinnerungen mit denen wir uns identifizieren und die wir dementsprechend als unser Ich erleben" (S.65).

Die Persönlichkeit eines Menschen bildet keine stabile und in sich konstante Einheit, sondern besteht vielmehr aus mehreren Anteilen, die je nach internen und/oder externen Reizen getriggert werden und entsprechend reagieren (Maragkos, 2013). Je nach situativem Kontext identifiziert sich der Mensch demnach mit einem Teil beziehungsweise einer Facette seiner Persönlichkeit, was zur Folge hat, dass er in den verschiedenen Situationen charakteristischerweise und beständig reagiert (Hobmair, 2013; Schmitz, 1999). Diese Teilpersönlichkeiten beziehungsweise Subpersönlichkeiten verkörpern die Bedürfnisse, Absichten und Wünsche des Menschen und äußern sich in seinen entsprechenden Verhaltensweisen (Schmitz, 1999). Somit besteht die Persönlichkeit sowohl aus einem Ich-Komplex, als auch aus seinen Teilpersönlichkeiten (Schmitz, 1999).

Über die zahlreichen Begriffserklärungen hinweg, lassen sich folgende zusammenfassend grundlegende Merkmale der Persönlichkeit charakterisieren: „Die Persönlichkeit besteht aus verschiedenen Merkmalen, sogenannten Persönlichkeitsmerkmalen, die relativ konstant, aber nicht starr, sondern veränderbar sind" (Hobmair, 2013, S.355). Diese relativ zeitstabilen und situationsübergreifenden Persönlichkeitsmerkmale sind Wesenszüge, die von Person zu Person unterschiedlich stark ausgeprägt sind (Hobmair, 2013). Die bestimmte Anordnung dieser Persönlichkeitsmerkmale wird als Struktur der individuellen Persönlichkeit bezeichnet (Schmitz, 1999). Guilford (1984) bezeichnet das Ergebnis des Ausbildungsgrades und des Zusammenspiels dieser Merkmale als Einzigartigkeit und Unverwechselbarkeit des Menschen.

2.1.2 Persönlichkeitstheorien

Analog zu der Vielzahl an Bestimmungsversuchen des Persönlichkeitsbegriffs liegt eine Vielzahl unterschiedlicher und teilweise konkurrierender Persönlichkeitstheorien vor. Jene postulieren eine dimensionale oder kategoriale Bestimmung der Persönlichkeitseigenschaften und unterscheiden sich demnach hinsichtlich ihres Menschenbilds sowie den daraus resultierenden Grundannahmen über den Aufbau und die Funktionsweise der Persönlichkeit (Hobmair, 2013). Trotz dieser Differenzen bildet die Erkenntnis über deren ergänzenden Charakter einen Mehrwert in dem Verständnis über die menschliche Persönlichkeit.

2.1.2.1 Dimensionale Persönlichkeitstheorien

Zu den bedeutendsten dimensionalen Theorien der Persönlichkeit zählen die eigenschaftsorientierten und faktoranalytischen Persönlichkeitsmodelle. Die grundlegende Annahme dieser Persönlichkeitsmodelle ist,

> „(...) dass sich Wesenszüge eines Menschen in seinem Erleben und Verhalten zeigen und diese zugleich aus dem Verhalten erschlossen werden können. Da Erleben und Verhalten immer auf Eigenschaften zurückzuführen sind, sind sie auch aufgrund der Kenntnisse über diese Eigenschaften vorhersagbar" (Hobmair, 2013, S.360).

Das Ziel der eigenschaftsorientierten Persönlichkeitstheorien ist die Beschreibung der individuellen Persönlichkeit des Menschen anhand von stabilen Eigenschaften (*traits*), welche sich grundsätzlich von zeitlich begrenzten und wechselnden Zuständen (*states*) unterscheiden (Myers, 2014;

Salewski & Renner, 2009). Die Problematik der Beschreibung der Persönlichkeit eines Menschen durch seine Eigenschaften liegt in ihrer Vielzahl. Demnach bedarf es einer Faktoranalyse zur Reduktion jener möglichen Eigenschaften auf eine begrenzte Anzahl zentraler Eigenschaftsdimensionen, sogenannten Faktoren (Hobmair, 2013; Asendorpf, 2011; Borkenau & Ostendorf, 2008). Die Faktorenanalyse wird im lexikalischen Ansatz der Persönlichkeitsbeschreibung angewendet und meint die schrittweise Reduzierung des gesamten Lexikons einer Sprache zu einem überschaubaren Satz von Eigenschaftsbezeichnungen, der möglichst weite Bereiche der Persönlichkeit abdeckt und dadurch ein effektives Beschreibungssystem für Persönlichkeitsunterschiede bildet (Asendorpf, 2011; Muck, 2006).

Neben dem faktoranalytischen Ansatz von Cattell (1965) und der Drei-Faktoren-Theorie von Eysenck (1970) als die bekanntesten faktoranalytischen Persönlichkeitsmodelle, findet das Fünf-Faktoren-Modell (*Big Five*), auch OCEAN-Modell genannt, in jüngster Zeit den häufigsten Einsatz. Die *Big Five* ermöglichen eine effiziente Beschreibung alltagspsychologisch wahrnehmbarer Persönlichkeitsunterschiede (Asendorpf, 2011). Entsprechend ihres Namens, gliedern sie sich, wie in Abbildung 2 dargestellt, in fünf Hauptfaktoren der menschlichen Persönlichkeit (Asendorpf & Neyes, 2011; Borkenau & Ostendorf, 2008).

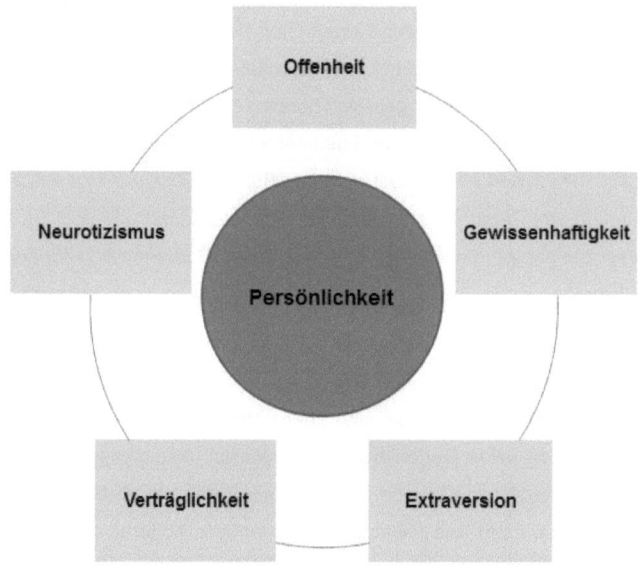

Abb. 2: Eigene Darstellung der *Big Five* des Fünf-Faktoren-Modells der Persönlichkeit.

Es folgt eine differenzierte Beschreibung der einzelnen Persönlichkeitsfaktoren:

- Offenheit gegenüber neuen Erfahrungen (*Openness to new experience*): Der Faktor Offenheit gegenüber neuen Erfahrungen steht für die Offenheit und Toleranz für Ideen und Fantasien, Ästhetik, Gefühlen und Handlungen sowie für das Normen- und Wertesystem der Gesellschaft (Borkenau & Ostendorf, 2008). Menschen mit hohen Ausprägungen suchen aktiv und eigenständig nach neuen und unbekannten Erfahrungen, Eindrücken und Erlebnissen (Salewski & Renner, 2009). Weniger offene Menschen neigen hingegen zu konservativen und konventionellen Denk- und Verhaltensweisen (Hobmair, 2013; Borkenau & Ostendorf, 2008).

- Gewissenhaftigkeit (*Conscientiousness*): Diese Eigenschaftsdimension ist durch strukturiertes, pflichtbewusstes und strebsames Verhalten im sozialen und beruflichen Kontext gekennzeichnet (Hobmair, 2013; Borkenau & Ostendorf, 2008). Charakteristischerweise steht eine hohe Ausprägung an Gewissenhaftigkeit für Ordentlichkeit und Disziplin (Asendorpf, 2011). Gleichzeitig besitzen sehr gewissenhafte Personen ein erhöhtes Risiko für Zwanghaftigkeit, Arbeitssucht sowie für einen übermäßig hohen Selbstanspruch (Borkenau & Ostendorf, 2008). Personen mit geringen Ausprägungen sind dagegen eher nachlässig und neigen zu Gleichgültigkeit (Borkenau & Ostendorf, 2008).

- Extraversion (*Extraversion*): Der Faktor Extraversion beschreibt die gezielte Suche nach Anregung und Aufregung in zwischenmenschlichen Beziehungen (Borkenau und Ostendorf, 2008). Extravertierte Personen sind gesellig, herzlich und frohsinnig (Rammsayer & Weber, 2016). Gleichzeitig steht der Begriff in Zusammenhang mit Erlebnishunger, Aktivität und Durchsetzungsfähigkeit (Borkenau & Ostendorf, 2008). Im Gegensatz zu extravertierten Menschen sind introvertierte Personen eher zurückhaltend, reserviert und verschlossen (Hobmair, 2013). Sie verspüren primär den Wunsch des Alleinseins (Borkenau & Ostendorf, 2008).

- Verträglichkeit (*Agreeableness*): Diese Dimension steht für die Qualität und Orientierung zwischenmenschlicher Beziehungen (Borkenau & Ostendorf, 2008). Menschen mit einer hohen Ausprägung an Verträglichkeit zeichnen sich durch gutherziges, mitfühlendes und kooperatives Verhalten aus (Hobmair, 2013). Sie sind eher harmoniebedürftig und handeln daher häufig altruistisch, indem sie keine Gegenleistungen erwarten (Rammsayer & Weber, 2016). Das Handeln weniger verträglicher Personen ist hingegen eher von Antagonismus geprägt. Sie sind vornehmlich ich-zentriert und misstrauisch gegenüber Anderen (Borkenau & Ostendorf, 2008).

- Neurotizismus (*Neuroticism*): Die Eigenschaftsdimension Neurotizismus bezieht sich auf den Grad der psychischen Labilität (Borkenau & Ostendorf, 2008). Emotional instabile Personen weisen Schwierigkeiten im adäquaten Umgang mit Stresssituationen auf und können ihre

Bedürfnisse nur selten angemessen kontrollieren (Rammsayer & Weber, 2016). Entsprechend sind sie häufig nervös, ängstlich, reizbar und impulsiv bis hin zu depressiv (Asendorpf & Neyer, 2011). Im Gegensatz dazu zeichnen sich emotional stabile Personen durch Ausgeglichenheit und Belastbarkeit aus (Hobmair, 2013).

In der neueren Literatur treten faktoranalytische Persönlichkeitstheorien immer seltener auf. Grund hierfür ist, dass jene Modelle lediglich der Beschreibung beziehungsweise als Möglichkeit der Klassifikation dienen. Eine wirkliche Erklärung der Persönlichkeit bleibt aus.

2.1.2.2 Kategoriale Persönlichkeitstheorien

Eine weitere wichtige Einteilung der Persönlichkeit beziehungsweise der Persönlichkeitsstörungen liefern die psychiatrischen Systeme der kategorialen Klassifikation ICD und DSM. Im Gegensatz zu dem Fünf-Faktoren-Modell liegt der Anspruch des Klassifikationssystems nicht in der Berücksichtigung der Gesamtpersönlichkeit, sondern in der Erfassung dysfunktionaler Aspekte (Sulz, Gräff-Rudolph & Jacob, 1998). Persönlichkeitszüge werden dann als Persönlichkeitsstörung bezeichnet, wenn sich Extremvarianten der „normalen" Persönlichkeitsvariation bilden (Asendorpf, 2011).

Der deutsche Psychiater Kurt Schneider ist ein wichtiger Wegbereiter für die Einteilung der Persönlichkeitsstörungen der heutigen psychiatrischen Systeme der kategorialen Klassifikation DSM und ICD (Sulz & Sauer, 2003; Sulz et al., 1998). Schneider (1976) beschreibt zehn psychopathische Persönlichkeitscharaktere: Der Hypothyme, der Depressive, der Selbstunsichere, der Fanatische, der Geltungsbedürftige, der Stimmungslabile, der Explosible, der Gemütlose, der Willenslose und der Asthenische. Dabei betont er, dass eine isolierte Form der einzelnen Charaktere nur selten vorliegt. Diese Form der Einteilung dient vielmehr einer groben Orientierung (Sulz & Sauer, 2003).

Auf Grundlage der Annahmen Schneiders (1976) sind in dem aktuellen DSM-IV-R (APA, 1994) auf Achse II folgende Persönlichkeitsstörungen definiert: Selbstunsichere Persönlichkeitsstörung, dependente Persönlichkeitsstörung, zwanghafte Persönlichkeitsstörung, histrionische Persönlichkeitsstörung, schizoide Persönlichkeitsstörung, Borderline-Persönlichkeitsstörung, paranoide Persönlichkeitsstörung, schizotype Persönlichkeitsstörung sowie dissoziale/antisoziale Persönlichkeitsstörung. Unter der Kategorie Andere Persönlichkeitsstörungen sind zudem die passiv-aggressive und die depressive Persönlichkeitsstörung angesiedelt. In der neueren Version, dem DSM-V (Falkai, 2015; APA, 2013) werden die aufgeführten Persönlichkeitsstörungen zu sogenannten Clustern gruppiert: Cluster A (sonderbar, exzentrisch), Cluster B (dramatisch, emotional) und Cluster C (ängstlich, vermeidend).

Die Klassifikationen des DSM-IV-R (APA, 1994) ähneln denen des ICD-10 (Dilling, Mombour & Schmidt, 2014): Paranoide Persönlichkeitsstörung, schizoide Persönlichkeitsstörung, schizotype Persönlichkeitsstörung, Borderline-Persönlichkeitsstörung, histrionische Persönlichkeitsstörung, antisoziale Persönlichkeitsstörung, zwanghafte Persönlichkeitsstörung, vermeidende Persönlichkeitsstörung, abhängige Persönlichkeitsstörung und narzisstische Persönlichkeitsstörung.

2.1.2.3 Affektiv-kognitives Entwicklungsmodell der Persönlichkeit

Im Rahmen des affektiv-kognitiven Entwicklungsmodells der Persönlichkeit definiert Sulz (1993) die Persönlichkeit des Menschen als „(…) das ihn im Unterschied zu anderen Menschen charakterisierende Erleben und Verhalten" (S.102). Diese individuellen Erlebens- und Verhaltenstendenzen bestimmen seine einzigartige Art, mit seinen Gefühlen, Beziehungen und mit sich selbst umzugehen, seine Motive, Überzeugungen, Erwartungen, Werte und Normen sowie Konflikte (Sulz, 2000a). Das kennzeichnende Bündel an Erlebens- und Verhaltensweisen, die die menschliche Lebensgestaltung maßgeblich beeinflussen, ist das Ergebnis biographischer Wechselwirkungsprozesse zwischen dem Kind und seinen Eltern mit ihren punktuell traumatisch oder chronisch frustrierenden Verhaltensweisen sowie später zwischen dem Menschen mit seinen angeborenen Dispositionen und der sozialen und physikalischen Umwelt (Sulz, 2017; Sulz, 2015a; Sulz & Sauer, 2003; Sulz, 2009a; Sulz, 1993).

Mit dieser Annahme knüpft Sulz (1993) an die Theorie von Bandura (1977) an, der das menschliche Erleben im Rahmen des kognitiv-behavioralen Ansatzes ebenfalls als Wechselbeziehung zwischen der Person und seiner Umwelt beschreibt. Auch Mischel (1997) betont in seiner verhaltenstheoretisch orientierten Persönlichkeitstheorie die Bedeutung interpersoneller Erfahrungen, die sich im Sinne von kognitiven Repräsentanzen zu persönlichen kognitiven Konstrukten verdichten und die Konsistenz und Stabilität der Persönlichkeit bestimmen (Sulz & Müller, 2000; Piaget & Inhelder, 1981). Sulz (1993) beachtet in seinem Operationalisierungsversuch gleichzeitig die Tatsache, dass die menschliche Entwicklung nicht ausschließlich mit Lernprozessen gleichgesetzt werden kann, da der Mensch nicht alles allein durch Konditionierungprozesse erwerben muss, indem er die angeborenen Dispositionen des Individuums berücksichtigt (Hoenes et al., 2014). Auch Millon (1996) fasst sowohl biologische Faktoren, wie angeborene, pränatale und postnatale biologische Determinanten, als auch psychologische und soziale Einflüsse des Verhaltens und der Persönlichkeit zusammen.

Entsprechend der Annahmen von Dollard und Miller (1950) geht Sulz (2015a) davon aus, dass ein wichtiger Faktor in der Entwicklung die Befriedigung sozialer Bedürfnisse ist. Auch Epstein (1990) entwickelte seine Persönlichkeitstheorie vor dem Hintergrund von vier Grundbedürfnissen (siehe 2.2 Bedürfnisse). Entsprechend der Grundannahmen von Beck (1979) geht er davon aus, dass der

Mensch eine persönliche Theorie der subjektiven Wirklichkeit entwickelt (Sulz, 2009b; Epstein; 2003; Epstein, 1990). Diese Realitätstheorie ist vorbewusst und setzt sich unter anderem aus intentionalen Anforderungen zusammen, die ihm vorgeben, was er zu tun oder zu lassen hat, um seine Bedürfnisse zu befriedigen (Sulz, 2017; Sulz & Müller, 2000). Angesichts seiner unentwickelten Psyche ist der Mensch als Kind noch nicht in der Lage, auf Bedrohungen und Frustrationen seiner Bedürfnisse mit seinem bereits entwickeltem Verhaltensrepertoire zu reagieren (Sulz 2009a). Die Folge ist Angst, welche das Kind durch vielfältige Vermeidungsreaktionen zu lindern versucht (Sulz, 2009a). Erfolgreiche Vermeidungsverhaltensweisen werden gelernt. Nicht erfolgreiche oder Angst vergrößernden Strategien werden entsprechend der Annahmen der behavioristischen Lerntheorie gelöscht beziehungsweise unterdrückt. Im Sinne einer Ökonomisierung und Einsparung psychischer Energie verfestigen sich diese Erlebens- und Verhaltensweisen zu Gewohnheiten und werden in einer Vielzahl sozialer Situationen relativ automatisch und stereotyp, intuitiv angewendet (Sulz, 1993). Je nach funktionalem beziehungsweise dysfunktionalem Umgang der Eltern mit den kindlichen Bedürfnissen und Gefühlen von Angst, entstehen demnach entsprechende funktionale Persönlichkeitszüge im Sinne von positiven Ressourcen beziehungsweise dysfunktionalen Persönlichkeitszügen, welche die Disposition und Vulnerabilität für bestimmte psychische Störungen bestimmen (Sulz, 2015a; Graßl, 2013).

Bei der Entwicklung eines Einteilungsschemas für die dysfunktionalen Persönlichkeitszüge orientiert sich Sulz (1992) an den damals gültigen DSM-III Beschreibungen von Persönlichkeitsstörungen (siehe Kapitel 2.1.2.2). Diese gehen zwar in eine entsprechende Richtung, dienen jedoch noch nicht der Rechtfertigung einer psychiatrischen Diagnose (Sulz & Sauer, 2003). Insgesamt definiert Sulz (2015a) neun dysfunktionale Persönlichkeitszüge:

- Selbstunsicher-ängstlich (SU): Die Leitsymptome der selbstunsicheren Persönlichkeit sind die Angst beziehungsweise Furcht vor sozialen Situationen und deren Vermeidung sowie die fehlende Fähigkeit zur aggressiven Selbstbehauptung (Sulz, 2012a). Jenes unsichere, ängstliche und gehemmte Verhalten in sozialen Situationen verhindert ein adäquates Ausdrücken, Vertreten und Durchsetzen der eigenen Interessen sowie den Einsatz und die Weiterentwicklung vorhandener eigener und sozialer Kompetenzen (Sulz, 2015a; Sulz 1993). Es besteht ein Konflikt zwischen der Hoffnung auf Wertschätzung, gemocht Werden, Akzeptanz und Lob und der Furcht vor Ablehnung, Zurückweisung und Kritik (Sulz, 2012a). Die Biographie der selbstunsicheren Persönlichkeit ist häufig durch ein strenges Elternteil mit angedrohten und realen Strafen sowie der Angst vor diesen Strafen, der Angst, etwas falsch zu machen und der Angst vor Ablehnung geprägt (Sulz, 2015a; Sulz 1993). Die im Verlauf eintretenden sozialen Ängste stellen eine Generalisierung jener auf das Elternteil beziehungsweise die Eltern bezogenen Ängste dar und tragen zu einer gesteigerten Selbstunsicherheit bis hin zur Entwicklung einer sozialen Phobie bei (Sulz, 2015a; Sulz 1993).

- Dependent (DE): Dependenz als Persönlichkeitszug ist durch anklammerndes Verhalten bei einer geringen Eigeninitiative gekennzeichnet (Sulz, 2015a; Sulz 1993). Aus Angst, alleine ohne die bedeutsamen Bezugsperson zu sein, entwickelt die dependente Persönlichkeit eine Art Überanpassung, indem sie ihr gesamtes Denken, Fühlen und Handeln an den vermuteten Wünschen und Normen dieser Person ausrichtet, während sie ihre eigenen Standpunkte und Interessen vernachlässigt oder sogar vollkommen aufgibt (Sulz, 2015a). Im Gegensatz zu der selbstunsicheren Persönlichkeit, die dazu neigt ihre Wünsche in sozialen Situationen ängstlich zurückzuhalten, wird das abhängige Erleben und Verhalten der dependenten Persönlichkeit durch einen bewussten altruistischen Verzicht bestimmt, was der Herstellung und Aufrechterhaltung einer Harmonie in sozialen Beziehungen dienen soll (Sulz, 2015a; Sulz 1993). Die dependente Person handelt aus einer tiefen Angst vor Liebesverlust und Verlassenwerden (Sulz, 2012a). Mit der Überzeugung, alleine nicht lebensfähig zu sein, überlässt sie seiner Bezugsperson die Initiativen und Entscheidungen, um sicherzustellen, angenommen und nicht weggeschickt und abgelehnt zu werden (Sulz, 2015a; Sulz 1993). In sozialen Partnerschaften entwickelt sie sich zu einem unattraktiven „Anhängsel". Langfristig führt dies zumeist zu unglücklichen Beziehungen oder dem tatsächlichen Verlassenwerden, wodurch eine Depression entstehen kann (Sulz, 2015a; Sulz 1993).

- Zwanghaft (ZW): Charakteristische Merkmale einer zwanghaften Persönlichkeit sind Pedanterie, Perfektionismus und das fortwährende Bemühen um Ordnung (Sulz, 2012a). Diese pflichterfüllende Leistungsorientierung ist jedoch in ihrer Effizienz eingeschränkt (Sulz, 2015a; Sulz 1993). Dies resultiert aus zu genauem Arbeiten und dem Verlieren in Details bei Vernachlässigung des Blicks für das Ganze. Die zentrale emotionale Verhaltenssteuerung bilden die Hoffnung auf Akzeptanz, Liebe und Schutz durch jene Pflichterfüllung sowie die Angst vor Fehlern und Schuld (Sulz, 2012a). Die Dominanz der Angst gegenüber den übrigen Gefühlen führt zu einer Einschränkung dieser Gefühle und der Unterdrückung der eigenen Bedürfnisse (Sulz, 2015a; Sulz 1993). Dies wirkt sich auf die Qualität der zwischenmenschlichen Beziehungen aus (Sulz, 2015a; Sulz 1993). So reagieren zwanghafte Persönlichkeiten in Beziehungskrisen häufig unflexibel mit einer Verstärkung des dominanten Stressbewältigungsmusters, dem zwanghaften Verhalten (Sulz, 2012a). Auf Dauer kann eine Zwangsneurose entstehen (Sulz, 2015a; Sulz 1993).

- Passiv-aggressiv (PA): Die passiv-aggressive Persönlichkeit bildet eine relativ neu beschriebene Kategorie ab. Die passive Seite dieses Menschen zeigt sich in einer einge-schränkten Eigeninitiative und der Ablehnung von Vorschlägen und Verantwortung aus Angst vor Fehlern und Kritik (Sulz, 2015a; Benjamin, 2001; Sulz, 1993). Auf der aggressi-ven Seite steht einerseits die Frustration des Bedürfnisses, versorgt und bedient zu werden, „(...) andererseits der Unmut darüber, nicht selbst in der Lage zu sein, aktiv zu werden" (Sulz, 1993, S.114). Der aggressive Teil der Persönlichkeit dient der Kompensati-on der eigenen Passivität (Sulz, 2015a; Sulz, 1993). Ein passives *Ich kann nicht* wird zu einem aggressiven *Ich will nicht* (Sulz, 2012). Diese Art der Vorwärtsverteidigung ist für das Selbstwertgefühl weniger einschränkend als eine depressive Selbstwahrnehmung (Sulz, 2015a).
- Histrionisch (HI): Histrionische Menschen werden als überemotional und theatralisch be-schrieben (Asendorpf, 2011; Sulz, 2010). Jedes Erlebnis geht mit einem intensiven Gefühl einher, in welchem sie verharren, ohne diese

> „(...) Emotion in ihrer eigentlichen Funktion als verhaltenssteuernde Signale zu nutzen und von der Emotion zum realistischen Erfassen einer Situation, zur rationalen Entscheidungs-findung und zum handelnden Bewältigen zu kommen" (Sulz, 1993, S.116).

Diesen intensiven Gefühlen, welche die ganze Aufmerksamkeit und intensive Reaktion der histrionischen Persönlichkeit erfordern, stehen innere Leere und Vertrauenslosigkeit in die Welt gegenüber (Sulz 2015a; Sulz, 1993). Der histrionischen Persönlichkeit liegt demnach ein tiefes Bedürfnis nach zwischenmenschlicher Hingabe zugrunde, welche aufgrund der Angst vor Enttäuschung oder Missbrauch bei jener Hingabe nicht befriedigt werden kann (Sulz, 2012).

- Schizoid (SC): Dieser Terminus beschreibt einen Menschen, in dessen Persönlichkeit Neigungen zu einer Abspaltung von Gefühlen und Bedürfnissen nach nahen zwischen-menschlichen Beziehungen bestehen (Sulz, 2012a). Das schizoide Verhaltensmuster hat eine Vermeidungsfunktion, einen machtvollen Schutzmechanismus (Sulz, 2015a; Sulz, 1993). Schizoide Persönlichkeiten lassen keine Gefühle oder Bedürfnisse nach Nähe zu, da diese mit einer existentiellen Bedrohung assoziiert werden, welche nur durch das abso-lute Fernhalten aus dem Bewusstsein abgewendet werden kann (Sulz, 2012a). Klinisch bedeutsame Phänomene der schizoiden Persönlichkeit sind psychosomatische Symptom-bildungen der Haut als Kontaktorgan beziehungsweise Grenze zwischen dem Selbst und den Anderen (Sulz, 2015a; Sulz, 1993).

- Narzisstisch (NA): Narzisstische Persönlichkeiten zeichnen sich durch „(...) ein ungewöhnliches Maß an Selbstbezogenheit im Umgang mit anderen Menschen" (Sulz, 1993, S.120) und einem übermäßigen Wunsch nach Bewunderung bei mangelnder Empathie aus (Asendorpf, 2011). Dieser scheinbare Widerspruch zwischen einem aufgeblähten Selbstkonzept mit dem gleichzeitig machtlosen Bedürfnis nach Bestätigung durch andere zeigt die Diskrepanz zwischen dem Größengefühl eines Narzissten und seiner extremen Verletzlichkeit (Sulz, 2012a). Der Konflikt der gestörten Selbstregulierung entspricht jener der depressiven Persönlichkeit. Das Selbstwertreservoir des Narzissten leert sich unaufhaltsam, weshalb er stets um Beifall heischt und nach Bewunderung sucht (Sulz, 2015a; Sulz, 1993).

- Emotional instabil (Borderline; BO): Die zentralen Charakteristika einer Borderline-Persönlichkeit bildet eine vierfache Instabilität: Eine affektive Labilität sowie ein inadäquater Umgang mit Emotionen, instabile und impulsive Verhaltensweisen bis hin zu parasuizidalen Körperverletzungen, eine interpersonelle Instabilität und letztlich eine Selbstinstabilität (Sulz, 2012a). Letztere zeigt sich in einer gestörten Wahrnehmung der eigenen Identität und in dem chronischen Gefühl innerer Leere (Sulz, 2015a; Sulz 1993). Einen Erklärungsansatz bilden lerngeschichtliche Erfahrungen in der Kindheit, welche eine extreme Verunsicherung der Selbst- und Fremdwahrnehmung durch die Eltern umfassen (Sulz, 2015a; Sulz 1993). In Beziehungen befindet sich die Borderline-Persönlichkeit in einem ständigen Wechsel zwischen einer unrealistisch großen Hoffnung und der Suche nach Anzeichen der Enttäuschung (Sulz, 2012a). Kommt es zu Abweichungen von dem erhofften Ideal, reagieren sie mit streitsüchtigem, impulsivem und abwertendem Verhalten (Sulz, 2015a; Sulz 1993).

- Paranoid (PR): Die Paranoiden Persönlichkeitszüge bilden eine relativ neue Kategorie der Persönlichkeitseinteilung nach Sulz. Das zentrale Charakteristikum jener Persönlichkeit ist ihr ausgeprägtes Misstrauen (Sulz, 2013e; Fiedler, 2005). In dem ständigen Glauben darin, dass andere Menschen versuchen, sie herabzusetzen oder ihr zu schaden, ist ihr Vertrauen zu anderen massiv eingeschränkt (Fiedler, 2005). Entsprechend weisen Personen mit stark ausgeprägten paranoiden Persönlichkeitszügen durch ihren Argwohn deutliche Schwierigkeiten im Aufbau sowie in der Aufrechterhaltung zwischenmenschlicher Beziehungen auf (Sulz, 2013e). Rückschläge und Zurücksetzungen nehmen sie sehr empfindlich auf, da sie ihnen das Gefühl des Nichts wert Seins, des Nichtseins, geben (Sulz, 2017; Sulz, 2013e; Fiedler, 2011). In Bezug auf ihre Rechte sind sie äußerst beharrlich, was sich, wenn nötig, auch in unangemessen streitsüchtigem Verhalten äußert (Sulz, 2013e; Fiedler, 2005).

Mithilfe der Beschreibung ressourcenorientierter Persönlichkeitsanteile richtet Sulz sein Augenmerk neben den dysfunktionalen Aspekten ebenfalls auf funktionale Aspekte (Sulz et al., 1998):

- Selbstsicher (Ss): Die selbstsichere Persönlichkeit zeichnet sich durch ihre Aktivität, Offenheit und Geselligkeit aus (Sulz & Maier, 2009). Im Gegensatz zu Personen mit selbstunsicheren Persönlichkeitszügen, besitzt sie keine Angst, ihre eigenen Interessen, Meinungen und Standpunkte zu vertreten und durchzusetzen (Sulz & Maier, 2009). „Kritik [fasst] sie als Anregung und nicht als Verletzung auf" (Sulz & Maier, 2009, S.41).

- Selbstbewusst (Sb): Selbstbewusste Menschen erleben sich selbst als voll handlungsfähig, können ihr Leben alleine meistern und wichtige Entscheidungen selbst treffen (Sulz & Maier, 2009). Während dependente Persönlichkeiten eher dazu neigen sämtliche Entscheidungen ihrer Bezugsperson zu überlassen, sind selbstbewusste Persönlichkeiten in der Lage, ihre eigenen und gleichzeitig die des Anderen zu akzeptieren (Sulz & Maier, 2009).

- Flexibel (Fl): Ähnlich wie die zwanghafte Persönlichkeit zeichnen sich flexible Personen durch ihr Pflichtbewusstsein aus, welches hierbei durch ihre Konsequenz, also der Fähigkeit, sich nicht im Detail zu verlieren, erweitert ist (Sulz & Maier, 2009). Die flexible Persönlichkeit ist durch die Fähigkeit, Gefühle klar und deutlich auszudrücken sowie der schnellen Entscheidungsfindung gekennzeichnet (Sulz & Maier, 2009). Basierend auf dem Vertrauen in die Anderen, ist sie in der Lage, Aufgaben abzugeben (Sulz & Maier, 2009).

- Konfliktsicher (Ks): Konfliktsichere Persönlichkeiten „(…) können Vorschläge und Forderungen anderer gut annehmen und erledigen ihre Pflichten gewissenhaft" (Sulz & Maier, 2009, S.42). Auch unangenehme Tätigkeiten erledigen sie ohne Trotz. Während passiv-aggressive Personen auf Unstimmigkeiten vornehmlich mit passiver Verweigerung statt einem offenem Protest reagieren, besitzen konfliktsichere Persönlichkeiten die Fähigkeit, jene Differenzen offen anzusprechen (Sulz & Maier, 2009). Dabei vertreten sie ihren eigenen Standpunkt und sind gleichzeitig offen für Kompromisse.

- Ausgeglichen (Au): Die ausgeglichene Persönlichkeit ist emotional stabil und mit sich selbst und ihren Leistungen zufrieden (Sulz & Maier, 2009). Entsprechend ist sie nicht auf Beifall und Bewunderung anderer angewiesen. Im Gegensatz zu histrionischen Personen ist sie daher nicht darauf bedacht, im Mittelpunkt der Aufmerksamkeit zu stehen (Sulz & Maier, 2009).

- Beziehungsbezogen (Bz): Während schizoide Personen den gefühlsfreien Raum der Rationalität bevorzugen, besitzen beziehungsbezogene Persönlichkeiten ein ausgeprägtes Bedürfnis nach Nähe zu wichtigen Bezugspersonen (Sulz, 2012a; Sulz & Maier, 2009). Jener Wunsch nach zwischenmenschlichem Kontakt äußert sich nicht in einer theatralischen Suche nach Aufmerksamkeit, wie es bei histrionischen Personen der Fall ist, sondern ist durch einen angemessenen und offenen Affektausdruck gekennzeichnet (Sulz & Maier, 2009).

- Gemeinschaftsorientiert (Gm): Analog zu der ausgeglichenen Persönlichkeit sind gemein-schaftsorientierte Personen mit sich selbst zufrieden (Sulz & Maier, 2009). Im Gegensatz zu Personen mit narzisstischen Persönlichkeitszügen benötigen sie keine ständige Auf-merksamkeit und Hervorhebung, da sie sich selbst mit ihren Talenten und Problemen als einer unter vielen sehen (Sulz & Maier, 2009). Kritik fassen sie konstruktiv auf, „Neid ist ihnen fremd" (Sulz & Maier, 2009, S.42).

- Emotional stabil (Es): Emotional stabile Persönlichkeiten können vertrauensvolle, stabile und dauerhafte Beziehungen aufbauen und aufrechterhalten (Sulz & Maier, 2009). Im Unterschied zu Personen mit Borderline-Persönlichkeitszügen weisen sie keine extre-men Gefühlsschwankungen und Exzesse auf und sind mit sich selbst im Einklang (Sulz & Maier, 2009). Sie wissen, wer sie sind und was sie erreichen wollen. Dabei schätzen sie sowohl ihre eigenen Stärken und Schwächen, als auch die ihrer Mitmenschen realistisch ein (Sulz & Maier, 2009).

- Unvoreingenommen (Uv): Unvoreingenommene Personen besitzen ein faires und ehrliches Menschenbild, weshalb sie in der Lage sind, anderen zu vertrauen (Sulz & Maier, 2009). Da sie sich von ihren Mitmenschen angenommen und akzeptiert fühlen, reagieren sie in Konflikten eher versöhnlich (Sulz & Maier, 2009).

2.1.3 Aktueller Forschungsstand zur Persönlichkeit

Obgleich die oben dargestellten Persönlichkeitstheorien tendenziell in einem konkurrierenden Verhältnis zueinanderstehen, weisen bisherige Forschungsergebnisse auf gewisse Überschnei-dungen und Gemeinsamkeiten hin.

So zeigt unter anderem Fiedler (1995) durch einen Vergleich zwischen der ICD- beziehungsweise DSM-Nomenklatur und den *Big Five*, dass schizoide Menschen weniger offen für neue Erfahrun-gen sind. Antisoziale und passiv-aggressive Personen neigen zu einer geringen Gewissenhaf-tigkeit. Zwanghafte, schizoide, schizotype und selbstunsicher-abhängige Persönlichkeiten sind eher introvertiert, während histrionische Persönlichkeiten eher extravertierte Persönlichkeitszüge aufweisen. Menschen mit Borderline-, zwanghaften, antisozialen, passiv-aggressiven und narziss-tischen Persönlichkeitsstörungen sind eher nicht verträglich.

Korrelative Studien zu den DSM-IV Persönlichkeitsstörungen und den *Big Five* mit ihren Facetten wurden von Saulsman und Page (2005) im Rahmen einer Metaanalyse sowie von Costa und Widiger (2002) durchgeführt. Die Ergebnisse weisen darauf hin, dass die Gewissenhaftigkeit bei zwanghaften Persönlichkeiten stark ausgeprägt ist, während antisoziale Persönlichkeiten weniger gewissenhaft sind. Personen, bei welchen zwanghafte Persönlichkeitszüge stark ausgeprägt sind, beschreiben sich selbst als kompetent, ordnungsliebend, pflichtbewusst und leistungsorientiert. Antisoziale Personen hingegen weisen ein geringes Maß an Pflichtbewusstsein, Selbstdisziplin und Besonnenheit auf. Eine Übersicht der Ausprägung der einzelnen Facetten der Gewissenhaftigkeit für die jeweilige Persönlichkeitsstörung wird in Tabelle 1 gegeben.

Tab. 1: Korrelation der Gewissenhaftigkeit (*Big Five*) mit ihren Facetten und den DSM-IV Persönlichkeitsstörungen (Saulsman & Page, 2005; Costa & Widiger, 2002).

Gewissenhaftigkeit	Zwanghaft	Antisozial
Kompetenz	+	
Ordnungsliebe	+	
Pflichtbewusstsein	+	-
Leistungsstreben	+	
Selbstdisziplin		-
Besonnenheit		-

Erläuterung: Positive Korrelation = +; Negative Korrelationen = -

Im Gegensatz zu histrionischen Persönlichkeiten, die eher extravertierte Züge aufweisen, ergeben sich negative Korrelationen zwischen vermeidenden, schizoiden und schizotypen Persönlichkeitszügen und Extraversion. Histrionische Personen sind eher herzlich, gesellig, erlebnishungrig und frohsinnig. Personen mit vermeidenden Persönlichkeitszügen weisen dagegen ein geringes Maß an Geselligkeit, Durchsetzungsfähigkeit und Erlebnishunger auf. Bei schizoiden und schizotypen Persönlichkeiten sind Eigenschaften wie Herzlichkeit, Geselligkeit und Frohsinn wenig ausgeprägt. Die Ausprägung der einzelnen Facetten extravertierter Persönlichkeitsmerkmale für die jeweiligen Persönlichkeitsstörungen ist Tabelle 2 zu entnehmen.

Tab. 2: Korrelation der Extraversion (*Big Five*) mit ihren Facetten und den DSM-IV Persönlichkeitsstörungen (Saulsman & Page, 2005; Costa & Widiger, 2002).

Extraversion	Histrionisch	Vermeidend	Schizoid	Schizotyp
Herzlichkeit	+		-	-
Geselligkeit	+	-	-	-
Durchsetzungsfäh igkeit		-		
Aktivität				
Erlebnishunger	+	-		
Frohsinn	+		-	-

Erläuterung: Positive Korrelation = +; Negative Korrelationen = -

Antisoziale, narzisstische, paranoide und Borderline-Persönlichkeiten weisen eine geringe Verträglichkeit auf. Personen mit antisozialen Persönlichkeitszügen sind eher weniger freimütig, altruistisch, entgegenkommend und gutherzig. Narzisstische Personen handeln ebenfalls eher nicht aus Altruismus und Gutherzigkeit und sind wenig bescheiden. Paranoide Persönlichkeiten weisen ein geringes Maß an Vertrauen, Freimütigkeit und Entgegenkommen auf. Ein eingeschränktes Vertrauen und Entgegenkommen zeigt sich auch bei emotional instabilen Personen. In Tabelle 3 erfolgt nochmals die übersichtliche Darstellung des Zusammenhangs zwischen den Facetten der Verträglichkeit und den relevanten Persönlichkeitsstörungen.

Tab. 3: Korrelation der Verträglichkeit (*Big Five*) mit ihren Facetten und den DSM-IV Persönlichkeitsstörungen (Saulsman & Page, 2005; Costa & Widiger, 2002).

Verträglichkeit	Antisozial	Narzisstisch	Paranoid	Borderline
Vertrauen			-	-
Freimütigkeit	-		-	
Altruismus	-	-		
Entgegenkommen	-		-	-
Bescheidenheit		-		
Gutherzigkeit	-	-		

Erläuterung: Positive Korrelation = +; Negative Korrelationen = -

Borderline-, vermeidende und abhängige Persönlichkeiten neigen zu Neurotizismus. Personen, die die Kriterien einer Borderline-Persönlichkeitsstörung erfüllen, weisen ängstliche, reizbare, depressive, impulsive und verletzliche Persönlichkeitseigenschaften auf. Vermeidende Persönlichkeiten sind ebenfalls durch Ängstlichkeit, Depression, Verletzlichkeit sowie durch soziale Befangenheit gekennzeichnet. Abhängige Personen tendieren zu Angst, sind sozial befangen und verletzlich. In Tabelle 4 sind jene Zusammenhänge übersichtlich dargestellt.

Tab. 4: Korrelation des Neurotizismus (*Big Five*) mit ihren Facetten und den DSM-IV Persönlichkeitsstörungen (Saulsman & Page, 2005; Costa & Widiger, 2002).

Neurotizismus	Borderline	Vermeidend	Abhängig
Ängstlichkeit	+	+	+
Reizbarkeit	+		
Depression	+	+	
Soziale Befangenheit		+	+
Impulsivität	+		
Verletzlichkeit	+	+	+

Erläuterung: Positive Korrelation = +; Negative Korrelationen = -

Bezüglich des Zusammenhangs zwischen der Offenheit gegenüber neuen Erfahrungen und den DSM-IV Persönlichkeitsstörungen liegen keine signifikanten Ergebnisse vor.

Ein Vergleich zwischen den dysfunktionalen Persönlichkeitszügen nach Sulz und den psychiatrischen ICD-Diagnosen einer Persönlichkeitsstörung führten Sulz und Grete (2005) bei einer klinischen Population durch. Hierbei zeigt sich unter anderem, dass selbstunsichere Persönlichkeitszüge besonders stark bei Personen mit einer ängstlich (vermeidenden) Persönlichkeitsstörung ausgeprägt sind. Äquivalent zu der Bezeichnung korrelieren histrionische Persönlichkeitszüge besonders mit der histrionischen Persönlichkeitsstörung. Borderline-Persönlichkeitszüge hängen sowohl mit der emotional instabilen Persönlichkeitsstörung als auch mit der emotional instabilen Persönlichkeitsstörung, Borderline-Typ zusammen.

2.2 Bedürfnisse

Der zweite Abschnitt des theoretischen Hintergrunds befasst sich mit den Bedürfnissen des Menschen. Diese werden zunächst definiert, worauf die Darstellung und Erklärung einzelner ausgewählter Bedürfnistheorien, insbesondere jene der zentralen Bedürfnisse nach Sulz (2012b), folgt. Analog zu dem vorangegangenem Kapitel wird abschließend ein Überblick über den aktuellen Forschungsstand gegeben.

2.2.1 Begriffsklärung der Bedürfnisse

Bedürfnisse und deren Befriedigung beeinflussen nicht nur die Entwicklung der Persönlichkeit und somit indirekt die Gesamtheit des menschlichen Erlebens und Verhaltens, sondern steuern gleichzeitig direkt das Leben des Menschen sowie seinen Umgang mit Beziehungen und bilden demnach den obersten Sollwert der psychischen Aktivität (Graßl, 2013; Kernstock-Redl, 2008; Grawe, 2000; Maslow, 1981). Gerade die klassische Psychoanalyse, ethologische Ansätze der Verhaltenserklärung sowie die ältere Motivationspsychologie vertreten die Annahme, dass Bedürfnisse eine direkte Auswirkung auf die Verhaltensrichtung besitzen (Asendorpf & Neyer, 2012; Asendorpf, 2011).

Bedürfnisse können grundlegend in primäre und sekundäre Bedürfnisse gegliedert werden. Erstere umfassen allgemeinmenschliche, angeborene Bedürfnisse wie Hunger, Durst, Sauerstoff, Schlaf und Sexualität sowie das „(…) Verlangen nach mitmenschlicher Geborgenheit und ein Bedürfnis danach, [sich] mit [seinem] Verstand in der Welt zu orientieren" (Schmitz, 1999, S.119). Die Befriedigung dieser Bedürfnisse hat demnach die Selbst- und Artenerhaltung des Menschen als oberstes Ziel (Hobmair, 2013; Schmitz, 1999). Sekundäre Bedürfnisse liegen keiner biologischen Ausstattung zugrunde, sondern werden vom Menschen individuell im Laufe seiner Entwicklung erworben (Graßl, 2013; Hobmair, 2013). Eine strikte Trennung beider Bedürfnisse scheint wenig sinnvoll, da sie im späteren Leben in der Regel nicht isoliert voneinander, sondern zusammen auftreten (Hobmair, 2013). So zeigt unter anderem Maslow (1981) in seiner Annahme einer hierarchischen Bedürfnispyramide, dass die Befriedigung primärer Bedürfnisse, sogenannter physiologischer Bedürfnisse, die Voraussetzung für die Befriedigung sekundärer Bedürfnisse wie Bedürfnisse nach Sicherheit, Sozialbedürfnisse und Geltungsbedürfnisse darstellen.

2.2.2 Bedürfnistheorien

Zu den menschlichen Bedürfnissen liegt analog zu den Persönlichkeitstheorien eine Vielzahl theoretischer Ansätze vor.

2.2.2.1 Grundbedürfnisse nach Grawe

Ein wichtiger Vertreter ist der deutsche Psychotherapeut Klaus Grawe (2000). Bei der Bestimmung der zentralen Bedürfnisse des Menschen orientiert sich Grawe (2004; 2000; 1998) weitestgehend an den Annahmen Epsteins (2003; 1990) und definiert vier gleichwertige Grundbedürfnisse und deren Wirkungsweisen, wie sie in Abbildung 3 dargestellt sind.

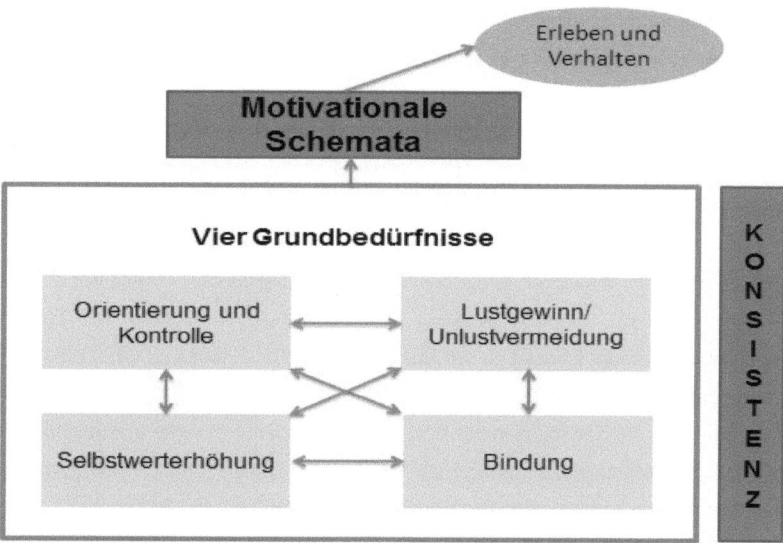

Abb. 3: Eigene Darstellung der Bedürfnistheorie nach Grawe (in Anlehnung an die Abbildung des Instituts QBS Qualität in Beratung & Selbsthilfe, 2008).

Es folgt eine differenzierte Beschreibung der einzelnen Bedürfnisse.

- Orientierung und Kontrolle: Das Bedürfnis nach Orientierung und Kontrolle basiert auf der Annahme Rogers' (1961) über das Bedürfnis nach Stabilität und Kohärenz. Je nach individuellen Erfahrungen, vor allem in der Kindheit, entwickelt der Mensch grundlegende Überzeugungen darüber, inwieweit eine Vorhersehbarkeit und Kontrollierbarkeit besteht, ob das Leben einen Sinn macht und ob es sich lohnt, sich einzusetzen beziehungsweise zu engagieren (Grawe, 2000). Jenes Gefühl der Wirksamkeit des eigenen Verhaltens wird von Rotter (1966) als positive Kontrollüberzeugung beziehungsweise von Bandura (1977) als positive Selbstwirksamkeitserwartung zusammengefasst. „Personen mit hohen internalen

35

positiven Kontrollüberzeugungen haben eine höhere Lebenszufriedenheit" (Graßl, 2013, S.14). Bei eingeschränkter Kontrollüberzeugung entwickelt sich ein Gefühl von Ohnmacht und Wirkungslosigkeit, wodurch eine bedrohliche Aggressionsbereitschaft entstehen kann (Graßl, 2013). Die Unterdrückung dieser Aggression kann zu einem Zustand erlernter Hilflosigkeit nach Seligman und damit sogar zur Entstehung depressiver Symptome führen (Seligman & Maier, 1967).

- Lustgewinn und Unlustvermeidung: Das Bedürfnis nach Lustgewinn und Unlustvermeidung geht auf das Lust-Unlust-Prinzip von Freud (1912) zurück und wirkt im Sinne der operanten Verstärkung nach Skinner (1954) (Sulz, 2017; Rheinberg, 2000). Je nach individuellen Erfahrungen, vor allem in der Kindheit, entwickelt der Mensch eine optimistische oder pessimistische Lebenseinstellung. Grundsätzlich besteht ein Bestreben nach erfreulichen und lustvollen Erfahrungen. Grawe (2000) setzt Freude als primäres menschliches Gefühl mit Lustgewinn gleich.

- Bindung: Basierend auf der Bindungstheorie nach Bowlby (1988; 1975) sowie deren Weiterentwicklung von Ainsworth (1982) leitet sich das Bedürfnis nach Bindung ab. Der Mensch hat ein angeborenes Bedürfnis nach Nähe und Bindung (Buchheim, Taubner, Fizke & Nolte, 2012; Bowlby, 1988). Je nach individuellen Erfahrungen mit primären Bezugspersonen entwickelt er ein bestimmtes Bindungsmuster (Asendorpf & Neyer, 2012; Asendorpf, 2011). Bindung bedeutet eine besondere emotionale Beziehung zu einer bestimmten Person, zumeist zu der Mutter (Graßl, 2013; Hauke, 2009). Frühe Bindungserfahrungen sind im impliziten Gedächtnis gespeichert, also nicht bewusst zugänglich. Wird das Bedürfnis nach Bindung in der Kindheit nicht beziehungsweise unzureichend befriedigt, so strebt der Mensch in späteren Partnerschaften unbewusst nach einem Ausgleich dieser Defizite, was zu konflikthaften Beziehungen führen kann (Graßl, 2013).

- Selbstwerterhöhung: Das Bedürfnis nach dem Erreichen eines positiven Selbstwertgefühls und dem Überwinden von Minderwertigkeitsgefühlen basiert auf den Annahmen Kohut´s (1975). Der Mensch strebt danach sich gut, wertvoll, kompetent und geschätzt zu fühlen (Grawe, 2000). Voraussetzung hierfür ist ein entsprechendes wertschätzendes, zutrauendes und unterstützendes Umfeld. Erlebt der Mensch in seiner Kindheit häufig Abwertung durch die Bindungs- beziehungsweise Bezugspersonen, so führt das Abhängigkeitsverhältnis zu der Tendenz des Kindes, die Bezugsperson als gut zu sehen und sich selbst als schlecht zu empfinden (Grawe, 2000). Dieses negative Selbstwertgefühl hat zur Folge, dass das Kind „(...) die Schuld für die frustrierende Beziehung bei sich [sucht]" (Graßl, 2013, S.18). Im Erwachsenenalter wird der Mensch Situationen mit potenziellen Abwertungen oder Ablehnungen vermeiden (Grawe, 2000).

Im Gegensatz zu Epstein (2003; 1990) bezeichnet Grawe (1998) das menschliche Streben nach Kohärenz als Konsistenzprinzip, welches nicht einer der vier Grundbedürfnissen untergeordnet ist, sondern ein übergeordnetes Regulationsprinzip darstellt. Das Konsistenzprinzip meint das Bestreben der Psyche alle vier Grundbedürfnisse gut zu befriedigen. Es bildet demnach das Bindeglied zwischen den einzelnen Bedürfnissen und der Konsistenzregulation (Grawe, 2004). Ohne Konsistenz ist die Befriedigung der Bedürfnisse nicht möglich (Grawe, 2000). Eine Inkonsistenz oder Dissonanz liegt vor, wenn der Mensch seine Grundbedürfnisse nicht oder mangelhaft befriedigt. Hierbei besteht ein Zusammenhang mit psychischen Störungen, unter anderem mit Persönlichkeitsstörungen (siehe Kapitel 2.1.2.2 Kategoriale Persönlichkeitstheorien). Je schlechter der Mensch seine Bedürfnisse befriedigt, desto schlechter geht es ihm.

2.2.2.2 Zentrale Bedürfnisse nach Sulz

Im Gegensatz zu Grawe (2000) geht Sulz (2012b) von insgesamt 21 menschlichen Bedürfnissen aus, welche die wesentlichen Tendenzen seiner Beziehungsgestaltung sowie der Selbstentwicklung und -regulation charakterisieren (Sulz & Müller, 2000). Während der Kindheit liegt die Aufgabe der Bedürfnisbefriedigung bei den Eltern (Sulz, 2012b). Sie sollen das Kind nicht erziehen, sondern vielmehr seine Entwicklung fördern, indem sie dem Kind Aufgaben anbieten, „(...) die [es,] wenn es bereit dazu ist, aufgreifen kann" (Graßl, 2013, S.43). Die Initiative geht demnach vom Kind aus. Die Eltern wirken unterstützend und bieten dem Kind die Möglichkeit zu einer förderlichen und günstigen Befriedigung seiner Bedürfnisse (Graßl, 2013). Frustrationen im Sinne einer Nichterfüllung beziehungsweise ungünstige Befriedigung der Bedürfnisse in der Kindheit beinhalten eine massive Verletzung der emotionalen Homöostase des Kindes und den Aufbau dysfunktionaler Verhaltensweisen bis hin zu einem Entwicklungsstillstand (Sulz, 2017; Graßl, 2013; McCullough, 2000).

Die 21 zentralen Bedürfnisse entsprechen zum großen Teil den Bedürfnissen von Epstein (1990) und Grawe (1998) und gehen aus den Ergebnissen einer qualitativen Inhaltsanalyse von Sulz und Müller (2000) hervor. Danach können die zentralen Bedürfnisse in drei Gruppen mit jeweils sieben Bedürfnissen eingeteilt werden: A. Zugehörigkeitsbedürfnisse, B. Selbstbedürfnisse und C. Homöostasebedürfnisse (Sulz, 2009b).

A. Zugehörigkeitsbedürfnisse:

1. Willkommensein, Dazugehören, Angenommensein
2. Geborgenheit, Wärme
3. Schutz, Sicherheit, Zuverlässigkeit
4. Liebe, Zuneigung
5. Beachtung, Aufmerksamkeit, Zuwendung
6. Verständnis, Empathie
7. Wertschätzung, Bewunderung, Lob

B. Selbstbedürfnisse:

8. Selbstmachen, selbst können
9. Selbstbestimmung
10. Grenzen gesetzt bekommen
11. Gefordert und gefördert werden
12. Ein Vorbild, jemanden zur Idealisierung haben
13. Intimität, Hingabe, Erotik
14. Ein Gegenüber zur Auseinandersetzung

C. Homöostasebedürfnisse:

15. Keine ängstliche Bezugsperson
16. Keine bedrohliche Bezugsperson
17. Keine bedrohliche Außenwelt
18. Keine Bezugsperson, die extrem wütend macht
19. Zwei gleich starke Bezugspersonen (Eltern)
20. Schuldfreiheit
21. Missbrauchsfreiheit

Die Beschreibung der drei Bedürfnisgruppen mit den dazugehörigen Kategorien sowie zentralen Bedürfnissen erfolgt in den nachfolgenden Unterkapiteln.

2.2.2.2.1 Zugehörigkeitsbedürfnisse

Zugehörigkeitsbedürfnisse motivieren zum Aufbau sowie zur Aufrechterhaltung stabiler Bindungen und dienen gleichzeitig dem Aufbau sowie der Aufrechterhaltung des Selbstwertgefühls (Sulz & Müller, 2000).

- Willkommensein, Dazugehören, Angenommensein: Das erste Grundbedürfnis des Säuglings ist das Gefühl des Willkommenseins durch die Eltern sowie die Dazugehörigkeit zur Familie, seine Existenzberechtigung (Sulz, 2012b). Die Befriedigung dieses Bedürfnisses im Säuglingsalter bildet die Voraussetzung für die spätere Entfaltung des Menschen in der Gemeinschaft (Graßl, 2013). Sind die Eltern nicht in der Lage dem Kind das Gefühl des Willkommen- und Angenommenseins sowie des Dazugehörens zu vermitteln, wird sich der Mensch „(…) später in Gemeinschaften ausgeschlossen fühlen und eine Angst vor Ablehnung entwickeln" (Graßl, 2013, S.44).

- Geborgenheit, Wärme: Eines der wichtigsten und frühesten Bedürfnisse des Menschen ist das Erleben einer positiven Bindung (Sulz, 2017). Das Erleben von Geborgenheit und Wärme seitens der Eltern bildet die Voraussetzung dafür, dass das Kind ein Vertrauen in sich selbst, andere und die Welt aufbaut (Graßl, 2013). Können Eltern diese Gefühle nicht vermitteln, so wird das Kind Verlustängste und Angst vor dem Alleinsein entwickeln. Später wird dieser Mensch abhängige Persönlichkeitszüge aufweisen (Graßl, 2013).

- Schutz, Sicherheit, Zuverlässigkeit: Dieses Bedürfnis bezieht sich auf die Vermittlung von Sicherheit und Schutz seitens der Eltern, wenn das Kind Angst bekommt (Graßl, 2013; Ainsworth, 1982). Im Fokus liegt das Explorationsverhalten des Kindes, welches dem Fürsorgeverhalten der Eltern gegenübersteht (Sulz, 2017). Gegen Ende des ersten Lebensjahres entwickelt das Kind ein besonderes Neugierverhalten gegenüber anderen Personen, Gegenständen und seiner Umgebung. Da das Fortbewegen des Kindes von seiner Bezugsperson zunächst mit Angst verbunden ist, kann das Kind seine Umwelt nur dann erkunden, wenn es die Gewissheit besitzt, dass es jederzeit zu seiner Bezugsperson zurückkehren kann und dass die Bezugsperson für das Kind da ist (Graßl, 2013). Wird das Explorationsverhalten des Kindes unterbunden, entwickelt das Kind Angst vor äußeren Gefahren. Später kann der Mensch nur schwer alleine sein und braucht eine Person, bei der er sich geschützt fühlt.

- Liebe, Zuneigung: Dieses Bedürfnis meint die bedingungslose Liebe, die Eltern ihrem Kind geben. „Es ist die Liebe, die nicht bewertet" (Graßl, 2013, S.45). Erhält das Kind bedingungslose Liebe, empfindet es sich selbst als liebenswert und kann sich selbst lieben (Graßl, 2013). Bleibt die Befriedigung dieses Bedürfnisses aus, so kann ein Selbstgefühl einer fehlenden Liebenswürdigkeit entstehen („So wie ich bin, bin ich nicht liebenswert";

Sulz, 2017, S.104). Das benötigte Mindestmaß an Selbstliebe kann nicht aufgebaut werden, sodass der Mensch in Beziehungen in ständiger Angst vor Liebesverlust lebt oder sogar Depressionen entwickelt (Sulz, 2017).

- Beachtung, Aufmerksamkeit, Zuwendung: Bei diesem Bedürfnis ist die ungeteilte Aufmerksamkeit gegenüber dem Kind seitens der Eltern gemeint (Graßl, 2013). Die Eltern sollen sich auf das Kind konzentrieren und innerlich präsent sein. Wenn das Kind diese völlige Zuwendung erlebt, entwickelt es Selbstachtung indem es sich beachtens-, hörens- und sehenswert fühlt (Graßl, 2013). Das Gefühl von Aufmerksamkeit, Beachtung und Zuwendung geht über das Gefühl des Willkommenseins, Dazugehörens und der Akzeptanz hinaus (Sulz, 2017). Die Erfahrung, ein Teil eines Ganzen zu sein, wird durch die Erfahrung als etwas Eigenes, Individuelles wahrgenommen zu werden erweitert (Sulz, 2017). Wird das Bedürfnis nicht befriedigt, so bildet das Kind Angst vor Nichtbeachtung aus (Graßl, 2013). Später hält sich dieser Mensch entweder im Hintergrund der Gesellschaft oder zeigt histrionische Persönlichkeitszüge, indem er im Mittelpunkt der Gesellschaft stehen will (Sulz, 2017; Graßl, 2013).

- Verständnis, Empathie: Empathie beschreibt die psychologische Sensitivität, bei der sich die Eltern in die Denkweise und Gefühlswelt des Kindes hineinversetzen können (Graßl, 2013; Zumkley-Münkel, 1994). Sie versuchen also nicht dem Kind ihre Erwachsenenperspektive überzustülpen, sondern wollen sich in die kindliche Gedankenwelt hineinfühlen. Empathische Eltern versuchen herauszufinden, was ihr Kind möchte, indem sie schauen, wo seine Aufmerksamkeit liegt und darauf reagieren. So erhält das Kind das Gefühl verstanden zu werden und lernt, dass seine Gedanken, Gefühle und Bedürfnisse in Ordnung sind und sein dürfen (Sulz, 2017; Graßl, 2013). Dieser Mensch kann später in der Gemeinschaft seine Gefühle und Bedürfnisse ausdrücken. Bei nicht beziehungsweise wenig empathischen Eltern entwickelt der Mensch auch im Erwachsenenalter ein Gefühl von Unverständnis und bleibt verschlossen (Sulz, 2017; Graßl, 2013).

- Wertschätzung, Bewunderung, Lob: Obgleich Willkommensein, Geborgenheit, Schutz, Liebe, Beachtung und Verständnis entwicklungsfördernde Bedingungen für das Kind darstellen, geben sie ihm keine Rückmeldungen darüber, was und wie es etwas tut (Sulz, 2017). Analog zu der bedingungslosen Liebe, meint dieses Bedürfnis die bedingungslose Wertschätzung. Hierbei geht es nicht darum, Leistungen und Handlungen des Kindes zu loben und zu bewundern. Vielmehr soll der ganze Mensch gelobt werden (Graßl, 2013). Dadurch fühlt sich das Kind geschätzt und entwickelt Vertrauen in seine Gedanken und in seiner Kreativität (Graßl, 2013). Können die Eltern dem Kind diese Wertschätzung nicht entgegenbringen, so entwickelt es Angst vor Abwertung und Kritik, wodurch Gefühle von Minderwertigkeit und Insuffizienz entstehen können (Graßl, 2013). Später zeigt der Mensch häufig narzisstische Persönlichkeitszüge (Graßl, 2013). Er ist stets auf der Jagd nach Bewunderung.

2.2.2.2.2 Selbstbedürfnisse

Die Befriedigung von Selbstbedürfnissen ist zwar von den Eltern abhängig, bezieht sich jedoch nicht auf das Brauchen von Abhängigkeit und das passive Empfangen derer Gaben (Sulz, 2017). Sulz (2017) bezeichnet sie vielmehr als Wunsch nach Autonomie und Differenzierung: „Ich brauche von dir, dass du es mich selbst machen lässt, dass du mir die eigene Erfahrung zugestehst, selbst etwas zu können, nicht so abhängig zu sein von dir" (S.108).

- Selbst machen, selbst können: Die Befriedigung dieser Bedürfnisse erfolgt, indem die Eltern das Kind ein Stück weit aus seiner Abhängigkeit herauslassen und das Kind etwas selber machen lassen (Graßl, 2013). Hierdurch entwickelt das Kind Selbsteffizienz und Selbstständigkeit. Der Begriff der subjektiven Selbsteffizienz beziehungsweise Selbstwirksamkeit ist maßgeblich durch die sozial-kognitive Lerntheorie von Bandura (1975) geprägt. Gefühle von Selbsteffizienz und Selbstwirksamkeit geben dem Kind „(…) die Zuversicht und den Mut, den Schritt in die Selbstständigkeit und Autonomie zu tun" (Sulz, 2017, S.109). Bei Nichtbefriedigung entstehen Gefühle von Insuffizienz und Unselbstständigkeit (Graßl, 2013; Bandura, 1975).
- Selbstbestimmung: Nach der Entwicklung eines Selbstwertgefühls und der Erfahrung von Selbsteffizienz, bildet die Selbstbestimmung die dritte Voraussetzung zur Formung eines eigenständigen Selbst und der späteren Entfaltung zu einer mündigen Persönlichkeit (Sulz, 2017). Hierfür müssen die Eltern in der Lage sein, ihre Macht- und Dominanzbedürfnisse zurückzustellen (Graßl, 2013). Die Meinung des Kindes wird von den Eltern angehört und gemeinsam diskutiert, sodass es sich zu einer mündigen Persönlichkeit entwickeln kann (Graßl, 2013). Ist das elterliche Dominanzstreben der Möglichkeit zur Selbstbestimmung des Kindes entgegengesetzt, entwickelt das Kind Angst vor Kontrollverlust (Sulz, 2017; Graßl, 2013). Im Erwachsenenalter zeigen sich zwanghafte oder passiv-aggressive Persönlichkeitszüge (Graßl, 2013).
- Grenzen gesetzt bekommen: Neben dem Bestreben nach Selbstbestimmung steht das Bedürfnis nach Grenzen, wodurch soziales Lernen stattfindet (Graßl, 2013). Grenzen, Regeln und Normen zeigen dem Kind, dass es nicht allein ist. Das Kind lernt neben seinen eigenen Bedürfnissen die verschiedenen Bedürfnisse anderer wahrzunehmen und zu respektieren. Idealerweise werden Grenzen und Regeln in der Familie gemeinsam mit dem Kind entwickelt und diskutiert, wodurch eigene Familiengrenzen und -normen entstehen (Graßl, 2013). Auf diese Weise lernt das Kind eine Normsicherheit. Später kann es gesellschaftliche Normen wahren und nach ihnen leben (Graßl, 2013). Bleibt die Ver-

mittlung von Grenzen aus, so fühlt sich der Mensch im Erwachsenenalter in Beziehungen meist unglücklich einsam (Graßl, 2013).

- Gefordert und gefördert werden: Ein weiteres Bedürfnis des Kindes ist die Gewissheit, dass seine Eltern das Kind und das, was es macht, unterstützen (Graßl, 2013). Hierzu zählt auch, das Kind dahingehend zu fördern, Schwieriges auszuprobieren sowie auf die Unterstützung der Eltern vertrauen zu können, wenn es nicht weiterweiß (Graßl, 2013). Fördernde und fordernde Eltern freuen sich für ihr Kind, drücken die Daumen und trösten es, wenn nötig. Dadurch lernt das Kind, „(…) Aufgaben als Herausforderung zu sehen und sich diesen zu stellen" (Graßl, 2013, S.48). Die Befriedigung dieses Bedürfnisses erfordert Empathie der Eltern (Sulz, 2017). Sie müssen abschätzen, ob das Kind die anstehende Aufgabe alleine schaffen kann und wenn nicht, wie viel und wie wenig Hilfestellung benötigt wird (Sulz, 2017). Bei ausbleibender Förderung, wird das Kind passiv und fühlt sich überfordert (Graßl, 2013).

- Ein Vorbild, jemanden zur Idealisierung haben: Analog zu den bindungstheoretischen Erkenntnissen von Bandura (1969; 1957) fungieren die Eltern von Anfang an als Modell für das Kind. Im Rahmen des Imitationslernens orientiert sich das Kind vornehmlich an dem dominanten Elternteil (Bandura, 1969). Um als Vorbild zu dienen, muss dieses für das Kind jedoch als ideal angesehen werden (Graßl, 2013). Gute Modelle sind elementar für das Kind. Bleiben diese aus, entwickelt das Kind eine Unsicherheit darüber, wie es sich verhalten soll, da es kein angemessenes Verhalten gelernt hat. Im Erwachsenenalter können daraus Identifikationsprobleme resultieren (Graßl, 2013).

- Intimität, Hingabe, Erotik: Dieses Bedürfnis bezieht sich auf den Respekt der Eltern vor der Intimsphäre des Kindes (Graßl, 2013). Hierzu gehören ebenfalls die Wahrnehmung sowie das Zugeständnis der kindlichen Entwicklung der Sexualität. Auf diese Weise lernt das Kind Hingabe und Spaß an seiner Erotik (Graßl, 2013). Geschieht dies nicht, entwickeln sich Hingabeangst und Scham. Der Mensch wird sich später entweder ständig anderen Menschen anbieten oder jede Art von körperlicher Nähe panisch vermeiden.

- Ein Gegenüber zur Auseinandersetzung: Nach der erfolgreichen Ausbildung des Selbst durch die hinreichende Befriedigung der Beziehungs-, Zugehörigkeits- und Abhängigkeitsbedürfnisse sowie der vorangegangenen Selbst-, Differenzierungs- und Autonomiebedürfnisse hat sich der Mensch zu einer eigenständigen Persönlichkeit entwickelt (Sulz, 2017. Graßl, 2013). Es folgt die Eingliederung in ein soziales Netz. Der Mensch kann Beziehungen zu anderen Menschen aufbauen und aufrechterhalten. Dabei geht es nicht mehr darum, „(…) die früheren Bedürfnisse befriedigt zu bekommen, sondern auf einem Funktionsniveau seiner psychischen Homöostase" (Sulz, 2017, S.115). Die Beziehungen werden nicht mehr passiv-rezeptiv konsumiert, sondern aktiv gestaltet (Sulz, 2017). Das

Bedürfnis, geliebt zu werden, wird durch das Bedürfnis, Liebe zu geben, erweitert. Diese Erfahrung gleichberechtigter Beziehungen befähigt den Menschen zu einer reifen Liebesbeziehung (Graßl, 2013). Wenn das Kind nicht erlebt, aktiv lieben zu können, entwickeln sich später Gefühle des Abgewiesenseins. Bei Abgrenzung reagiert dieser Mensch mit Vorwürfen.

2.2.2.2.3 Homöostasebedürfnisse

Homöostasebedürfnisse aktivieren Verhaltensweisen, die dazu dienen, ernsthafte Bedrohungen des seelischen Gleichgewichts entgegenzuwirken und stellen somit die wichtigste Voraussetzung für eine psychisch gesunde Entwicklung des Kindes dar (Sulz & Müller, 2000).

- Keine ängstliche Bezugsperson: Im Kleinkindalter ist der Mensch noch nicht in der Lage, sich emotional von seiner Mutter abzugrenzen (Sulz, 2017). Eltern und vor allem Mütter, deren Angst nicht im Verhältnis zu der realen Bedrohung steht, stellen entsprechend ein ängstliches Modell für das Kind dar (Graßl, 2013; Sulz, 2012b). Ihre Angst ist seine Angst (Sulz, 2017). Geht die Ängstlichkeit der Mutter ständig über das Maß der realen äußeren Bedrohung hinaus, löst dies beim Kind einen fortwährenden Fehlalarm aus, sodass keine angemessenen Explorations- und Selbsteffizienzerfahrungen gemacht werden können (Sulz, 2017; Graßl, 2013). Obgleich das Kind mit zunehmendem Alter gedanklich begreifen kann, „(…) dass die Gefahr weit geringer ist, als die Mutter sie erlebt" (Sulz, 2017, S.116), überdauert diese Furcht als Ergebnis eines Lernprozesses und bleibt so auch ohne die Mutter bestehen. In Folge entsteht eine allgemeine Ängstlichkeit und Selbstunsicherheit bis hin zu der Entwicklung verschiedener Phobien (Sulz, 2012b). Im Erwachsenenalter zeichnet sich dieser Mensch durch die Suche nach Schutz von anderen und die übermäßige Verhinderung des Alleinseins aus (Graßl, 2013). Eine ängstliche Bezugsperson, zumeist die Mutter, wirkt demnach in zweifacher Hinsicht entwicklungshemmend (Sulz, 2017).
- Keine bedrohliche Bezugsperson: Ist ein Elternteil oft wütend und bedrohend, entwickelt das Kind Angst (Graßl, 2013). „Alle Bedürfnisse, die das Kind von diesem Elternteil gern befriedigt hätte, muss es aus Angst vor ihm unterdrücken, so dass auch keine gesunde Bedürfnisbefriedigung gewährleistet ist" (Graßl, 2013, S.49). Aus der Angst vor dem Elternteil entwickelt das Kind eine allgemeine Angst vor Menschen bis hin zu sozialen Ängsten (Sulz, 2012b). Auch im Erwachsenenalter bleiben kindliche Erfahrungen mit einer bedrohlichen Bezugsperson durch eine starke Selbstunsicherheit bestehen (Sulz, 2012b).
- Keine bedrohliche Außenwelt: Das Kind benötigt einen Schutzraum, einen Raum, in dem es sich von den Eltern beschützt und sicher fühlt (Sulz, 2017). Durch diese Erfahrung kann das Kind später selbst für seine Sicherheit sorgen (Graßl, 2013). Die Unfähigkeit mancher Eltern ihrem Kind einen derartigen sicheren Ort zu bieten kann durch ein übermäßiges

Macht- und Dominanzbestreben gegenüber dem Kind bedingt sein (Graßl, 2013). Ein anderer Grund liegt darin, dass sich die Eltern selbst schutzlos fühlen (Graßl, 2013). Das Kind entwickelt dadurch eine Angst vor der Welt und dem Leben außerhalb des sicheren Ortes innerhalb der Familie (Sulz, 2012b). Ausbleibende kindliche Erfahrungen über eine unbedrohliche Außenwelt unterstützen die Neigung zu agoraphobischen Verhaltenstendenzen (Sulz, 2012b). Im Erwachsenenalter richtet der Mensch seine Lebens- und Beziehungsgestaltung entsprechend aus. In der Überzeugung, alleine nicht überlebensfähig zu sein, sucht er sich stets einen starken Beschützer an seiner Seite (Sulz, 2017).

- Keine Bezugsperson, die extrem wütend macht: „Kinder müssen ihre Eltern lieben können und sie lassen sich fast nicht von ihrer Liebe zu den Eltern abbringen" (Sulz, 2017, S. 119). Zeigen Mutter oder Vater oft Wut, versucht das Kind diese Wut zu beseitigen. Das Kind fühlt sich verantwortlich und schuldig für die negativen Gefühle des Elternteils und unterdrückt seine eigene Wut ihm gegenüber (Graßl, 2013, Sulz, 2012b). Ein gesunder Umgang wäre ein offener Austausch über Gefühle, auch der Wut. So lernt das Kind, dass auch Gefühle von Ärger und Wut eine Daseinsberechtigung haben und in Ordnung sind (Graßl, 2013). Empfindet das Kind allerdings chronisch, vorsätzlich und leicht vermeidbare Frustrationen durch ein Elternteil, wie beispielsweise unnötig strenge Verbote oder Strafen, so entsteht in dem Kind so viel Ärger und Wut, sodass das Gefühl dieser bedingungslosen Liebe erstickt wird (Sulz, 2017). Diese verlorene Liebe zu einem Elternteil bringt eine große Trostlosigkeit über das Kind, wodurch nicht selten depressive Symptome entstehen, welche jedoch nicht entdeckt werden (Sulz, 2017).

- Zwei gleich starke Bezugspersonen (Eltern): Häufig bildet ein Elternteil den dominanten Part der elterlichen Beziehung. Günstig für das Kind wäre eine demokratische Struktur, in welcher ein gleiches Stimmrecht bei Mutter und Vater sowie bei dem Kind vorherrscht (Graßl, 2013). Dies stellt das Abbild der später erstrebenswerten Gemeinschaft dar. Wenn ein Elternteil dem anderen völlig unterlegen ist, so ist das Kind dem überlegenen Elternteil ausgeliefert (Sulz, 2012b). Entsprechend entwickelt es einerseits das Gefühl des Im-Stich-Gelassen-Werdens von dem schwachen Elternteil sowie der Hilflosigkeit gegenüber dem starken Elternteil, nach dessen Liebe es sich sehnt (Sulz, 2012b). Auf Basis dieser Erfahrungen entstehen Selbstunsicherheit und Dependenz, welche sich bis in das Erwachsenenalter manifestieren (Sulz, 2012b).

- Schuldfreiheit: Gefühle von Schuld können für das Kind so quälend erlebt werden, dass es alles tut, um diese zum Verschwinden zu bringen. Schuldgefühle entstehen, wenn das Kind ein Elternteil als sehr wütend und bedrohlich empfindet und sich dafür verantwortlich fühlt (Graßl, 2013; Sulz, 2012b). Durch diese Lernerfahrungen kann das Kind keine anderen

Gefühle außer Schuldgefühle zulassen. Es wird eine Selbstunsicherheit in Form eines fehlenden Vertrauens in seine eigenen Gefühle sowie eine Zwanghaftigkeit durch die übermäßig starke Einhaltung äußerer Normen entwickeln (Graßl, 2013; Sulz, 2012b).

- Missbrauchsfreiheit: Inzest und (emotionaler) Missbrauch des Kindes zerstören das kindliche Selbst- und Weltbild. Dieses kann nicht mehr aufgebaut werden, sodass sich ein grundsätzliches Misstrauen entwickelt (Sulz, 2012b). Ist die Befriedigung des Bedürfnisses nach Missbrauchsfreiheit in der Kindheit und Jugend nicht gegeben, kann der Mensch im Erwachsenenalter keine vertrauensvollen Beziehungen aufbauen (Graßl, 2013).

2.2.3 Aktueller Forschungsstand zu den zentralen Bedürfnissen

In den empirischen Untersuchungen zu den einzelnen Bedürfnissen resultieren, analog zu den Forschungsergebnissen der Persönlichkeitspsychologie, Überschneidungen und Gemeinsamkeiten.

Den Zusammenhang zwischen frustrierendem Elternverhalten in der Kindheit und Jugend und den Bedürfnissen im Erwachsenenalter untersuchte Wittmeier (2008, zitiert nach Graßl, 2013). Hierbei zeigt sich eine signifikante Korrelation zwischen der Frustration von Zugehörigkeitsbedürfnissen im Kindes- und Jugendalter und den Selbst- und Autonomiebedürfnissen des Erwachsenen. Bei einer Frustration der Homöostasebedürfnissen während der Kindheit sind erhöhte Zugehörigkeitsbedürfnisse im Erwachsenenalter zu verzeichnen.

Sulz und Müller (2000) beschäftigten sich in ihrer korrelativen Studie mit der Beziehung zwischen frustrierendem Elternverhalten in der Kindheit und Jugend und der Entwicklung dysfunktionaler Persönlichkeitszüge bei einer nicht-klinischen Stichprobe. Die Ergebnisse weisen auf einen positiven Zusammenhang zwischen Frustrationen von Zugehörigkeitsbedürfnissen und emotional instabilen (Borderline-) Persönlichkeitszügen hin. Im Hinblick auf frustrierende Erfahrungen bezüglich der untergeordneten Bedürfnisse nach Zugehörigkeit resultieren positive Korrelationen zwischen dem Bedürfnis nach Willkommensein und passiv-aggressiven, narzisstischen und Borderline-Persönlichkeitszügen. Bedürfnisse nach Geborgenheit und Wärme sowie nach Liebe und Zuneigung wurden ebenfalls besonders stark bei narzisstischen und Borderline-Persönlichkeiten frustriert. Personen mit narzisstischen Persönlichkeitszügen besitzen ferner eine starke Frustration des Bedürfnisses nach Wertschätzung, Bewunderung und Lob. In Tabelle 5 folgt die übersichtliche Darstellung des Zusammenhangs zwischen Frustrationen der einzelnen Zugehörigkeitsbedürfnisse im Kindheits- und Jugendalter und den relevanten dysfunktionalen Persönlichkeitszügen.

Tab. 5: Korrelation zwischen Frustration von Zugehörigkeitsbedürfnissen in Kindheit und Jugend mit dysfunktionalen Persönlichkeitszügen (Sulz & Müller, 2000).

	PA	NA	BO
Zugehörigkeitsbedürfnisse			+
Willkommensein	+	+	+
Geborgenheit		+	+
Liebe, Zuneigung		+	+
Wertschätzung, Bewunderung, Lob		+	

Erläuterung: Positive Korrelation = +

Frustrierende Erfahrungen im Sinne einer unzureichenden Befriedigung von Selbstbedürfnissen zeigen sich vor allem bei selbstunsicheren, passiv-aggressiven und Borderline-Persönlichkeiten. Bei den Frustrationen der einzelnen Subbedürfnisse ergaben sich starke Zusammenhänge zwischen dem Bedürfnis nach Grenzen und zwanghaften, passiv-aggressiven sowie narzisstischen Persönlichkeitszügen. Das Bedürfnis nach einem Vorbild ist besonders bei Personen mit selbstunsicheren beziehungsweise Borderline-Persönlichkeitszügen in der Kindheit unzureichend befriedigt worden. Eine übersichtliche Darstellung des Zusammenhangs zwischen Frustrationen von Selbstbedürfnissen während der Kindheit und Jugend und den relevanten dysfunktionalen Persönlichkeitszügen ist Tabelle 6 zu entnehmen.

Tab. 6: Korrelation zwischen Frustration von Selbstbedürfnissen in Kindheit und Jugend mit dysfunktionalen Persönlichkeitszügen (Sulz & Müller, 2000).

	SU	ZW	PA	NA	BO
Selbstbedürfnisse	+		+		+
Grenzen gesetzt bekommen		+	+	+	
Ein Vorbild	+				+
Ein Gegenüber	+		+	+	+

Erläuterung: Positive Korrelation = +

Frustrationen von Homöostasebedürfnissen korrelieren sowohl mit Borderline-, selbstunsicheren, passiv-aggressiven als auch mit narzisstischen Persönlichkeitszügen. Borderline-Persönlichkeiten wurden besonders im Hinblick auf das Bedürfnis nach einer Bezugsperson, die nicht wütend macht sowie nach Schuld- und Missbrauchsfreiheit frustriert. Zur Gewährleistung einer besseren Übersichtlichkeit sind jene Ergebnisse nochmals in Tabelle 7 dargestellt.

Tab. 7: Korrelation zwischen Frustration von Homöostasebedürfnissen in Kindheit und Jugend mit dysfunktionalen Persönlichkeitszügen (Sulz & Müller, 2000).

	SU	PA	NA	BO
Homöostasebedürfnisse	+	+	+	+
Eine unbedrohliche Außenwelt				
Eine Bezugsperson, die nicht extrem wütend macht				+
Schuldfreiheit				+
Missbrauchsfreiheit				+

Erläuterung: Positive Korrelation = +

Ein weiterer Schwerpunkt der Untersuchungen von Sulz und Müller (2000) liegt in dem Zusammenhang zwischen den zentralen Bedürfnissen und den dysfunktionalen Persönlichkeitszügen. Innerhalb der Zugehörigkeitsbedürfnisse zeigt sich hierbei, dass das Bedürfnis nach Willkommensein bei nahezu allen Persönlichkeitszügen vorhanden ist. So ergeben sich lediglich bei schizoiden Persönlichkeiten negative Zusammenhänge. Für passiv-aggressive Persönlichkeitszüge resultieren keine signifikanten Korrelationen. Das Bedürfnis nach Geborgenheit ist besonders bei dependenten Personen ausgeprägt, während bei schizoiden Personen ein negativer Zusammenhang resultiert. Sicherheit, Schutz und Zuverlässigkeit sind vor allem für histrionische Persönlichkeiten von Bedeutung. Für schizoide Personen ist jenes Bedürfnis sowie das Bedürfnis nach Liebe und Zuneigung weniger bedeutsam. Das Bedürfnis nach Wertschätzung, Bewunderung und Lob zeigt sich bei Personen mit narzisstischen Persönlichkeitszügen. In Tabelle 8 werden die Zusammenhänge zwischen den relevanten Zugehörigkeitsbedürfnissen und den dysfunktionalen Persönlichkeitszügen übersichtlich aufgezeigt.

Tab. 8: Korrelation zwischen Zugehörigkeitsbedürfnissen und dysfunktionalen Persönlichkeitszügen (Sulz & Müller, 2000).

	SU	DE	ZW	PA	HI	SC	NA	BO
Zugehörigkeitsbedürfnisse					+	-		
Willkommensein	+	+	+		+	-	+	+
Geborgenheit		+				-		
Schutz, Sicherheit					+	-		
Liebe, Zuneigung						-		
Wertschätzung, Bewunderung, Lob							+	

Erläuterung: Positive Korrelation = +; Negative Korrelationen = -

Im Rahmen der Selbst- und Autonomiebedürfnisse ergibt sich eine negative Korrelation zwischen dem Bedürfnis nach Selbstbestimmung und der dependenten Persönlichkeit. Während histrionische Personen ein starkes Bedürfnis nach Intimität, Hingabe und Erotik aufweisen, ist jenes Bedürfnis bei schizoiden Persönlichkeiten weniger stark ausgeprägt. Weitere negative Zusammenhänge zeigen sich bei dem Bedürfnis nach einem Gegenüber und selbstunsicheren sowie dependenten Persönlichkeitszügen. Einen Überblick über den Zusammenhang der relevanten Selbstbedürfnisse und der dysfunktionalen Persönlichkeitszüge gibt Tabelle 9.

Tab. 9: Korrelation zwischen Selbstbedürfnissen und dysfunktionalen Persönlichkeitszügen (Sulz & Müller, 2000).

	SU	DE	ZW	PA	HI	SC	NA	BO
Selbstbedürfnisse					+			
Selbstbestimmung		-						
Intimität, Hingabe, Erotik					+	-		
Ein Gegenüber	-	-						

Erläuterung: Positive Korrelation = +; Negative Korrelationen = -

Innerhalb der Homöostasebedürfnisse weisen passiv-aggressive Personen ein starkes Bedürfnis nach einer Bezugsperson auf, die nicht extrem wütend macht. Das Bedürfnis nach Schuldfreiheit ist sowohl bei selbstunsicheren, dependenten, narzisstischen und Borderline-Persönlichkeitszügen als auch bei histrionischen Personen vorhanden. Borderline-Persönlichkeiten besitzen ferner das Bedürfnis nach Missbrauchsfreiheit. Auch der Zusammenhang zwischen den relevanten Homöostasebedürfnissen und den dysfunktionalen Persönlichkeitszügen ist nochmals übersichtlich in Tabelle 10 abgebildet.

Tab. 10: Korrelation zwischen Homöostasebedürfnissen und dysfunktionalen Persönlichkeitszügen (Sulz & Müller, 2000).

	SU	DE	ZW	PA	HI	SC	NA	BO
Homöostasebedürfnisse	+				+			+
Bezugsperson, die nicht extrem wütend macht				+				
Schuldfreiheit	+	+			+		+	+
Missbrauchsfreiheit								+

Erläuterung: Positive Korrelation = +; Negative Korrelationen = -

Auch Sulz und Maier (2009) befassten sich mit dem Zusammenhang zwischen zentralen Bedürf-nissen und dysfunktionalen Persönlichkeitszügen bei einer gesunden Population. Ihren Ergebnis-sen zur Folge liegt ein positiver Zusammenhang zwischen den Bedürfnissen nach Zugehörigkeit und dependenten, histrionischen sowie narzisstischen Persönlichkeitszügen vor. Schizoide Personen weisen hingegen sowohl bei den Zugehörigkeitsbedürfnissen als auch bei den Selbst-bedürfnissen negative Korrelationen auf. Homöostasebedürfnisse sind besonders bei selbstunsi-cheren, dependenten, histrionischen und narzisstischen Persönlichkeiten vorhanden. Tabelle 11 verdeutlicht nochmals die signifikanten Zusammenhänge zwischen den zentralen Bedürfnissen und den relevanten dysfunktionalen Persönlichkeitsstereotypen.

Tab. 11: Korrelation zwischen zentralen Bedürfnissen und dysfunktionalen Persönlichkeitszügen (Sulz & Maier, 2009).

	SU	DE	HI	SC	NA
Zugehörigkeitsbedürfnisse		+	+	-	+
Selbstbedürfnisse				-	
Homöostasebedürfnisse	+	+	+		+

Erläuterung: Positive Korrelation = +; Negative Korrelationen = -

Neben den dysfunktionalen Persönlichkeitszügen beschäftigten sich Sulz und Maier (2009) in ihrer Studie ferner mit dem Zusammenhang zwischen zentralen Bedürfnissen und funktionalen Persön-lichkeitszügen. Demnach hängen Zugehörigkeitsbedürfnisse mit beziehungsbezogenen Persönlichkeitszügen zusammen, während eine negative Korrelation mit ausgeglichenen Persön-lichkeitszügen resultiert. Beziehungsbezogene Personen weisen ferner ausgeprägte Selbst- und Homöostasebedürfnisse auf. Letztere sind für selbstsichere und ausgeglichene Persönlichkeiten weniger von Bedeutung.

2.3 Exkurs: Angst

Der nachfolgende Abschnitt ist ein Exkurs in die Ängste des Menschen. Zunächst wird die Angst definiert. Darauf folgt die Darstellung und Erklärung der Theorie über die zentralen Ängste nach Sulz (1993).Wie in den vorangegangenen Kapiteln wird mit einem Überblick über den aktuellen Forschungsstand abgeschlossen.

2.3.1 Begriffsklärung der Angst

Bedürfnisse und Gefühle, wie auch die Angst, sind miteinander verbunden (Edelmann, 2000). Gefühle begleiten Bedürfnisse und können selbst motivierend wirken (Hobmair, 2013; Resch & Parzer, 2000). Gleichzeitig besitzen sie eine eminente Bedeutung für die Entwicklung der Persönlichkeit, weshalb Gefühle, insbesondere die zentrale Angst, neben den zentralen Bedürfnissen, die zweite Macht ist, die den Menschen lenkt (Sulz, 2017).

Der Begriff Emotion wird in der Fachliteratur überwiegend gleichbedeutend mit dem Wort Gefühl verwendet. Als subjektive Erlebensweisen können Gefühle in ihrer Intensität und Qualität als angenehm oder unangenehm empfunden werden, werden also von Lust und Unlust begleitet (Hobmair, 2013). Diese Empfindung führt schließlich zur Aktivierung beziehungsweise Steuerung bestimmter Verhaltensweisen wie Aktivität, Antrieb und Annäherung beziehungsweise zu Passivität und Vermeidung (Hobmair, 2013; Plutchnik, 1994). Allgemein können primäre und sekundäre Gefühle unterschieden werden. Primäre Gefühle, sogenannte Grundemotionen, sind angeboren und beruhen auf angeborenen Instinkten, sogenannten Triebkräften (LeDoux, 2001; Izard, 1999; Meyer, Schützwohl & Reisenzein, 1997; Damasio, 1995). Sekundäre Gefühle werden hingegen familiär, gesellschaftlich und kulturell vermittelt und somit individuell erworben (LeDoux, 2001; Damasio, 1995). Ekmann (1934) beschreibt sieben Grundemotionen: Freude, Wut, Furcht beziehungsweise Angst, Ekel, Verachtung, Traurigkeit und Überraschung (Hobmair, 2013).

Gerade im Bereich der klinischen Psychologie ist die Angst das wichtigste Gefühl (Sulz, 2000a). Angst ist global und eines der am frühesten entwickelten Gefühle. Es ist ursprünglich ein lebensnotwendiges Signal, das der Mobilisation selbstschützender Verhaltensweisen dient (Hobmair, 2013; Sulz, 2000a). Demnach besitzt Angst als zentrale Überlebensfunktion, als Schutzfunktion, einen funktionalen Charakter, indem sie Flucht- und Vermeidungstendenzen fördert (Lohaus & Vierhaus, 2013; Fiedler, 2000; Lazarus, 1991).

2.3.2 Zentrale Ängste nach Sulz

Sulz (1993) unterscheidet sieben zentrale Ängste, sogenannte Grundängste. Jeder Lebensphase kann eine Grundangst zugeordnet werden. Das Kind fürchtet immer das zu verlieren, was es als neue Errungenschaft erlangt hat:

„Nach der Geburt die Existenz (Vernichtung), nach der Bindung die Trennung, nach der Steuerungsfähigkeit den Kontrollverlust, nach liebenden Beziehung den Liebesverlust, nach der Wehrhaftigkeit die Gegenaggression, nach dem abgegrenzten Selbst den Selbstverlust durch Hingabe" (Sulz, 2017, S.123).

Im Folgenden sind die sieben Grundängste mit ihren entsprechenden Angstthemen nach Sulz (1993) näher erläutert:

- Vernichtungs- und Existenzangst: Das Gefühl des Willkommenseins, einer Daseinsberechtigung, ist das erste Bedürfnis des Säuglings (Sulz, 2017; Sulz, 2012c). Aus einer unzureichenden Befriedigung dieses Bedürfnisses resultiert Angst vor Verlust des Daseins, Angst vor Nichtsein und Angst vor Vernichtung (Graßl, 2013; Sulz, 2012c).

- Trennungsangst, Angst vor dem Alleinsein: Das Kind besitzt einen natürlichen Explorationsdrang. Damit sich das Kind in dieser Phase sicher fühlt, benötigt es eine Bezugsperson, die zuverlässig in seiner Nähe ist und ein unängstliches Vorbild darstellt (Sulz, 2017; Graßl, 2013). Bei einem unbefriedigenden Gefühl von Sicherheit gibt das Kind die Erkundung seiner Umwelt auf, um nahe bei der Bezugsperson zu bleiben (Graßl, 2013). Das Kind möchte nicht allein sein und sich nicht von seiner Bezugsperson trennen.

- Angst vor Kontrollverlust über andere: Diese Angst bezieht sich auf den Kontrollverlust über Reaktionen anderer. Der Mensch strebt nach Selbstbestimmung statt nach Fremdbestimmung (Sulz, 2017; Graßl, 2013). Wenn er die Kontrolle verliert, könnten andere über ihn bestimmen, sodass er alles dafür tut, die Kontrolle über andere und die Situation bei sich zu behalten.

- Angst vor Kontrollverlust über sich selbst: Im Gegensatz zu der Angst vor dem Kontrollverlust über den anderen, geht es hierbei um die Angst vor dem Gefühl des Ausgeliefertseins. Dies würde bedeuten, dass der Mensch seine Selbststeuerung aufgibt und auf eine niedrigere Entwicklungsstufe zurückfallen könnte (Graßl, 2013).

- Angst vor Liebesverlust: Die Angst vor dem Verlust der Liebe und Zuneigung entwickelt sich in der Kindheit. Das Kind erfährt, dass die Liebe seiner Eltern überlebensnotwendig, jedoch nur schwer zu bekommen ist (Graßl, 2013). Somit muss das Kind eine Strategie entwickeln, was es für die Liebe der Eltern tun beziehungsweise nicht tun muss. Bei einigen Menschen ist jene Form der Angst allgegenwärtig. Für sie ist die Zuneigung des anderen überlebenswichtig, sodass sie ihr gesamtes Handeln ausschließlich darauf ausrichten, den Partner nicht zu verärgern, keinen Unmut in ihm zu erzeugen und eine absolute Harmonie herzustellen (Graßl, 2013).

- Angst vor Gegenaggression: Erfahrungen massiver Aggressionen seitens der Eltern führen zu der Entstehung von Gegenaggressionen im Kind. Das Lernen eines angemessenen Umgangs mit Wut bleibt bei bedrohlichen Eltern aus, sodass es nicht weiß, wie es mit dieser Gegenaggression umgehen soll (Graßl, 2013). „Zusätzlich entsteht eine Angst, diese gesammelte Gegenaggression könnte aufbrechen und großen Schaden bei den Eltern und in der Welt anrichten" (Graßl, 2013, S.53). Da die Eltern für das Kind überlebensnotwendig sind, muss die Wut unterdrückt werden, während die Angst vor der eigenen Gegenaggression bestehen bleibt (Sulz, 2000a; Graßl, 2013).

- Angst vor Hingabe: Die Voraussetzung für die Fähigkeit zur Hingabe für einen anderen Menschen, ist das Bestehen von Bindungssicherheit. Ausbleibende beziehungsweise eingeschränkte Vertrauenserfahrungen in der Kindheit verhindern den Aufbau eines grundsätzlichen Vertrauens in andere Menschen (Sulz, 2017). Es fehlt die Erfahrung dessen, „(…) nach der Hingabe an einen anderen Menschen wieder ein eigenständiges Lebewesen (…)" (Graßl, 2013, S.54) werden zu können.

2.3.3. Aktueller Forschungsstand zu den zentralen Ängsten

Im Rahmen der Pessotherapie, einer psychodramatischen und familientherapeutischen Intervention, konnte Schadt (2009, zitiert nach Graßl, 2013) herausfinden, dass eine Frustration von Homöostasebedürfnissen in Kindheit und Jugend mit Trauer und Angst korreliert. Je größer die Frustration der Homöostasebedürfnisse in Kindheit und Jugend war, desto weniger kann der Erwachsene das Gefühl von Freude entwickeln (Schmalhofer, 2009, zitiert nach Graßl, 2013).

Auch Sulz und Müller (2000) befassten sich neben ihren Untersuchungen von korrelativen Beziehungen zwischen frustrierendem Elternverhalten in der Kindheit und Jugend und Bedürfnissen sowie Persönlichkeitszügen im Erwachsenenalter mit dem Zusammenhang zwischen kindlichen Frustrationen durch die Eltern und zentralen Ängsten im Erwachsenenalter. Im Rahmen der Frustration von Zugehörigkeitsbedürfnissen im Kindheits- und Jugendalter ist vor allem die spätere Angst vor Hinhabe in sämtlichen Unterkategorien nennenswert. Zudem korrelieren unbefriedigte Bedürfnisse nach Aufmerksamkeit und Beachtung mit der Angst vor Verlust der Zuneigung und Liebe sowie vor Gegenaggression im Erwachsenenalter. In Tabelle 12 werden die signifikanten Ergebnisse der Zusammenhangsprüfung zwischen den relevanten zentralen Angstgruppen und frustrierenden Erfahrungen im Kindheits- und Jugendalter im Rahmen der mangelhaften oder fehlenden Befriedigung von Zugehörigkeitsbedürfnissen übersichtlich dargestellt.

Tab. 12: Korrelation zwischen zentralen Ängsten und Frustrationen von Zugehörigkeitsbedürfnissen in Kindheit und Jugend (Sulz & Müller, 2000).

Angst vor...	Liebesverlust	Gegenaggression	Hingabe
Zugehörigkeitsbedürfnisse			
Willkommensein			+
Geborgenheit			+
Schutz, Sicherheit			+
Liebe, Zuneigung			+
Aufmerksamkeit, Beachtung	+	+	+
Verständnis, Empathie			+
Wertschätzung, Bewunderung, Lob			+

Erläuterung: Positive Korrelation = +

Innerhalb der Frustration von Selbstbedürfnissen tritt die Angst vor Hingabe bei Frustrationen der Selbstbestimmung, des Vorbilds, der Intimität, Hingabe und Erotik sowie eines Gegenübers auf. Ferner führt das unbefriedigte Bedürfnis nach Grenzen zu einer gesteigerten Angst vor Vernichtung sowie vor Verlust der Zuneigung und Liebe. Das Fehlen eines Vorbilds in der Kindheit und Jugend ist ebenfalls mit der späteren Angst vor Zuneigungs- und Liebesverlust verbunden. Eine übersichtliche Darstellung der Korrelationen zwischen den relevanten zentralen Ängsten und den Frustrationen der Selbstbedürfnisse im Kindheits- und Jugendalter ist Tabelle 13 zu entnehmen.

Tab. 13: Korrelation zwischen zentralen Ängsten und Frustrationen von Selbstbedürfnissen in Kindheit und Jugend (Sulz & Müller, 2000).

Angst vor...	Vernichtung	Liebesverlust	Hingabe
Selbstbedürfnisse			
Selbstbestimmung			+
Grenzen gesetzt bekommen	+	+	
Ein Vorbild		+	+
Intimität, Hingabe, Erotik			+
Ein Gegenüber			+

Erläuterung: Positive Korrelation = +

Frustrierende Kindheitserfahrungen von Homöostasebedürfnissen, insbesondere jene einer unbedrohlichen Außenwelt, einer Bezugsperson, die nicht extrem wütend macht, zweier gleich starker Eltern sowie Schuld- und Missbrauchsfreiheit gehen ebenfalls mit der Angst vor Hingabe im Erwachsenenalter einher.

Im Rahmen der Beziehung zwischen zentralen Ängsten und zentralen Bedürfnissen zeigen Sulz und Müller (2000), dass Vernichtungsängste mit dem Zugehörigkeitsbedürfnis nach Willkommensein verbunden sind. Trennungsängste liegen besonders bei Bedürfnissen nach Willkommensein, Geborgenheit und Wärme sowie nach Liebe und Zuneigung vor. Die Angst über andere und sich selbst die Kontrolle zu verlieren sowie die Angst vor Gegenaggression korreliert mit dem Bedürfnis nach Verständnis und Empathie. Weitere positive Zusammenhänge ergeben sich zwischen der Angst vor Verlust von Zuneigung und Liebe und den Bedürfnissen nach Willkommensein, Geborgenheit und Wärme, Liebe und Zuneigung sowie Verständnis und Empathie. In Tabelle 14 folgt eine Übersicht über die korrelativen Ergebnisse zwischen den relevanten zentralen Ängsten und den aktuellen Zugehörigkeitsbedürfnissen.

Tab. 14: Korrelation zwischen zentralen Ängsten und Zugehörigkeitsbedürfnissen (Sulz & Müller, 2000).

Angst vor...	Vernichtung	Trennung	Kontrollverlust über andere	Kontrollverlust über sich selbst	Liebesverlust	Gegen-aggression
Zugehörigkeitsbedürfnisse					+	
Willkommensein	+	+			+	
Geborgenheit		+			+	
Liebe, Zuneigung		+			+	
Verständnis, Empathie			+	+	+	+

Erläuterung: Positive Korrelation = +

Innerhalb der Homöostasebedürfnisse gehen die Vernichtungsangst mit dem Bedürfnis nach einer unbedrohlichen Außenwelt und die Trennungsangst mit dem Bedürfnis nach Schuldfreiheit einher. Die Angst, die Kontrolle über sich selbst zu verlieren, zeigt sich in dem Bedürfnis nach Missbrauchsfreiheit. Angst vor Verlust der Zuneigung und Liebe korreliert mit dem Bedürfnis nach einer unängstlichen Bezugsperson sowie nach Schuldfreiheit. Eine übersichtliche Darstellung der Zusammenhänge zwischen den zentralen Ängsten und den relevanten aktuellen Homöostasebedürfnissen folgt in Tabelle 15.

Tab. 15: Korrelation zwischen zentralen Ängsten und Homöostasebedürfnissen (Sulz & Müller, 2000).

Angst vor...	Vernichtung	Trennung	Kontrollverlust über sich	Liebesverlust
Homöostasebedürfnisse				
Eine unängstliche Bezugsperson	+		+	+
Eine unbedrohliche Bezugsperson				+
Eine Bezugsperson, die nicht extrem wütend macht	+			
Schuldfreiheit		+		+
Missbrauchsfreiheit			+	

Erläuterung: Positive Korrelation = +

Im Hinblick auf die Selbstbedürfnisse sind keine signifikanten Korrelationen zu verzeichnen.

Ein weiteres Augenmerk der Forschung von Sulz und Müller (2000) lag auf dem Zusammenhang zwischen zentralen Ängsten und dysfunktionalen Persönlichkeitszügen. Ihren Ergebnissen zur Folge ist die Vernichtungsangst, mit Ausnahme schizoider Persönlichkeiten, bei sämtlichen dysfunktionalen Persönlichkeitszügen vorhanden. Trennungsängste zeigen sich bei Personen mit selbstunsicheren, dependenten, histrionischen und Borderline-Tendenzen. Demgegenüber resultiert eine negative Korrelation bei schizoiden Persönlichkeiten. Die Angst vor Verlust der Kontrolle über andere ist bei selbstunsicheren, dependenten, zwanghaften, passiv-aggressiven, narzisstischen und Borderline-Persönlichkeiten vorhanden. Personen mit selbstunsicheren, zwanghaften, passiv-aggressiven, histrionischen, narzisstischen und Borderline-Persönlichkeitszügen haben ferner die Angst vor dem Kontrollverlust über sich selbst. Angst vor Liebes- und Zuneigungsverlust zeigt sich bei selbstunsicheren, dependenten, histrionischen, narzisstischen und Borderline-Personen. Selbstunsichere, dependente und zwanghafte Persönlichkeitszüge hängen mit der Angst vor Gegenaggression zusammen. Mit Ausnahme dependenter und passiv-aggressiver Persönlichkeitszüge weisen die Persönlichkeitszüge allesamt einen Zusammenhang mit der Angst vor Hingabe auf. In Tabelle 16 wird eine Übersicht über die Zusammenhänge der zentralen Ängste und den dysfunktionalen Persönlichkeitszügen gegeben.

Tab. 16: Korrelation zwischen zentralen Ängsten und dysfunktionalen Persönlichkeitszügen (Sulz & Müller, 2000).

Angst vor...	Vernichtung	Trennung	Kontroll-verlust über andere	Kontroll-verlust über sich selbst	Liebesverlust	Gegen-aggression	Hingabe
SU	+	+	+	+	+	+	+
DE	+	+	+		+	+	
ZW	+		+	+		+	+
PA	+		+	+			
HI	+	+		+	+		+
SC		-					+
NA	+		+	+	+		+
BO	+	+	+	+	+		+

Erläuterung: Positive Korrelation = +; Negative Korrelation = -

Sulz und Maier (2009) untersuchten in ihrer Studie über Persönlichkeitszüge, Bedürfnisse und Ängste die korrelative Beziehung zwischen der zentralen Gesamtangst und den dysfunktionalen Persönlichkeitszügen. Die stärksten positiven Zusammenhänge resultieren hier zwischen der Angst und den selbstunsicheren, dependenten sowie den Borderline-Persönlichkeiten. Schizoide Personen besitzen den niedrigsten Angstwert.

Im Rahmen des Zusammenhangs zwischen der Gesamtangst der zentralen Ängste und den funktionalen Persönlichkeitszügen zeigen Sulz & Maier (2009), dass selbstsichere, ausgeglichene und emotional stabile Persönlichkeiten am wenigsten Angst haben.

2.4 Integration von Persönlichkeitszügen, Bedürfnissen und Ängsten in eine implizite Überlebensregel

Den abschließenden Teil des theoretischen Hintergrunds bildet die Integration der Persönlichkeitszüge, Bedürfnisse und Ängste in eine implizite Überlebensregel. Nach der Erläuterung jener Begrifflichkeit wird der aktuelle Forschungsstand kurz dargestellt.

2.4.1 Begriffsklärung der impliziten Überlebensregel

Aus den dysfunktionalen Persönlichkeitsstereotypien, zentralen Bedürfnisse und zentralen Ängste ergibt sich zusammengefasst die dysfunktionale Überlebensregel des Menschen (Graßl, 2013). Diese implizite Überlebensregel stellt eine Weiterentwicklung der Grundannahmen von Beck (1979) dar. Dieser vertritt die Theorie, dass das Kind durch seine Erfahrungen mit den Eltern und der Erwachsenenwelt implizite Grundannahmen über das Funktionieren der sozialen Welt aufbaut (Beck, 1979). Demnach ist sie das Ergebnis der individuellen Lerngeschichte und somit sehr änderungsresistent, weshalb das Verhalten situationsübergreifend und übergeneralisiert von ihr bestimmt wird (Sulz et al. 2011). Das übergeordnete Ziel jenes kognitiven Regelwerks bildet die Sicherung des Überlebens (Sulz, 2000a; Carver & Scheier, 1998). Wird die in der Kindheit optimal auf die soziale Umwelt zugeschnittene Überlebensregel im Laufe der Entwicklung nicht modifiziert, entwickelt sie sich zu einer sogenannten dysfunktionalen Überlebensregel (Sulz, 2000a). Das Erleben und Verhalten wird dysfunktional, führt demnach zu Nachteilen. Entsprechend der Theorien von Piaget (1976) und Grawe (1998) führt dieses latente Schema zu einem eingeschränkten Verhaltensrepertoire (Hauke, 2009). Dieses ist umso rigider, (…) je belastender [beziehungsweise] traumatischer die Kindheitserfahrungen waren" (Sulz, 2015a, S.109).

Nach Sulz (2015a) setzt sich die dysfunktionale Überlebensregel aus vier Teilsätzen zusammen:

1. Verhaltensgebot: Das Gebot, ein bestimmtes Verhalten durch bestimmte dysfunktionale Persönlichkeitszüge zu zeigen.

2. Verhaltensverbot: Das Verbot, andere definierte Verhaltensweisen zu zeigen.

3. Verstärkung beziehungsweise Bedürfnisbefriedigung: Die zentralen Bedürfnisse, die bewahrt werden sollen.

4. Gefahr beziehungsweise Bedürfnisbedrohung: Die zentrale Angst, die bei regelwidrigem Verhalten eintritt und abgewendet werden soll.

Für die neun definierten dysfunktionalen Persönlichkeitszüge resultieren demnach exemplarisch vereinfacht folgende dysfunktionale Überlebensregeln:

- Selbstunsicher: *Nur wenn ich immer selbstunsicher bin und wenn ich mich niemals durch-setze, bewahre ich mir die Erfüllung von Liebe und Zuneigung und verhindere die Angst vor Liebesverlust und vor Ablehnung.*"

- Dependent: *Nur wenn ich immer sehr anpassungsbereit bin und wenn ich niemals meinen eigenen Interessen nachgehe, bewahre ich mir die Erfüllung von Geborgenheit und Wär-me und verhindere die Angst vor Trennung, Alleinsein und Verlassenwerden.*

- Zwanghaft: *Nur wenn ich immer pflichtbewusst und leistungsorientiert bin und wenn ich niemals auch mal faul bin, bewahre ich mir die Erfüllung von Sicherheit, Schutz und Zuver-lässigkeit und verhindere die Angst vor Kontrollverlust über mich selbst und andere.*

- Passiv-aggressiv: *Nur wenn ich immer passiv-aggressiv bin und wenn ich niemals offen angreife, bewahre ich mir die Erfüllung einer unbedrohlichen Außenwelt und verhindere die Angst vor Gegenaggression.*

- Histrionisch: *Nur wenn ich immer kontaktfreudig-emotional bin und wenn ich niemals abwarte, am Rand stehe, bewahre ich mir die Erfüllung von Beachtung und Aufmerksamkeit und verhindere die Angst, die Kontrolle über mich und andere zu verlieren.*

- Schizoid: *Nur wenn ich immer kontaktmeidend-rational bin und wenn ich niemals gefühlvoll in Beziehungen gehe, bewahre ich mir die Erfüllung von Missbrauchsfreiheit und verhindere die Angst vor Hingabe.*

- Narzisstisch: *Nur wenn ich immer selbstbezogen bin und wenn ich niemals durchschnittlich bin, bewahre ich mir die Erfüllung von Wertschätzung, Bewunderung und Lob und verhindere die Angst, die Kontrolle über andere zu verlieren.*

- Emotional instabil (Borderline): *Nur wenn ich immer emotional unausgeglichen bin und wenn ich niemals meine Gefühle im Griff habe, bewahre ich mir die Erfüllung von Willkommensein und verhindere die Angst vor Trennung, Alleinsein und Verlassenwerden.*

- Paranoid: *Nur wenn ich immer misstrauisch bin und wenn ich niemals Vertrauen zu anderen habe, bewahre ich mir die Erfüllung von Missbrauchsfreiheit und verhindere die Angst vor Vernichtung und Existenzverlust.*

2.4.2 Aktueller Forschungsstand zu der impliziten Überlebensregel

In Bezug auf die dysfunktionale Überlebensregel liegen nur wenige empirische Forschungsarbeiten vor. Eine hiervon bildet jene von Sulz et al. (2011) an einer klinischen Population. Den Ergebnissen zur Folge stellen selbstunsichere, histrionische und zwanghafte Persönlichkeitszüge die häufigsten Persönlichkeitsstereotypien der Überlebensregel dar. Demnach verhält sich die untersuchte Stichprobe vornehmlich selbstunsicher, kontaktfreudig-emotional beziehungsweise pflichtbewusst und leistungsorientiert und verhindert sich durchzusetzen, abzuwarten und am Rand zu stehen beziehungsweise auch mal faul zu sein. Durch jene Verhaltensweisen sollen primär die Bedürfnisse nach Schutz, Sicherheit und Zuverlässigkeit, nach Liebe und Zuneigung sowie nach Wertschätzung, Bewunderung und Lob befriedigt werden. Gleichzeitig gilt es hierbei die Angst vor Liebesverlust und vor Ablehnung, Angst vor Trennung, Alleinsein und Verlassenwerden sowie die Angst vor Gegenaggression zu verhindern.

3. Studie

Der nachfolgende Abschnitt der Arbeit befasst sich mit der Zusammenfassung und Ergänzung der bereits aufgeführten Ergebnisse des aktuellen Forschungsstands und den daraus resultierenden Fragestellungen und Hypothesen sowie mit der Zielsetzung der Studie. Daran schließt die Darstellung der Methodik, in welchem das Untersuchungsdesign, die verwendeten Messinstrumente und die Stichprobenauswahl näher erläutert werden. Ferner wird auf die Untersuchungsdurchführung und -auswertung eingegangen. Der Ergebnisteil umfasst die Beschreibung der Stichprobe sowie die Überprüfung der aufgestellten Fragestellungen und Hypothesen. Zusätzlich erfolgt die kurze Darstellung einer explorativen Analyse der erhobenen Daten. Abschließend werden sowohl die Ergebnisse als auch die allgemeinen Limitationen der Studie kritisch reflektiert und diskutiert.

3.1 Zielsetzung, Fragestellungen und Hypothesen

Die geplante Studie befasst sich mit drei Schwerpunkten: Im ersten Teil werden die einzelnen Konstrukte Persönlichkeit, Bedürfnisse und Ängste auf ihre Zusammenhänge untereinander überprüft. Da es sich bei der untersuchten Population ausschließlich um Studierende handelt, beschäftigt sich der zweite Teil der Untersuchung explorativ mit deren spezifischen Unterschieden bezüglich der relevanten Konstrukte. Der dritte Schwerpunkt der Studie liegt in der Untersuchung der methodischen Konzeption der *Checkliste Persönlichkeitsstile*.

3.1.1 Zusammenhangshypothesen

Die geplante Studie stellt in gewisser Weise eine Replikation der korrelativen Analysen von Sulz und Müller (2000) sowie von Sulz und Maier (2009) mit Hilfe der aktuellen überarbeiteten Fragebögen des *Verhaltensdiagnostik-Systems* (VDS) dar. Im Rahmen ihrer empirischen Forschungsergebnisse ergeben sich entsprechend folgende Fragestellungen und Hypothesen:

1. Gibt es einen Zusammenhang zwischen frustrierendem Elternverhalten in der Kindheit (VDS24) und aktuellen zentralen Bedürfnissen im Erwachsenenalter (VDS27)?

   Hypothese 1: Es gibt einen Zusammenhang zwischen frustrierendem Elternverhalten in der Kindheit und aktuellen zentralen Bedürfnissen im Erwachsenenalter.

2. Gibt es einen Zusammenhang zwischen frustrierendem Elternverhalten in der Kindheit (VDS24) und zentralen Ängsten im Erwachsenalter (VDS28)?

   Hypothese 2: Es gibt einen Zusammenhang zwischen frustrierendem Elternverhalten in der Kindheit und aktuellen zentralen Ängsten im Erwachsenenalter.

3. Gibt es einen Zusammenhang zwischen aktuellen zentralen Bedürfnissen (VDS27) und zentralen Ängsten (VDS28)?

   Hypothese 3: Es gibt einen Zusammenhang zwischen aktuellen zentralen Bedürfnissen und zentralen Ängsten.

4. Gibt es einen Zusammenhang zwischen dysfunktionalen Persönlichkeitszügen (VDS30) und frustrierendem Elternverhalten in der Kindheit (VDS24)?

   Hypothese 4: Es gibt einen Zusammenhang zwischen dysfunktionalen Persönlichkeitszügen und frustrierendem Elternverhalten in der Kindheit.

5. Gibt es einen Zusammenhang zwischen dysfunktionalen Persönlichkeitszügen (VDS30) und aktuellen zentralen Bedürfnissen (VDS30)?

   Hypothese 5: Es gibt einen Zusammenhang zwischen dysfunktionalen Persönlichkeitszügen und aktuellen zentralen Bedürfnissen.

6. Gibt es einen Zusammenhang zwischen dysfunktionalen Persönlichkeitszügen (VDS30) und aktuellen zentralen Ängsten (VDS28)?

   Hypothese 6: Es gibt einen Zusammenhang zwischen dysfunktionalen Persönlichkeitszügen und aktuellen zentralen Ängsten.

7. Gibt es einen Zusammenhang zwischen funktionalen Persönlichkeitszügen (VDS19+) und frustrierendem Elternverhalten in der Kindheit (VDS24)?

   Hypothese 7: Es gibt einen Zusammenhang zwischen funktionalen Persönlichkeitszügen und frustrierendem Elternverhalten in der Kindheit.

8. Gibt es einen Zusammenhang zwischen funktionalen Persönlichkeitszügen (VDS19+) und aktuellen zentralen Bedürfnissen (VDS27)?

   Hypothese 8: Es gibt einen Zusammenhang zwischen funktionalen Persönlichkeitszügen und aktuellen zentralen Bedürfnissen.

9. Gibt es einen Zusammenhang zwischen funktionalen Persönlichkeitszügen (VDS19+) und zentralen Ängsten (VDS28)?

   Hypothese 9: Es gibt einen Zusammenhang zwischen funktionalen Persönlichkeitszügen und aktuellen zentralen Ängsten.

Am Ende der Zusammenhangsprüfungen zwischen sämtlichen Konstrukten soll abschließend explorativ geklärt werden, inwieweit das Ausmaß frustrierender Kindheitserfahrungen, zentraler Bedürfnisse und zentraler Ängste die Entwicklung dysfunktionaler Persönlichkeitszüge begünstigt.

10. Welche Faktoren (VDS24, VDS27, VDS28) sagen die Ausprägung der dysfunktionalen Persönlichkeit (VDS30) bestmöglich vorher?

Im Hinblick auf das Vorliegen unterschiedlichster Ansätze zur Beschreibung der Persönlichkeit sollen ferner die verschiedenen eingesetzten Fragebögen zur Erfassung unterschiedlicher Persönlichkeitsmerkmale, analog zu den Studien von Fiedler (1995), Costa und Widiger (2002) sowie Saulsman und Page (2005), mit folgenden Fragestellungen betrachtet werden:

11. Gibt es einen Zusammenhang zwischen den *Big Five* (NEO-FFI) und den dysfunktionalen Persönlichkeitszügen (VDS30)?

Hypothese 11: Es gibt einen Zusammenhang zwischen den *Big Five*-Persönlichkeitseigenschaften und den dysfunktionalen Persönlichkeitszügen.

12. Gibt es einen Zusammenhang zwischen den *Big Five* (NEO-FFI) und den funktionalen Persönlichkeitszügen (VDS19+)?

Hypothese 12: Es gibt einen Zusammenhang zwischen den *Big Five*-Persönlichkeitseigenschaften und den funktionalen Persönlichkeitszügen.

3.1.2 Unterschiedshypothesen

Die Durchführung der Studie an einer studentischen Population sowie die Erhebung personenbezogener Daten ermöglicht zusätzlich die Überprüfung inter-individueller Unterschiede bezüglich der Persönlichkeitszüge (VDS30, VDS19+, *Checkliste Persönlichkeitsstile*, NEO-FFI), frustrierender Kindheitserfahrungen (VDS24), aktuellen zentralen Bedürfnissen (VDS27) und zentralen Ängsten (VDS28). Hierbei sollen folgende Fragestellungen und Hypothesen explorativ untersucht werden:

13. Gibt es geschlechtertypische Unterschiede bezüglich der Ausprägung der Persönlichkeitszüge (VDS30, VDS19+, *Checkliste Persönlichkeitsstile*, NEO-FFI), frustrierender Kindheitserfahrungen (VDS24), aktueller zentraler Bedürfnisse (VDS27) und zentraler Ängste (VDS28)?

Hypothese 13a: Es gibt geschlechtertypische Unterschiede bezüglich der Ausprägung der Persönlichkeitszüge.

Hypothese 13b: Es gibt geschlechtertypische Unterschiede bezüglich der Ausprägung der frustrierenden Kindheitserfahrungen.

Hypothese 13c: Es gibt geschlechtertypische Unterschiede bezüglich aktueller zentraler Bedürfnisse.

Hypothese 13d: Es gibt geschlechtertypische Unterschiede bezüglich aktueller zentraler Ängste.

14. Gibt es Unterschiede bezüglich der Ausprägung der Persönlichkeitszüge (VDS30, VDS19+, *Checkliste Persönlichkeitsstile*, NEO-FFI), frustrierender Kindheitserfahrungen (VDS24), aktueller zentraler Bedürfnisse (VDS27) und zentraler Ängste (VDS28) zwischen Studierenden aus unterschiedliche Studiengangrichtungen?

Hypothese 14a: Es gibt Unterschiede in der Ausprägung der Persönlichkeitszüge je nach Studiengangrichtung.

Hypothese 14b: Es gibt Unterschiede in der Ausprägung der frustrierenden Kindheitserfahrungen je nach Studiengangrichtung.

Hypothese 14c: Es gibt Unterschiede bezüglich der aktuellen zentralen Bedürfnisse je nach Studiengangrichtung.

Hypothese 14d: Es gibt Unterschiede bezüglich der aktuellen zentralen Ängste je nach Studiengangrichtung.

15. Gibt es Unterschiede bezüglich der Ausprägung der Persönlichkeitszüge (VDS30, VDS19+, *Checkliste Persönlichkeitsstile*, NEO-FFI), frustrierender Kindheitserfahrungen (VDS24), aktueller zentraler Bedürfnisse (VDS27) und zentraler Ängste (VDS28) zwischen Studierenden mit oder ohne aktueller Erwerbstätigkeit?

Hypothese 15a: Es gibt Unterschiede in der Ausprägung der Persönlichkeitszüge zwischen Studierenden mit oder ohne aktueller Erwerbstätigkeit.

Hypothese 15b: Es gibt Unterschiede in der Ausprägung der frustrierenden Kindheitserfahrungen zwischen Studierenden mit oder ohne aktueller Erwerbstätigkeit.

Hypothese 15c: Es gibt Unterschiede bezüglich der aktuellen zentralen Bedürfnisse zwischen Studierenden mit oder ohne aktueller Erwerbstätigkeit.

Hypothese 15d: Es gibt Unterschiede bezüglich der aktuellen zentralen Ängste zwischen Studierenden mit oder ohne aktueller Erwerbstätigkeit.

3.1.3 Überprüfung der methodischen Konzeption

Die *Checkliste Persönlichkeitsstile* stellt ein neues Verfahren im Sinne einer Erweiterung des *Verhaltensdiagnostik-Systems* (VDS) dar. Da die erfassten Persönlichkeitszüge weitestgehend jenen dysfunktionalen Persönlichkeitsstereotypen des VDS30 *Persönlichkeitsfragebogens* als Gegenpol des ressourcen-orientierten VDS19+ *Plus Persönlichkeit Fragebogens* entsprechen, sollen folgende Fragestellungen geklärt werden:

16. Gibt es einen Zusammenhang zwischen der subjektiven Einschätzung der Persönlichkeit mit Hilfe der Persönlichkeitscheckliste und den dysfunktionalen Persönlichkeitszügen (VDS30)?

    Hypothese 16: Es gibt einen Zusammenhang zwischen den Ergebnissen der Persönlichkeitscheckliste und jenen der dysfunktionalen Persönlichkeitszüge.

3.2 Methodik

Im Rahmen der Darstellung der methodischen Konzeption der vorliegenden Studie wird zunächst das Untersuchungsdesign vorgestellt. Darauf folgen die Darstellung der einzelnen eingesetzten Fragebögen sowie die Auswahl der Stichprobe. In den letzten Abschnitten werden die Durchführung sowie die geplante Auswertung der Untersuchung beschrieben.

3.2.1 Untersuchungsdesign

Bei der geplanten Studie handelt es sich um eine nicht-experimentelle Querschnittsuntersuchung bei einer nicht-klinischen Population. Die Datenerhebung erfolgt quantitativ mit Hilfe des Einsatzes einer Testbatterie aus neun standardisierten Fragebögen. Acht der neun Fragebögen stammen aus dem *Verhaltensdiagnostik-System* (VDS). Diese Testbatterie dient der Verhaltensanalyse und der Bedingungsanalyse, der Zielanalyse und der Therapieplanung und ist online frei zugänglich (CIP-Medien, 2018). Der andere Fragebogen (NEO-FFI) liegt an der Hochschule vor. Zusätzlich erfolgt die Ermittlung demographischer beziehungsweise personenbezogener Daten. Die Testbatterie liegt sowohl als Kurzversion als auch in ausführlicher Form vor. Erste umfasst eine Online-Umfrage mit einer angesetzten Bearbeitungsdauer von 60 bis 90 Minuten. Die Langversion wird vor Ort an der Hochschule durchgeführt und ist sowohl durch einen Fragebogen als auch durch die Erstellung der individuellen Überlebensregel anhand der unmittelbaren Auswertung erweitert. Die Bearbeitungszeit wird auf 90 bis 120 Minuten angesetzt.

Der Erhebungszeitraum beginnt unmittelbar nach der Zulassung der Masterthesis am 19. März 2018 und endet elf Wochen später am 03. Juni 2018. Die Umfrage wird sowohl online via sozialen Netzwerken wie *Facebook* als auch auf spezifischen Plattformen wie *SurveyCircle* und *PollPool* angeboten. Zusätzlich wird der Fragebogen hochschulintern über das *Serviceportal* und spezielle Versuchspersonen-Angebote auf *Ilias* beworben.

Nach Beendigung der Erhebung liegen die Daten der Online-Befragung direkt in digitaler Form vor und werden um die Daten der Vor-Ort-Befragung manuell ergänzt. Darauf folgt die statistische Aufbereitung, Weiterverarbeitung und Analyse anhand computergestützter Programme.

3.2.3 Messinstrumente

Die nachfolgende Reihenfolge der Darstellung der einzelnen Fragebögen entspricht der geplanten Abfolge in der Untersuchungsdurchführung.

3.2.3.1 Demographische Daten

Zu Beginn der Untersuchung werden personenbezogene Daten des Teilnehmers erfasst. Hierzu zählen Geschlecht, Alter, Familienstand (inklusive Anzahl der Kinder), aktuelle Wohnsituation, Studiengang, angestrebter Abschluss und Erwerbstätigkeit neben dem Studium. Mit Ausnahme des Alters sowie der Anzahl von Kindern wird den Probanden ein geschlossenes Antwortformat dargeboten.

3.2.3.2 VDS27 Zentrale Bedürfnisse

Der VDS27 *Zentrale Bedürfnisse* (Sulz, 2013c) ist ein Selbstbeurteilungsbogen zur Erfassung zentraler Bedürfnisse, die sich wie bereits in Kapitel 2.2.2.2 beschrieben in drei Hauptgruppen gliedern lassen: Zugehörigkeitsbedürfnisse, Selbstbedürfnisse und Homöostasebedürfnisse (Sedlacek, 2015; Sulz & Müller, 2000). Der Fragebogen umfasst insgesamt entsprechend 21 Items (jeweils sieben pro Bedürfnisgruppe), die auf einer sechsstufigen Likert-Skala verankert sind (0= „nicht" bis 5= „extrem"). Nach jeder Gruppe von Bedürfnissen erfolgt eine zusätzliche Frage zu den subjektiv wichtigsten Bedürfnissen. Abschließend soll der Proband das heute wichtigste Bedürfnis aus allen 21 Bedürfnissen identifizieren (Graßl, 2013). Die Auswertung erfolgt anhand der Berechnung der Summenwerte für jede Bedürfnisdimension. Durch die Division durch die zugehörige Itemzahl resultiert der jeweilige Mittelwert. Diese Durchschnittswerte der Dimensionen der Bedürfnisse können dann zu den Mittelwerten der jeweiligen Hauptskalen verrechnet werden. Es resultieren durchwegs Werte zwischen 0 und 5. Je höher der Wert, desto ausgeprägter ist das entsprechende Bedürfnis.

3.2.3.3 VDS24 Frustrierendes Elternverhalten in Kindheit und Jugendalter

Dem VDS27 *Zentrale Bedürfnisse* (Sulz, 2013c) steht der VDS24 *Frustrierendes Elternverhalten in Kindheit und Jugendalter* (Sulz, 2015b) gegenüber (Sedlacek, 2015; Sulz & Müller, 2000). Der Selbstbeurteilungsbogen dient der retrospektiven Erfassung von Erfahrungen unbefriedigenden und/oder bedrohlichen Elternverhaltens im Kindes- und Jugendalter. Hierfür wurden die empirischen Kategorien inhaltsanalytisch aus dem VDS-*Anamnesebogen zur Leben- und Krankheitsgeschichte* abgeleitet (Sulz & Müller, 2000; Sulz & Tins, 2000; Sulz, 1992). Diese sind als Bedürfnisse formuliert. Sowohl die Hauptfaktoren und Dimensionen, als auch die Itemanzahl und deren Beantwortungskategorien entsprechen daher denen des VDS27 (Sulz, 2013c). Die Auswertung des Fragebogens erfolgt analog zu dem VDS27 (Sulz, 2013c). Der dabei ermittelte Wert liegt zwischen 0 und 5. Je höher der Wert, desto stärker wird die Frustration der jeweiligen Bedürfnisse rückblickend bewertet.

3.2.3.4 VDS28 Meine zentrale Angst

Der VDS28 *Meine zentrale Angst* (Sulz, 2013d) dient der Erfassung von Angstinhalten anhand von sieben empirisch bestätigten Angstdimensionen, die bereits in Kapitel 2.3.2 beschrieben sind: Angst vor Vernichtung/Existenzverlust, Angst vor Trennung, Alleinsein, Verlassenwerden, Angst vor Kontrollverlust über andere, Angst vor Kontrollverlust über sich, Angst vor Liebesverlust und Ablehnung, Angst vor Gegenaggression und Angst vor Hingabe (Sulz & Müller, 2000). Neben den insgesamt 24 Items enthält der Selbstbeurteilungsbogen acht weitere Fragen zum Umgang mit oben genannten Angstinhalten. Ferner wird erfasst, welche zwei Umgangsformen am meisten zu-treffen. Die Antworten sind allesamt auf einer vierstufigen Likert-Skala (0= „nicht" bis 3= „sehr") verankert. In der Auswertung werden für jede Angstdimension beziehungsweise Angstgruppe Summenwerte berechnet und anschließend durch die jeweilige Anzahl der Aussagen je Gruppe dividiert. Zudem wird der Gesamtwert der Angst ermittelt. Es ergeben sich Werte zwischen 0 und 3. Je höher der Wert, desto stärker die Ausprägung der Angst.

3.2.3.5 VDS30 Persönlichkeitsfragebogen

Für eine defizit-orientierte Analyse stabiler Persönlichkeitszüge kommt der VDS30 *Persönlichkeits-fragebogen* (Sulz, 2013e) zum Einsatz (Sulz, 2000b). Dieses Selbstbeurteilungsinstrument orien-tiert sich an den psychiatrischen Klassifikationssystemen (ICD und DSM). Es umfasst insgesamt neun Persönlichkeitszüge (siehe Kapitel 2.1.2.3), welche anhand von 90 Items, jeweils zehn pro Persönlichkeitszug, erfasst: Selbstunsicher, dependent, zwanghaft, passiv-aggressiv, histrionisch, schizoid, narzisstisch, emotional instabil und paranoid (Sulz, 2013e; Sulz & Maier, 2009; Sulz et al., 1998). Der Fragebogen gilt als geeignetes Instrument zur Erfassung dysfunktionaler Persön-lichkeitsanteile, auch bei ambulanten Psychotherapie-Patienten (Sulz et al., 1998). Er ermöglicht eine sofortige Sichtdiagnostik, dient dabei jedoch nicht der Diagnosestellung von Persönlichkeits-störungen, sondern der Erfassung der Richtung und des Ausmaßes dysfunktionaler Erlebens- und Verhaltenstendenzen hinsichtlich der oben genannten Aspekte (Sulz et al., 2009; Sulz & Theßen, 1999). Das Antwortformat ist auf einer vierstufigen Likert-Skala (0= „nicht" bis 3= „sehr") abgebildet. Die Auswertung erfolgt mit Hilfe der Berechnung der Summenwerte und Mittelwerte durch die Teilung durch die jeweilige Itemanzahl. Hierfür steht eine Auswertungsvorlage auf Excel zur Verfügung, welche die Werte den entsprechenden geschlechterspezifischen Prozentrangnormen zuordnet. Der zusätzlich berechnete Gesamtwert ist als Neurotizismus-Skala interpretierbar und beschreibt die Ausprägung der dysfunktionalen Gesamtpersönlichkeit (Sulz & Theßen, 1999). Der VDS30 *Persönlichkeitsfragebogen* wurde vielfach empirisch evaluiert. Die Ergebnisse bestätigen seine Objektivität und Reliabilität. Die interne Konsistenz (Cronbachs Alpha) liegt durchwegs zwischen .76 und .91 und kann somit als gut bis sehr gut eingestuft werden (Sulz & Maier, 2009; Sulz & Sauer, 2003). Die Überprüfung der Retest-Reliabilität mit einem zeitlichen Abstand von zehn Tagen ergibt ebenfalls gute Werte (Sulz et al., 2009). Die Ergebnisse belegen einerseits die zeitliche Stabilität des Fragebogens und andererseits die Erfassung zeitlich stabiler dysfunktionaler Persönlichkeitszüge (Sulz et al., 2009). Auch im Vergleich mit dem Persönlichkeits-Stil und Störungs-Inventar (PSSI, Kuhl & Kazen, 1997) weist der VDS30 *Persönlichkeitsfragebogen* vergleichbare Testqualitäten auf und kann somit als valides Testverfahren angenommen werden (Sulz & Maier, 2009; Sulz & Sauer, 2003; Gräff-Rudolph, 1998).

3.2.3.6 Checkliste Persönlichkeitsstile

Da gesunde Personen in dem VDS30 *Persönlichkeitsfragebogen* häufig unauffällige Ergebnisse erreichen, wurde die *Checkliste Persönlichkeitsstile* (Sulz, 2018) konzipiert. Das Selbstbeurteilungsinstrument wird ausschließlich bei Probanden der Vor-Ort-Befragung eingesetzt. Die *Checkliste Persönlichkeitsstile* beinhaltet die Beschreibung der neun dysfunktionalen Persönlichkeitszüge mit ihren jeweiligen Vor- und Nachteilen. Diese werden wie folgt bezeichnet (Sulz, 2018):

- Selbstunsicher-ängstlich: zurückhaltend (*Ich mache nichts was mich unbeliebt macht*)
- Dependent: anhänglich (*Ich bin anhänglich und passe mich an*)
- Zwanghaft: gewissenhaft (*Ich erledige meine Aufgaben tadellos*)
- Passiv-aggressiv: kritisch-wehrhaft (*Ich leiste innerlich Widerstand*)
- Histrionisch: gesellig (*Ich bin gesellig, hole mir Beachtung*)
- Schizoid: Einzelgänger (*Ich bin Einzelgänger und nicht emotional*)
- Narzisstisch: Bester (*Ich will Bester sein, will Wertschätzung*)
- Emotional instabil: emotional (*Ich bin meinen Gefühlen ausgeliefert*)
- Paranoid: misstrauisch (*Ich vertraue nicht*)

Zusätzlich wird die subjektive Ausprägung zweier weiterer Persönlichkeitszüge, sogenannter funktionaler Züge, erfasst (Sulz, 2018):

- Stark und selbstständig (*Ich bin stark und brauche keine Hilfe*)
- Vorausschauend (*Ich behalte die Kontrolle*)

Der Teilnehmer soll auf einer vierstufigen Likert-Skala (0= „nicht" bis 3= „sehr") beurteilen, wie gut der jeweilige Persönlichkeitsstil zu ihm passt.

3.2.3.7 VDS19+ Plus-Persönlichkeit Fragebogen

Der VDS19+ *Plus-Persönlichkeit Fragebogen* (Sulz, 2013b) wurde als „(…) Spiegelbild des VDS30-Fragebogens konzipiert" (CIP-Medien, 2018, o.S.) und bildet so die adaptiven Verhaltenstendenzen resultierend aus den Persönlichkeitszügen des Menschen ab (Sulz & Maier, 2009). Ziel des Fragebogens ist eine ressourcen-orientierte Persönlichkeitsdiagnostik der neun funktionalen Persönlichkeitszüge (siehe Kapitel 2.1.2.3) mit Hilfe von neun Skalen anhand der konsequenten Umformulierung aller Items des empirisch ausreichend evaluierten VDS30-*Persönlichkeitsfragebogens* (Sulz & Maier, 2009).

Tab. 17: Gegenüberstellung der dysfunktionalen Persönlichkeitszüge (VDS30) und der funktionalen Persönlichkeitszüge (VDS19+).

Dysfunktionale Persönlichkeitszüge (VDS30)	Funktionale Persönlichkeitszüge (VDS19+)
selbstunsicher	selbstsicher
dependent	selbstständig
zwanghaft	flexibel
passiv-aggressiv	konfliktsicher
histrionisch	ausgeglichen
schizoid	beziehungsbezogen
narzisstisch	gemeinschaftsorientiert
Borderline (emotional instabil)	emotional stabil
paranoid	unvoreingenommen

Die 90 Items, jeweils zehn pro Persönlichkeitszug, sind auf einer vierstufigen Likert-Skala (0= „nicht" bis 3= „sehr") verankert. Für die Auswertung des Selbstbeurteilungsbogens wird die Summe für jede Skala gebildet und der Mittelwert durch die Division der Summe durch die Itemanzahl berechnet. Der zusätzlich erhobene Gesamtwert beschreibt die Ausprägung der kompetenten Persönlichkeit (Sulz & Maier, 2009). Es resultieren Werte zwischen 0 und 3, wobei ein höherer Wert eine stärkere Ausprägung des positiven Persönlichkeitszugs bedeutet. Die empirische Überprüfung der Reliabilität im Sinne der internen Konsistenz (Cronbachs Alpha) des VDS19+ *Plus-Persönlichkeit Fragebogen* variiert zwischen .56 und .93 und kann somit weitestgehend als sehr gut bewertet werden (Sulz & Maier, 2009). Da die Testqualitäten des ressourcen-orientierten Persönlichkeitsfragebogens jenen des Referenzfragebogens VDS30 ähneln, wird das Erhebungsinstrument als valides Verfahren eingeschätzt (Sulz & Maier, 2009).

3.2.3.8 Neo-Fünf-Faktoren-Inventar

Das *Neo-Fünf-Faktoren-Inventar* (NEO-FFI), nach Costa und McCrae in der deutschen Version von Borkenau und Ostendorf (2008) als weiteres Verfahren der Persönlichkeitsdiagnostik, dient der Erfassung der individuellen Ausprägung fünf faktoranalytischer Hauptmerkmale der Persönlichkeit (siehe auch Kapitel 2.1.2.1): Offenheit gegenüber neuen Erfahrungen, Gewissenhaftigkeit, Extraversion, Verträglichkeit und Neurotizismus. Der Selbstbeurteilungsbogen umfasst 60 Items, zwölf pro Faktor (Asendorpf, 2011). Die Antwortmöglichkeiten sind jeweils auf einer fünfstufigen Likert-Skala (0= „starke Ablehnung" bis 4= „starke Zustimmung") verankert. Die Bearbeitungsdauer ist auf zehn Minuten angesetzt (Borkenau & Ostendorf, 2008). Die Auswertung erfolgt mit Hilfe der Summenbildung für jeden Persönlichkeitsfaktor sowie durch die Zuweisung alters- (16 bis 50 Jahre) und geschlechterspezifischer Prozentrangnormen. Die teststatistische Güte des NEO-FFI wurde mehrfach überprüft und ist insgesamt als gut zu bewerten (Borkenau & Ostendorf, 2008). So ergeben sich im Rahmen der Überprüfung der internen Konsistenzen (Cronbachs Alpha) der einzelnen Skalen konstant Werte zwischen .72 und .87 (Borkenau & Ostendorf, 2008). Die Retest-Reliabilität sowie die Trennschärfe der einzelnen Items sind ebenfalls als gut zu bewerten (Borkenau & Ostendorf, 2008). Durch die empirische Belegung der Konstruktvalidität kann der NEO-FFI als valides Testinstrument eingestuft werden (Schuler, 2014; Borkenau & Ostendorf, 2008).

3.2.3.9 Schemaanalyse: Überlebensregel

Die Schemaanalyse (Sulz, 2013a) wird ausschließlich bei Probanden mit Paper-Pencil-Fragebögen in der Vor-Ort-Befragung durchgeführt. Die Schemaanalyse dient der Identifizierung der impliziten dysfunktionalen Überlebensregel und basiert auf den Ergebnissen des VDS30 *Persönlichkeitsfragebogens*, VDS27 *Zentrale Bedürfnisse* und VDS28 *Meine zentrale Angst* (Sulz et al., 2011). Bereits der Name des Verfahrens gibt Hinweise darauf, „(…) dass die Psyche einen Verstoß gegen diese Regel für nicht verträglich mit dem emotionalen Überleben in wichtigen Beziehungen hält" (Sulz, 2012, o.S.). Der auf den Probanden abgestimmte Satz ist wie folgt aufgebaut:

Nur wenn ich immer … und … (wichtigster und zweitwichtigster Persönlichkeitszug aus VDS30)

und wenn ich nie … und … (Gegenteil des wichtigsten und zweitwichtigsten Persönlichkeitszugs aus VDS30),

bewahre ich mir die Erfüllung von … und … (wichtigstes und zweitwichtigstes Bedürfnis aus VDS27)

und verhindere … und … (wichtigste und zweitwichtigste Angst aus VDS28).

Die Stärke der Beeinflussung jener individuellen Überlebensregel im aktuellen Leben wird anhand von sechs Items mit einer vierstufigen Likert-Skala (0= „nicht" bis 3= „sehr") ermittelt. Am Ende folgt eine Erlaubnis gebende Lebensregel, um die Befragung positiv abzuschließen. Die adaptive Lebensregel erlaubt es, die alte maladaptive Überlebensregel zu ersetzen (Sulz & Maier, 2009).

3.2.2 Stichprobe

Der angestrebte Stichprobenumfang beträgt *N*=200 Probanden. Zu den Zulassungskriterien zählen Volljährigkeit (ein Mindestalter von 18 Jahren) und ein aktueller Studentenstatus. Weitere Einschluss- und Ausschlusskriterien liegen nicht vor. Es werden sowohl Frauen als auch Männer betrachtet.

Die geplante Befragung kann als Langversion in Paper-Pencil-Form oder als Kurzversion im Rahmen einer Online-Umfrage via *Unipark* durchgeführt werden. Die Rekrutierung der Stichprobe erfolgt über einen nicht-zufallsgesteuerten Auswahlplan. Zum einen werden die Teilnehmer über Aushänge von Flyern an der *Hochschule Fresenius* sowie über das hochschulinterne Infoboard des *Serviceportals* angeworben. Zum anderen soll die Umfrage über soziale Netzwerke wie *Facebook* und Versuchspersonen-Pools wie *Survey Circle* und *Pollpool* verbreitet werden. Somit handelt es sich bei der vorliegenden Stichprobe um eine Ad-hoc Stichprobe, auch Gelegenheitsstichprobe genannt (Bortz & Döring, 2006).

Die Teilnahme an der Studie ist freiwillig, ohne Anreiz monetärer Mittel. Zur Gewährleistung der Anonymität der Probanden wird bei der Vor-Ort-Befragung mittels Paper-Pencil-Fragebögen eine Versuchspersonen-Nummer (VPN-Nr.) vergeben. Hierdurch soll gerade bei heiklen beziehungsweise sehr persönlichen Fragen ein offenes Antwortverhalten der Teilnehmer begünstigt werden (Bortz & Döring, 2006). Die Bearbeitung der Befragung via *Unipark* ist ebenfalls anonym. Es sind keine Rückschlüsse auf die einzelne Person möglich. Studierende des Studiengangs Psychologie erhalten nach der Teilnahme bis zu zwei Versuchspersonenstunden.

3.2.4 Untersuchungsdurchführung

Die Dauer der Datenerhebung beträgt elf Wochen (19.März 2018 bis 03.Juni 2018). Hierbei kommen zwei Untersuchungsbedingungen zum Einsatz: Die Online-Kurzversion via *Unipark* und die Paper-Pencil-Langversion vor Ort. Die Online-Befragung ist anonymisiert und ermöglicht somit keine Rückschlüsse auf die einzelnen Teilnehmer. Die Probanden können die Umfrage sowohl an ihrem Computer, als auch auf mobilen Endgeräten wie Tablets und Smartphones bearbeiten. Das Ausfüllen des Online-Fragebogens dauert zwischen 60 und 90 Minuten. Bei der Vor-Ort-Untersuchung erhalten die Probanden zu Beginn eine VPN-Nr., um die Anonymität ebenfalls zu gewährleisten. Die Fragebögen werden in der oben dargestellten Reihenfolge dargeboten. Für die Paper-Pencil-Befragung wird eine Bearbeitungsdauer von etwa 90 bis 120 Minuten angesetzt. Grund hierfür ist der zusätzliche Einsatz der *Checkliste Persönlichkeitsstile* sowie der VDS35a *Schemaanalyse: Überlebensregel*. Jene Verfahren können nicht in der Online-Version angewendet werden. Gründe hierfür sind zum einen die Unübersichtlichkeit der Darstellung der Persönlichkeitscheckliste durch das Online-Fragebogentool und zum anderen die vorausgesetzte Auswertung der relevanten Fragebögen (VDS30 *Persönlichkeitsfragebogen*, VDS27 *Zentrale Bedürfnisse*, VDS28 *Meine zentrale Angst*) zur Erstellung der individuellen Überlebensregel. Die Dauer der Bearbeitung sowie die allgemeinen inhaltlichen und konzeptorischen Aspekte der Studie werden im Rahmen der Überprüfung ethischer Anforderungen für die Probanden als zumutbar bewertet. Mit Hilfe umfassender standardisierter und verständlicher Instruktionen werden die Probanden zu Beginn der Befragung über die Gewährleistung ihrer Anonymität und die Möglichkeit jederzeit die Umfrage abbrechen zu können sowie über die Zielsetzung der einzelnen Fragebögen informiert. Am Ende der Erhebung erhalten die Probanden bei Nachfrage eine Rückmeldung über das Forschungsziel und die aufgestellten Hypothesen, sodass einer möglichen Verzerrung der Ergebnisse entgegengewirkt wird.

3.2.5 Untersuchungsauswertung

Nach Beendigung der Umfrage sollen die gewonnenen Daten mit dem computergestützten Statistik- und Analyseprogramm *SPSS* (Version 24) ausgewertet werden. Hierfür werden die Daten der Online-Kurzversion direkt von *Unipark* exportiert und um die Vor-Ort-Fragebögen der Langversion händisch ergänzt. Es folgt die Bereinigung des Datensatzes sowie die Umpolung einzelner Items für die Berechnung von Summenscores. Die Ergebnisse des VDS30 *Persönlichkeitsfragebogens* sowie des NEO-FFI werden um alters- und/oder geschlechterspezifische Normwerte ergänzt. Die Interpretation jener Prozentrangnormen, wie sie in Tabelle 18 dargestellt ist, orientiert sich an den allgemeinen Richtlinien des Standardwerkes für wissenschaftliches Arbeiten nach Bortz und Döring (2016).

Tab. 18: Eigene Darstellung der Interpretation der Prozentrangnormen (in Anlehnung an Bortz und Döring, 2016).

Prozentrangwerte	Interpretation der Ausprägung
85 - 100	überdurchschnittlich
16 - 84	durchschnittlich
0 - 15	unterdurchschnittlich

Auf die Bereinigung sowie die Auf- und Weiterverarbeitung des Datensatzes folgt die univariate Datenanalyse. Mittels deskriptiver Statistik werden Mediane, Mittelwerte, Standardabweichungen, Varianzen und Häufigkeiten berechnet.

Für die Untersuchung der weiteren Fragestellungen und Hypothesen wird die bivariate Datenanalyse herangezogen. Die Überprüfung der Forschungsfragen 1 bis 9 sowie 11,12 und 16 erfolgt mit Hilfe der Pearson-Korrelation. Diese testet die Stärke und Richtung linearer Zusammenhänge zwischen zwei metrisch-skalierten Variablen (Bortz & Döring, 2016; Bortz & Schuster, 2010). Die übliche Abstufung zur Beschreibung der Stärke des Zusammenhangs anhand des Korrelationskoeffizienten wird in Tabelle 19 dargestellt.

Tab. 19: Eigene Darstellung der Interpretation des Korrelationskoeffizienten (in Anlehnung an Bühl, 2012).

Werte	Interpretation
≤ .20	sehr geringe Korrelation
≤ .50	geringe Korrelation
≤ .70	mittlere Korrelation
≤ .90	hohe Korrelation
> .90	sehr hohe Korrelation

Im Falle einer Verletzung der Voraussetzungen zur Durchführung des parametrischen Tests wird ein nicht-parametrisches Verfahren, die Spearman-Korrelation verwendet. Diese dient der Überprüfung der Zusammenhänge zwischen Rangordnungen, also zwischen mindestens ordinalskalierten Variablen (Bortz & Döring, 2016; Fahrmeir, Künstler, Pigeot & Tutz, 2011, Bortz &

Schuster, 2010). Jene Vorgehensweise wird ferner für die Beantwortung der Frage 16 angewendet.

Frage 10 wird mittels der Berechnung einer schrittweise multiplen linearen Regressionsanalyse beantwortet. Diese stellt eine Erweiterung der Pearson-Korrelation dar und dient der Schätzung der Koeffizienten der linearen Gleichung unter Einbeziehung mehrerer metrisch-skalierter unabhängiger Variablen (VDS24, VDS27, VDS28), die den Wert einer metrisch-skalierten abhängigen Variablen (VDS30) besser vorhersagen (Eid, Gollwitzer & Schmitt, 2013; Backhaus, Erichson, Plinke & Weiber, 2008).

Für die Überprüfung der Fragen 13 und 15 kommt der *t*-Test für unabhängige Stichproben zum Einsatz. Dieser testet die Signifikanz des Unterschieds zwischen zwei Mittelwerten bei unabhängigen Stichproben zum selben Zeitpunkt (Bortz & Döring, 2016; Bortz & Schuster, 2010). Falls eine Voraussetzungsverletzung vorliegt, wird auf den nicht-parametrischen Mann-Whitney-U-Test ausgewichen.

Die Frage 14 wird mittels einer einfaktoriellen ANOVA untersucht. Dieses parametrische Verfahren überprüft den Einfluss einer unabhängigen Variablen mit *k* Ausprägungen (beispielsweise die Studiengangrichtungen) auf eine metrisch-skalierte abhängige Variable (Bortz & Döring, 2016). Nach Bedarf folgt die Feststellung der genauen signifikanten Unterschiede mit Hilfe des Post-hoc Tests nach Bonferroni. Bei einer Verletzung der Voraussetzung der Varianzhomogenität wird der Welch-Test mit anschließendem Post-hoc-Test nach Games Howell herangezogen. Ist eine entsprechende Skalierung der abhängigen Variable nicht gegeben, wird der Kruskal-Wallis-Test verwendet.

Da es sich bei den zu überprüfenden Annahmen jeweils um ungerichtete Hypothesen handelt, wird verfahrensübergreifend ein Signifikanzniveau von $\alpha = .05$ gewählt.

3.3 Ergebnisse

Die nachfolgenden Kapitel umfassen deskriptive und inferenzstatistische Analysen. Zuerst wird die untersuchte Stichprobe sowohl allgemein als auch bezüglich der einzelnen Fragebögen beschrieben. Daran schließen die inferenzstatistische Prüfung der Voraussetzungen für die angedachten Auswertungsverfahren sowie die Überprüfung der einzelnen Fragestellungen und Hypothesen. Zuletzt wird eine explorative Datenanalyse aufgeführt.

3.3.1 Stichprobenbeschreibung

Nach Bereinigung des Datensatzes und Ausschluss von sechs Probanden beträgt die Größe der Gesamtstichprobe N=216. Diese setzt sich aus n=116 Online-Teilnehmern und n=100 Probanden der Langversion vor Ort zusammen. Für die internetbasierte Kurzversion benötigen die Teilnehmer im Durchschnitt 46 Minuten. Die mittlere Bearbeitungsdauer der Vor-Ort-Umfrage beträgt 116 Minuten (M=116, SD=16.57). Eine differenzierte Beschreibung der untersuchten Stichprobe im Hinblick auf die Ergebnisse der eingesetzten Fragebögen erfolgt in dem nachfolgenden Kapitel.

3.3.2 Deskriptive Statistik

3.3.2.1 Demographische und personenbezogene Daten

Die Stichprobe besteht aus n=154 weiblichen Personen (71%) und n=62 männlichen Personen (29%). Das Durchschnittsalter der Probanden liegt bei 24 Jahren (M=23.89, SD=4.28). Der jüngste Teilnehmer ist 18 Jahre alt, der älteste Teilnehmer ist 47 Jahre. 98 Probanden (45%, n=98) sind Single, 110 Teilnehmer (51%, n=110) befinden sich derzeit in einer Partnerschaft und acht Versuchspersonen (4%, n=8) sind verheiratet. Fünf der 216 Teilnehmer (2%, n=5) haben Kinder. Dabei haben vier Probanden ein Kind und einer zwei. Bezüglich der Wohnsituation gibt jeweils etwa ein Drittel der Stichprobe an, alleine (32%, n=69), oder mit den Eltern beziehungsweise einem Elternteil (32%, n=68) zu wohnen. 46 Probanden (21%, n=46) leben zusammen mit ihrem Partner, 25 Teilnehmer (12%, n=25) wohnen mit Freunden oder Bekannten. Lediglich eine Versuchsperson lebt zusammen mit ihrem Kind beziehungsweise ihren Kindern (1%, n=1). Die Kategorie „mit sonstigen Personen" wurde von sieben Versuchspersonen (3%, n=7) gewählt.

Der Großteil der studentischen Stichprobe mit 139 Personen (64%, n=139) vertritt den Fachbereich Psychologie. 29 der Probanden (13%, n=29) sind der Fachrichtung Wirtschaftswissenschaften zuzuordnen. 11 Teilnehmer (5%, n=11) studieren MINT-Fächer (Mathe, Informatik, Naturwissenschaft und Technik) und 10 Versuchspersonen (5%, n=10) gehören anderen gesellschafts-, sozial- und geisteswissenschaftlichen Studiengängen an. Weiterhin nahmen sieben Studierende (3%, n=7) der Rechtswissenschaften und jeweils sechs Studierende (3%, n=6) aus den Bereichen Lehramt und Erziehungswissenschaften sowie Medizin und Gesundheitswesen teil. Aus den Fachbereichen Medien und Kommunikation sowie Sprach- und Kulturwissenschaften sind jeweils drei Personen (1%, n=3) vertreten. Zwei Probanden (1%, n=2) wählen die Restkategorie „Sonstige" aus. In Abbildung 4 ist die prozentuale Verteilung der vertretenen Fachrichtungen der Studiengänge graphisch dargestellt.

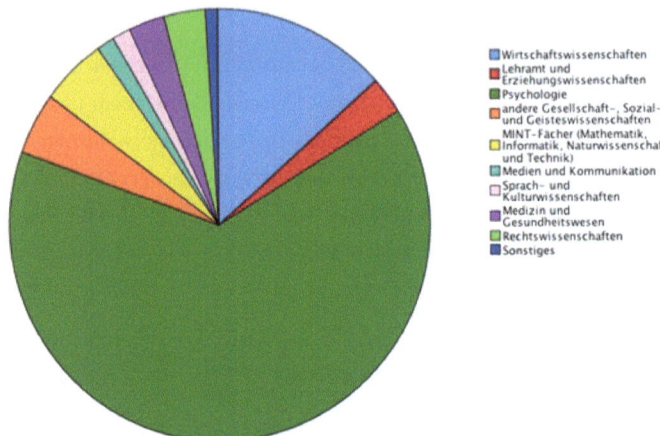

Legend:
- Wirtschaftswissenschaften
- Lehramt und Erziehungswissenschaften
- Psychologie
- andere Gesellschaft-, Sozial- und Geisteswissenschaften
- MINT-Fächer (Mathematik, Informatik, Naturwissenschaft und Technik)
- Medien und Kommunikation
- Sprach- und Kulturwissenschaften
- Medizin und Gesundheitswesen
- Rechtswissenschaften
- Sonstiges

Abb. 4: Graphische Darstellung der Verteilung (%) der vertretenen Fachbereiche der Studierenden innerhalb der untersuchten Stichprobe.

Die Mehrzahl der Teilnehmer (63%, n=135) absolviert derzeit einen Bachelorstudiengang. 68 Probanden (32%, n=68) streben einen Masterabschluss mit ihrem aktuellen Studiengang an. Der Rest der Stichprobe (6%, n=13) wird sein Studium mit einem Diplom oder Staatsexamen abschlie-ßen. Darüber hinaus berichten zwei Drittel der Gesamtstichprobe (67%, n=144) über eine derzeitige Erwerbstätigkeit. Ein Drittel (33%, n=72) geht keiner (nebenberuflichen) Tätigkeit neben dem Studium nach.

Die geschlechterspezifische Datenanalyse zeigt, dass das durchschnittliche Alter der n=154 weib-lichen Probanden 24 Jahre (M=23.54, SD=4.39) beträgt. Die n=62 männlichen Teilnehmer sind mit einem Durchschnittsalter von 25 Jahren (M=24.76, SD=3.87) im Mittel ein Jahr älter. Während sich über die Hälfte der Frauen (54%, n=83) zum Zeitpunkt der Datenerhebung in einer Beziehung befindet und sechs Teilnehmerinnen (4%, n=6) verheiratet sind, ist der überwiegende Teil der Männer (54%, n=33) Single. Drei der weiblichen Probanden (2%, n=3) haben Kinder. Hiervon berichten zwei Probandinnen von einem Kind und eine Teilnehmerin von zwei Kindern. In der männlichen Stichprobe sind zwei Väter (3%, n=2) mit jeweils einem Kind vertreten. Sowohl die weiblichen als auch die männlichen Probanden leben größtenteils alleine (weiblich: 34%, n=52; männlich: 27%, n=17), mit ihren Eltern beziehungsweise einem Elternteil (weiblich: 32%, n=49; männlich: 31%, n=19) oder mit ihrem Partner beziehungsweise ihrer Partnerin (weiblich: 21%, n=32; männlich: 23%, n=14). Eine graphische Übersicht der geschlechterspezifischen Verteilung der Wohnsituation der Probanden zum Zeitpunkt der Erhebung folgt in Abbildung 5.

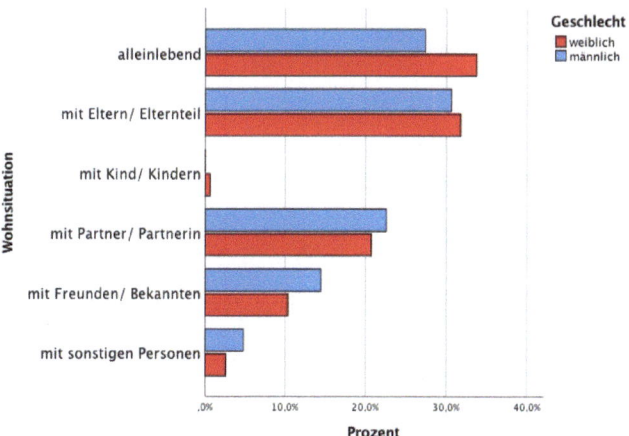

Abb. 5: Geschlechterspezifische Verteilung (%) der Wohnsituation zum Zeitpunkt der Datenerhebung.

Analog zu der Verteilung der Gesamtstichprobe handelt es sich sowohl bei dem Großteil der weiblichen Teilnehmer (70%, *n*=109) als auch der männlichen Probanden (50%, *n*=31) um Psychologiestudenten. Am zweithäufigsten lassen sich ebenfalls Frauen (10%, *n*=15) und Männer (23%, *n*=14) dem Fachbereich Wirtschaftswissenschaften zuordnen. Andere Gesellschafts-, Sozial- und Geisteswissenschaften bilden die dritthäufigste Fachrichtung der weiblichen Versuchspersonen (5%, *n*=7). Männliche Teilnehmer (11%, *n*=7) vertreten hingegen am dritthäufigsten den Fachbereich der MINT-Fächer (Mathe, Informatik, Naturwissenschaft und Technik). Eine graphische Gegenüberstellung der geschlechterspezifischen Verteilung der oben aufgeführten sowie weiterer Studiengänge ist Abbildung 6 zu entnehmen.

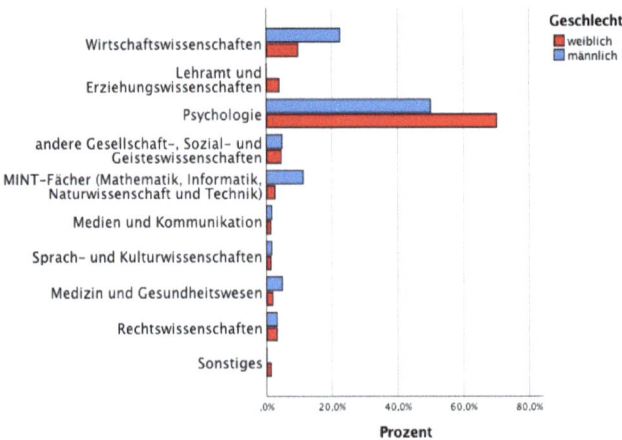

Abb. 6: Geschlechterspezifische Verteilung (%) der Fachrichtungen des Studiengangs innerhalb der untersuchten Stichprobe.

In Bezug auf den angestrebten Abschluss des derzeitigen Studiengangs geben zwei Drittel (67%, n=103) der weiblichen Teilnehmer und die Hälfte der männlichen Probanden (50%, n=31) den Bachelorabschluss an. 27% der Frauen (n=41) und 44% der Männer (n=27) möchten ihr aktuelles Studium mit einem Master abschließen. Die Minderheit (weiblich: 6%, n=9; männlich: 7%, n=4) absolvieren einen Studiengang, der mit einem Diplom oder Staatsexamen endet. Sowohl der Großteil der weiblichen (67%, n=103) als auch der männlichen (66%, n=21) Probanden sind während dem Studium erwerbstätig.

3.3.2.2 VDS27 Zentrale Bedürfnisse

Im Rahmen des VDS27 *Zentrale Bedürfnisse* erzielen die Probanden in der Gruppe der Zugehörigkeitsbedürfnisse einen mittleren Durchschnittswert von 3,54 (M=3.54, SD=.70) der fünf möglichen Punkte. In Bezug auf die Wichtigkeit der Selbstbedürfnisse resultiert ein durchschnittlicher Wert von 3,18 (M=3.18, SD=.61) von fünf möglichen Punkten. Den Homöostasebedürfnissen werden durch die Probanden mit einem Durchschnittswert von 3,21 (M=3.21, SD=.81) der fünf möglichen Punkte eine ähnlich hohe Bedeutung zugesprochen, wie den Selbstbedürfnissen. Eine übersichtliche Darstellung der Mittelwerte der drei übergeordneten Bedürfnisgruppen stellt Abbildung 7 dar.

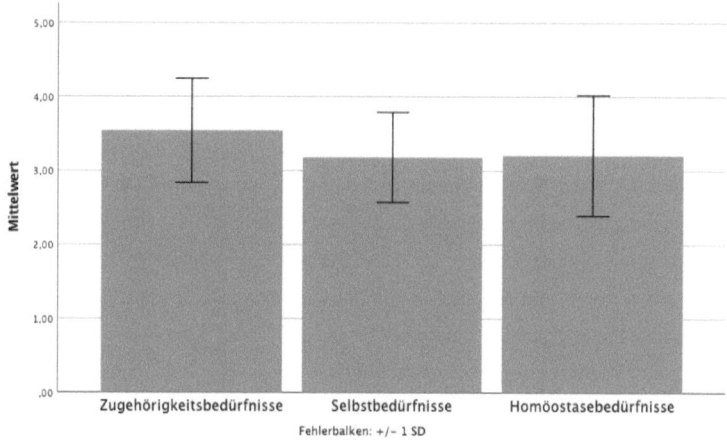

Abb. 7: Verteilung der Mittelwerte der Bedürfnisgruppen des VDS27 *Zentrale Bedürfnisse* innerhalb der Stichprobe.

Innerhalb der Langversion mit *n*=100 Probanden erfolgt die zusätzliche Erfassung der subjektiv wichtigsten und zweitwichtigsten Bedürfnisse für jede der drei Bedürfnisgruppen. In Bezug auf die Einstufung der einzelnen sieben Zugehörigkeitsbedürfnisse bewerten die 33 Probanden (33%, *n*=33) den Wunsch nach Liebe und Zuneigung als wichtigstes Bedürfnis. 24 Teilnehmer (24%, *n*=24) stufen das Bedürfnis nach Schutz, Sicherheit und Zuverlässigkeit am wichtigsten ein, gefolgt von 17 Versuchspersonen (17%, *n*=17), die dem Bedürfnis nach Geborgenheit und Wärme eine besonders hohe Bedeutung zuschreiben. Als zweitwichtigstes Bedürfnis der Zugehörigkeitsbedürf-nisse werden in hierarchisch absteigender Reihenfolge am häufigsten das Bedürfnis nach Gebor-genheit und Wärme (24%, *n*=24), das Bedürfnis nach Schutz, Sicherheit und Zuverlässigkeit (23%, *n*=23) sowie das Bedürfnis nach Willkommensein (18%, *n*=18) genannt.

Im Rahmen der sieben Selbstbedürfnisse wird sowohl das Bedürfnis nach selbst machen und selbst können als auch das Bedürfnis nach Selbstbestimmung jeweils von 37 Probanden (37%, *n*=37) gleichermaßen als wichtigstes Selbstbedürfnis eingestuft. 15 Teilnehmer (15%, *n*=15) schreiben dem Bedürfnis nach Förderung und Forderung die größte Bedeutung zu. Als zweitwich-tigstes Selbstbedürfnis werden ebenfalls das Bedürfnis nach Selbstbestimmung (24%, *n*=24), das Bedürfnis nach selbst machen und selbst können (23%, *n*=23), gefolgt von dem Bedürfnis gefor-dert und gefördert zu werden (21%, *n*=21) genannt.

Im Hinblick auf die subjektive Einschätzung des wichtigsten Bedürfnisses aus allen 14 Zugehörig-keits- und Selbstbedürfnissen zeigt sich die besondere Bedeutung der Bedürftigkeit nach Bindung. So wird dem Bedürfnis nach Liebe und Zuneigung von 26 Probanden (26%, *n*=26) sowie dem Bedürfnis nach Schutz, Sicherheit und Zuverlässigkeit von 15 Teilnehmern (15%, *n*=15) die größte

Wichtigkeit zugesprochen. Ebenfalls 15 Versuchspersonen (15%, *n*=15) geben das Bedürfnis nach Selbstbestimmung als wichtigstes Bedürfnis aus allen Zughörigkeits- und Selbstbedürfnissen an.

Bei der spezifischen Betrachtung des wichtigsten Homöostasebedürfnisses, wird das Bedürfnis nach Missbrauchsfreiheit mit 34 Probanden (34%, *n*=34) am häufigsten genannt. Am zweithäufigsten wird dem Bedürfnis nach einer unängstlichen Bezugsperson von 17 Teilnehmern (17%, *n*=17), gefolgt von dem Bedürfnis nach einer unbedrohlichen Außenwelt von 14 Probanden (14%, *n*=14) die größte Bedeutung beigemessen. Als zweitwichtigstes Homöostasebedürfnis nennen die Probanden vor allem das Bedürfnis nach einer unbedrohlichen Bezugsperson (24%, *n*=24), das Bedürfnis nach einer unängstlichen Bezugsperson (18%, *n*=18) sowie das Bedürfnis nach einer Bezugsperson, die nicht extrem wütend macht (16%, *n*=16).

Die subjektive Bewertung der Teilnehmer über das wichtigste Bedürfnis über alle 21 Zugehörigkeits-, Selbst- und Homöostasebedürfnissen hinweg entspricht weitestgehend der Einschätzung des wichtigsten Bedürfnisses aus allen 14 Zugehörigkeits- und Selbstbedürfnissen. So werden am häufigsten das Bedürfnis nach Liebe und Zuneigung (23%, *n*=23) sowie das Bedürfnis nach Schutz, Sicherheit und Zuverlässigkeit (15%, *n*=15) genannt. Das Bedürfnis nach Selbstbestimmung erhält bei elf Probanden (11%, *n*=11) die größte Bedeutung aller zentralen Bedürfnisse. Eine übersichtliche Darstellung der prozentualen Verteilung der Einschätzung des subjektiv wichtigsten Bedürfnisses aus allen 21 zentralen Bedürfnissen zeigt Abbildung 8.

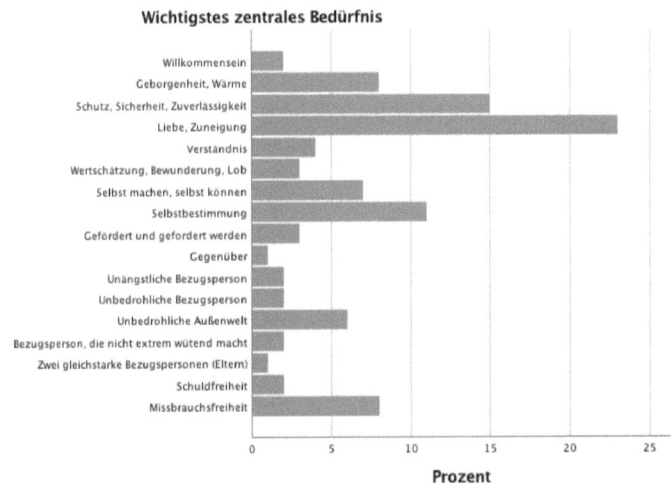

Abb. 8: Verteilung (%) der Einschätzung des subjektiv wichtigsten Bedürfnisses aus allen 21 zentralen Bedürfnissen innerhalb der untersuchten Stichprobe.

3.3.2.3 VDS24 Frustrierendes Elternverhalten in Kindheit und Jugendalter

Im Rahmen der Erfassung frustrierender Kindheits- und Jugenderfahrungen durch die mangelnde beziehungsweise fehlende Befriedigung der Bedürfnisse mit Hilfe des VDS24 erzielen die Probanden innerhalb der Frustration von Zugehörigkeitsbedürfnissen einen mittleren Wert von 1,23 (*M*=1.23, *SD*=1.12) von fünf möglichen Punkten. Frustrationen der Selbstbedürfnisse bewerten die Probanden mit 1,09 (*M*=1.09, *SD*=.90) von fünf möglichen Punkten. Frustrierende Erfahrungen im Kindheits- und Jugendalter im Sinne einer mangelnden Befriedigung von Homöostasebedürfnissen bewerten die Teilnehmer durchschnittlich mit 1,12 (*M*=1.12, *SD*=.93) der fünf möglichen Punkte. Abbildung 9 zeigt die graphische Verteilung der Mittelwerte der drei übergeordneten Frustrationen im Kindheits- und Jugendalter.

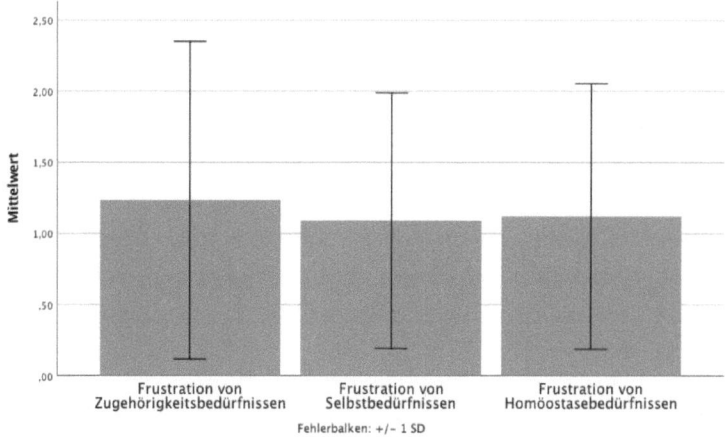

Abb. 9: Verteilung der Mittelwerte der Frustrationen der Bedürfnisgruppen des VDS24 Frustrierendes Elternverhalten in Kindheit und Jugendalter innerhalb der Stichprobe.

Analog zu dem VDS27 *Zentrale Bedürfnisse* werden bei den 100 Probanden der Langversion die subjektiv wichtigsten Frustrationen im Kindes- und Jugendalter erfasst. Im Hinblick auf die wichtigsten Frustrationen der Zugehörigkeitsbedürfnisse nennen die Probanden am häufigsten Frustrationen des Selbstwertes. So geben 34 Teilnehmer (34%, *n*=34) eine mangelnde Befriedigung des Bedürfnisses nach Verständnis, 19 Probanden (19%, *n*=19) die Frustration des Bedürfnisses nach Wertschätzung, Bewunderung und Lob sowie elf Versuchspersonen (11%, *n*=11) das Fehlen von Beachtung und Aufmerksamkeit im Kindheits- und Jugendalter an. Bei 16 Befragten (16%, *n*=16) liegen keine frustrierenden Kindheits- und Jugenderfahrungen bezüglich der Zugehörigkeitsbedürfnisse vor. Als zweitwichtigste Frustration der Zugehörigkeitsbedürfnisse während der Kindheit und Jugend nennen 19 Probanden (19%, *n*=19) die eingeschränkte Befriedigung von Wertschätzung, Bewunderung und Lob sowie jeweils 14 Teilnehmer (14%, *n*=14) den Mangel an

Verständnis sowie an Geborgenheit und Wärme. 20 Befragte (20%, *n*=20) geben keine zweitwichtigsten Frustrationen an.

Im Rahmen der unzureichenden Befriedigung der Selbstbedürfnisse im Kindes- und Jugendalter berichten 21 Teilnehmer (21%, *n*=21) von einer mangelnden Befriedigung an Selbstbestimmung als wichtigstes frustrierendes Elternverhalten. 16 Befragte (16%, *n*=16) nennen stattdessen das Fehlen eines Gegenübers zur Auseinandersetzung und 14 Probanden (14%, *n*=14) geben das Fehlen von Förderung und Forderung an. Bei 15 Teilnehmern (15%, *n*=15) ist keine Frustration der Selbstbedürfnisse zu verzeichnen. In Bezug auf die zweitwichtigste Frustration der Selbstbedürfnisse während der Kindheit und Jugend zeigt sich bei jeweils 16 Teilnehmern (16%, *n*=16) eine eingeschränkte Befriedigung des Bedürfnisses selbst machen und selbst können sowie des Bedürfnisses nach Selbstbestimmung. Zwölf Probanden (12%, *n*=12) fehlte ein Vorbild. 30 Befragte (30%, *n*=30) können keine zweitwichtigste Frustration im Kindes- und Jugendalter benennen.

Als wichtigste Frustration aller Zugehörigkeits- und Selbstbedürfnisse im Kindes- und Jugendalter geben die Befragten am häufigsten einschränkende beziehungsweise fehlende Befriedigungen der Selbstwertbedürfnisse an. So bewerten 23 Teilnehmer (23%, *n*=23) ein eingeschränktes Verständnis und 14 Probanden (14%, *n*=14) den Mangel an Wertschätzung, Bewunderung und Lob als wichtigste kindliche Frustration durch die Eltern. Am dritthäufigsten berichten die Versuchspersonen von einer Frustration des Bedürfnisses nach Selbstbestimmung (12%, *n*=12). Bei sechs Teilnehmern (6%, *n*=6) liegen weder Frustrationen der Zugehörigkeitsbedürfnisse noch der Selbstbedürfnisse vor.

Die Frustration der Homöostasebedürfnisse im Kindes- und Jugendalter innerhalb der untersuchten Stichprobe bezieht sich nach der Einschätzung der subjektiven Wichtigkeit vor allem auf das Fehlen einer Bezugsperson, die nicht extrem wütend macht (23%, *n*=23), Schuldfreiheit (20%, *n*=20) sowie einer unängstlichen Bezugsperson (15%, *n*=15). Das Fehlen an frustrierenden Kindheitserfahrungen bezüglich der Befriedigung der Homöostasebedürfnisse wird von sechs Befragten (6%, *n*=6) berichtet. Als zweitwichtigste Frustration nennen die Probanden vornehmlich ebenfalls den Mangel an Schuldfreiheit (23%, *n*=23) sowie einer Bezugsperson, die nicht extrem wütend macht (20%, *n*=20). 13 Personen (13%, *n*=13) ordnen die Frustration des Bedürfnisses nach zwei gleichstarken Bezugspersonen (Eltern) als zweitwichtigste Frustration im Kindes- und Jugendalter ein. 14 Probanden (14%, *n*=14) können jener Kategorie keine Frustration der Homöostasebedürfnisse zuweisen.

Die retrospektive Einschätzung der wichtigsten Frustration in der Kindheit und Jugend über alle 21 zentralen Bedürfnisse hinweg entspricht weitestgehend der Einstufung der wichtigsten Frustration der 14 Zugehörigkeits- und Selbstbedürfnisse. Auch hier geben die Probanden vornehmlich den Mangel an Wertschätzung, Bewunderung und Lob (13%, *n*=13) sowie an Verständnis (11%, *n*=11) an. Am dritthäufigsten wird das Fehlen von Schuldfreiheit (10%, *n*=10) berichtet. Drei der 100 Befragten (3%, *n*=3)berichten weder von einer wichtigen Frustration der Zugehörigkeitsbedürfnisse, Selbstbedürfnisse, noch der Homöostasebedürfnisse. Eine differenzierte Darstellung der prozentualen Verteilung der subjektiv wichtigsten frustrierenden Erfahrung im Kindheits- und Jugendalter ist Abbildung 10 zu entnehmen.

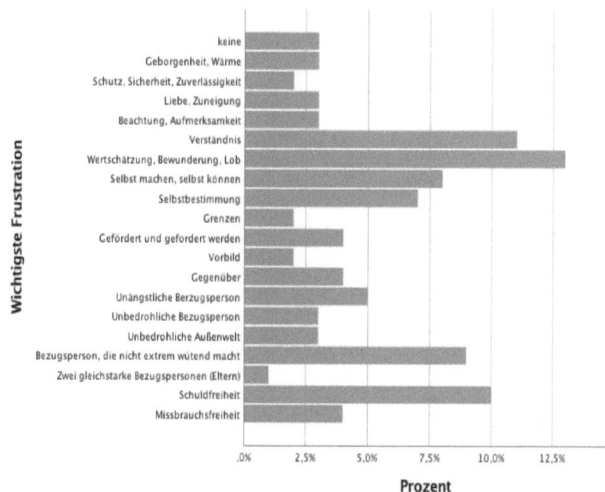

Abb. 10: Verteilung (%) der Einschätzung der subjektiv wichtigsten Frustration im Kindes- und Jugendalter aus allen 21 zentralen Bedürfnissen innerhalb der untersuchten Stichprobe.

3.3.2.4 VDS28 Meine Zentrale Angst

Im Rahmen des VDS28 *Meine Zentrale Angst* erzielen die Probanden im Durchschnitt einen Gesamtwert von 1,06 (*M*=1.06, *SD*=.54) aus drei möglichen Punkten. In Bezug auf die einzelnen Angstgruppen erreichen die Teilnehmer in der Gruppe 1 (Angst vor Vernichtung, Existenzverlust) im Mittel einen Punktwert von 0,77 (*M*=.77, *SD*=.74). Die Angstgruppe 2 (Angst vor Trennung, Alleinsein, Verlassenwerden) ist innerhalb der Stichprobe mit einem mittleren Wert von 1,68 (*M*=1.68, *SD*=.85) am stärksten ausgeprägt. Im Hinblick auf die Gruppen 3 und 4 im Sinne der Angst vor Kontrollverlust, zeigen die Befragten eine größere Angst vor dem Verlust der Kontrolle über andere (*M*=.89, *SD*=.76) als über sich selbst (*M*=.68, *SD*=.67). In der Angstgruppe 5 (Angst vor Liebesverlust und vor Ablehnung) erzielen die Teilnehmer einen mittleren Wert von 1,58

(*M*=1.58, *SD*=.90). Demnach ist jene Angst innerhalb der Stichprobe am zweitstärksten vertreten. Die Angst vor Gegenaggression (Gruppe 6) ist mit durchschnittlich 0,68 (*M*=.69, *SD*=.68) weniger stark ausgeprägt. In der Angstgruppe 7 (Angst vor Hingabe) resultiert innerhalb der Stichprobe im Mittel ein Punktwert von 0,94 (*M*=.94, *SD*=.90). Die Verteilung der Mittelwerte der einzelnen Angstgruppen wird graphisch in Abbildung 11 gegeben.

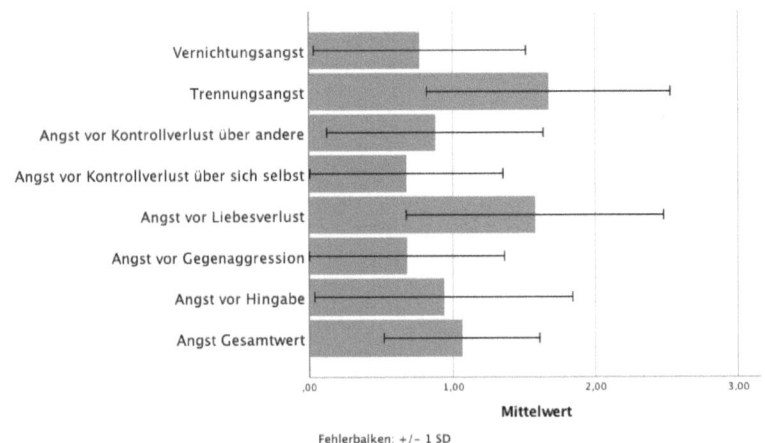

Abb. 11: Verteilung der Mittelwerte der Angstgruppen des VDS28 Meine zentrale Angst innerhalb der Stichprobe.

Die spezifische Erhebung der subjektiv bedeutsamsten Angstgruppe innerhalb der Durchführung der Langversion bei *N*=100 Teilnehmer ergibt, dass der Großteil jener Probanden (34%, *n*=34) vor allem Angst vor Trennung, Alleinsein und Verlassenwerden (Gruppe 2) hat. Am zweithäufigsten (25%, *n*=25) wird die Angst vor Liebesverlust und Ablehnung (Gruppe 5) und am dritthäufigsten (10%, *n*=10) die Angst, die Kontrolle über sich selbst zu verlieren (Gruppe 4), genannt. Jene Ergebnisse sowie die prozentuale Verteilung der weiteren Bewertungen der subjektiv wichtigsten Angstgruppe, werden in Abbildung 12 gegeben.

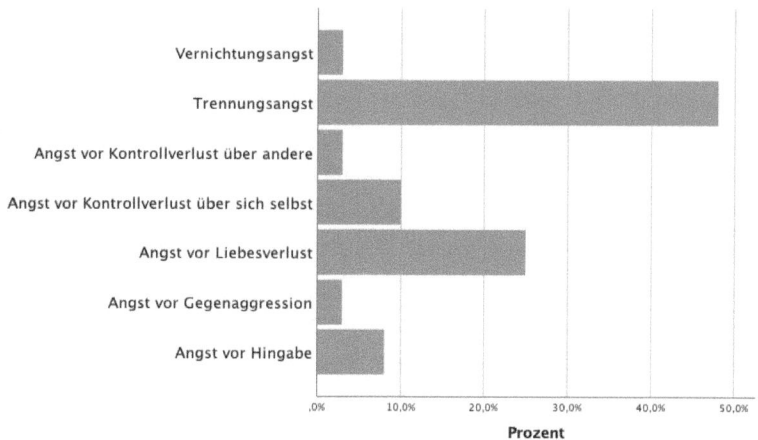

Abb. 12: Verteilung (%) der Einschätzung der subjektiv wichtigsten Angstgruppe aus allen sieben zentralen Ängsten innerhalb der untersuchten Stichprobe der Langversion.

Im Hinblick auf den häufigsten Umgang mit den zentralen Ängsten nennen die Probanden der Langversion (*N*=99) vor allem das aktive Fragen nach Hilfestellung einer Bezugsperson (29%, *n*=29). 23 Personen (23%, *n*=23) lassen sich nichts anmerken und reagieren wie einer der keine Angst hat. Am dritthäufigsten sind Probanden vertreten, die vorsorglich aufpassen, nicht in Situationen zu geraten, in denen sie Angst bekommen (12%, *n*=12). Die prozentuale Verteilung aller Aussagen über den häufigsten Umgang mit Ängsten wird in Abbildung 13 dargestellt.

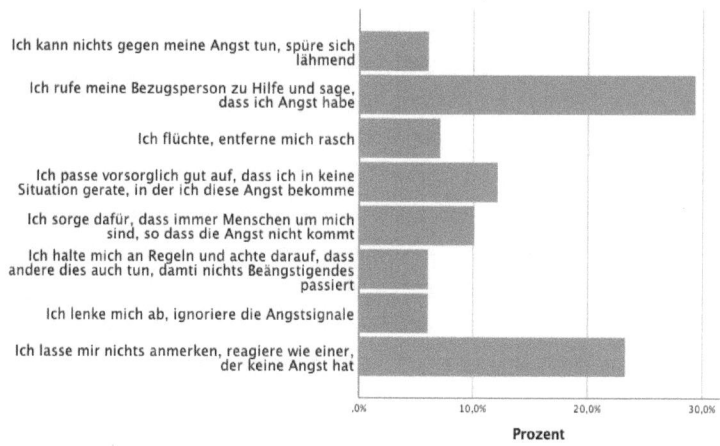

Abb. 13: Verteilung (%) der Einschätzung des subjektiv häufigsten Umgangs mit der Angst innerhalb der untersuchten Stichprobe der Langversion.

3.3.2.5 VDS30 Persönlichkeitsfragebogen

In dem VDS30 *Persönlichkeitsfragebogen* ergibt sich für die Stichprobe ein mittlerer Gesamtwert (Neurotizismus-Skala) von 0,76 (*M*=.76, *SD*=.41) von fünf möglichen Punkten. In Bezug auf die neun definierten dysfunktionalen Persönlichkeitszüge ist der selbstunsichere Persönlichkeitszug mit einem durchschnittlichen Punktwert von 0,99 (*M*=.99, *SD*=.64) innerhalb der untersuchten Stichprobe mitunter am stärksten ausgeprägt. Dieser Wert entspricht einem gerundeten geschlechterspezifischen Prozentrang von 44 (*M*=43.60, *SD*=23.37). Jener befindet sich innerhalb des Durchschnittsbereichs und bedeutet, dass die Ausprägung der Selbstunsicherheit bei 44% der Vergleichspopulation dieselbe oder niedriger ist. Auf der Skala der dependenten Persönlichkeit erzielen die Teilnehmer hingegen einen weniger hohen Wert von 0,82 (*M*=.82, *SD*=.53). Hierfür ergibt sich ein mittlerer Prozentrang von 48 (*M*=48.09, *SD*=26.07), welcher ebenfalls im Normalbereich liegt. Demnach sind dependente Persönlichkeitszüge bei 48% der Referenzstichprobe zumindest gleichstark oder weniger ausgeprägt. Die subjektive Ausprägung von zwanghaften Persönlichkeitszügen sowie von passiv-aggressiven Persönlichkeitszügen wird von den Teilnehmern mit einem mittleren Punktwert von 0,98 (*M*=.98, *SD*=.51) beziehungsweise von 0,78 (*M*=.78, *SD*=.51) bewertet. Orientierend an den Normwerten ergeben sich hierfür Prozentränge von 54 (*M*=54.42, *SD*=24.98) sowie von 58 (*M*=58.12, *SD*=25.88), welche sich jeweils im durchschnittlichen Bereich befinden. Auf der Skala der zwanghaften Persönlichkeit erzielen 54% der Vergleichsgruppe und auf der Skala der passiv-aggressiven Persönlichkeit 58% der Referenzstichprobe gleich hohe oder niedrigere Werte. Die Ausprägung zwanghafter Persönlichkeitszüge ist somit innerhalb der untersuchten Stichprobe am stärksten ausgeprägt. Die höchsten Punktwerte innerhalb der Stichprobe resultieren auf der Skala des histrionischen Persönlichkeitszugs mit einem Durchschnittswert von 1,01 (*M*=1.01, *SD*=.58). Innerhalb der Stichprobe liegt dieser Wert mit einem mittleren Prozentrang von 50 (*M*=49.92, *SD*=27.03) ebenfalls im Durchschnittsbereich. Etwa die Hälfte der Vergleichspopulation erreicht dieselben oder niedrigere Werte auf dieser Skala. Die Ausprägung schizoider Persönlichkeitszüge wird mit einem mittleren Wert von 0,52 Punkten (*M*=.52, *SD*=.54) und einem zugehörigen Prozentrangwert von 42 (*M*=41.55, *SD*=29.26) als durchschnittlich eingestuft. Das heißt, dass die schizoiden Persönlichkeitszüge bei 42% der Vergleichsnorm zumindest genauso stark ausgeprägt sind. Auf den Skalen Narzissmus und Borderline resultieren im Durchschnitt 0,86 (*M*=.86, *SD*=.54) beziehungsweise 0,50 Punkte (*M*=.50, *SD*=.58). Diese Werte können einem mittleren Prozentrang von 56 (*M*=55.65, *SD*= 26.59) beziehungsweise von 36 (*M*=35.94, *SD*=28.77) zugeordnet werden. Obgleich diese jeweils als durchschnittlich eingestuft werden können, zeigt sich, dass die Ausprägung von Borderline-Persönlichkeitszügen innerhalb der untersuchten Stichprobe gemäß den zugeordneten Prozentrangnormen am schwächsten ist. So weisen 64% der Referenzstichprobe eine stärkere Ausprägung emotional-instabiler Persönlichkeitszüge auf. Die Skala der paranoiden Persönlichkeitszüge ist mit einem mittleren Punktwert von 0,41 (*M*=.41, *SD*=.46) am niedrigsten. Der Wert entspricht einem mittleren Prozentrang von 40 (*M*=40.12, *SD*=28.41) und liegt damit analog zu den vorange-gangenen Werten im Durchschnittsbereich. Auf jener Skala erreichen 40% der Vergleichsgruppe zumindest dieselbe Punktzahl. Die Abbildungen 14 und 15 geben eine graphische Übersicht über die Verteilung der mittleren Summenwerte sowie der Prozentrangwerte innerhalb der Stichprobe.

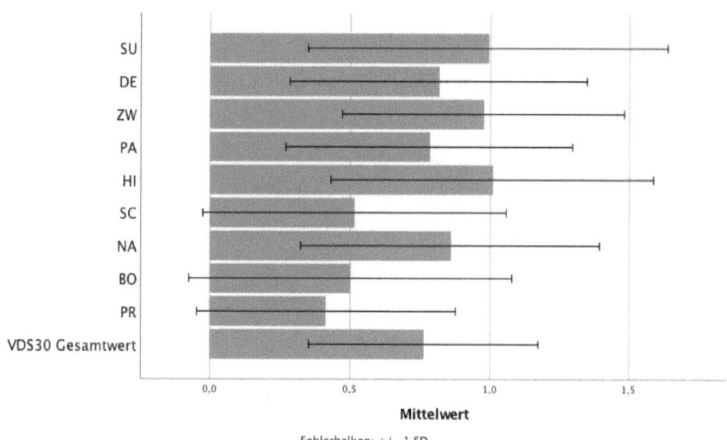

Abb. 14: Verteilung der Mittelwerte der dysfunktionalen Persönlichkeitsskalen des VDS30 *Persönlichkeits-fragebogens* innerhalb der Stichprobe.

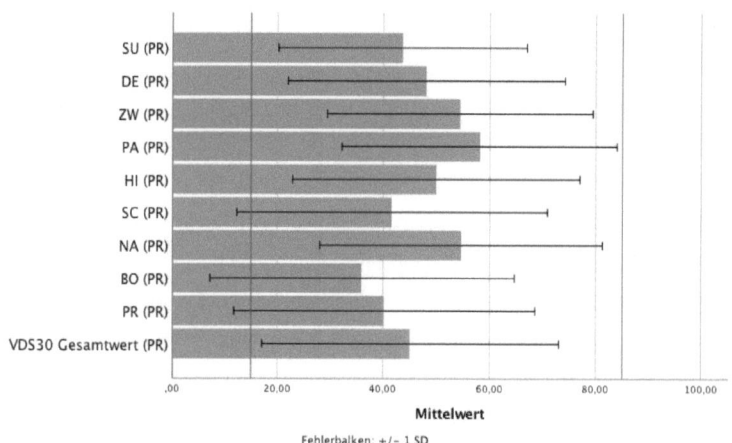

Abb. 15: Verteilung der mittleren geschlechterspezifischen Prozentrangnormwerte der dysfunktionalen Per-sönlichkeitsskalen des VDS30 *Persönlichkeitsfragebogens* innerhalb der Stichprobe.

Den Angaben der *N*=100 Probanden der Langversion zur Folge sind es vor allem die histrionische Persönlichkeit (30%, *n*=30), die selbstunsichere Persönlichkeit (17%, *n*=17) sowie die dependente Persönlichkeit (16%, *n*=16), die die Teilnehmer subjektiv am treffendsten beschreiben.

3.3.2.6 Checkliste Persönlichkeitsstile

Die *Checkliste Persönlichkeitsstile* wird ausschließlich im Rahmen der Langversion der Studie durchgeführt, weshalb sich die nachfolgende Beschreibung auf *N*=100 Probanden bezieht. Ihren Angaben zur Folge treffen sowohl die Beschreibung der zurückhaltenden (selbstunsicheren) Persönlichkeit als auch die der anhänglichen (dependenten) Persönlichkeit jeweils zumeist etwas zu (*Mdn*=1). Das Vorliegen gewissenhafter (zwanghafter) Persönlichkeitszüge wird von den Probanden als deutlich (*Mdn*=2) eingestuft. Kritisch-wehrhafte (passiv-aggressive) und gesellige (histrionische) Persönlichkeitszüge sind bei den Probanden größtenteils ebenfalls etwas ausgeprägt (*Mdn*=1). Die Beschreibung des Einzelgängers (schizoide Persönlichkeit) trifft eher nicht zu (*Mdn*=0). Das Bestreben, Bester zu sein (narzisstische Persönlichkeit) ist etwas ausgeprägt (*Mdn*=1). Selbes zeigt sich in der Darstellung der emotionalen (Borderline-) Persönlichkeit (*Mdn*=1). Als misstrauisch (paranoid) beschreibt sich größtenteils keiner der Teilnehmer (*Mdn*=0). Demgegenüber sind die Persönlichkeitszüge stark und selbstständig sowie vorausschauend innerhalb der Stichprobe zum Großteil deutlich ausgeprägt (*Mdn*=2).

Entsprechend ordnen die meisten untersuchten Probanden (29%, *n*=29) starke und selbstständige Persönlichkeitszüge als subjektiv treffendste Persönlichkeitseigenschaften zu. 15 Teilnehmer (15%, *n*=15) geben die Beschreibung der geselligen (histrionischen) Persönlichkeit als zutreffendsten Persönlichkeitszug an und 14 Befragte (14%, *n*=14) die der emotionalen (Borderline-) Persönlichkeit.

3.3.2.7 VDS19+ Plus Persönlichkeit Fragebogen

In dem VDS19+ *Plus Persönlichkeit Fragebogen* als Gegenstück des VDS30 *Persönlichkeitsfragebogens* erzielen die Probanden im Mittel einen Gesamtwert von 1,95 (*M*=1.95, *SD*=.40) von drei möglichen Punkten. Differenziert nach den neun funktionalen Persönlichkeitszügen erreichen die Teilnehmer auf der Skala der selbstsicheren Persönlichkeit mit durchschnittlich 1,60 Punkten (*M*=1.60, *SD*=.60) den niedrigsten Wert. In Bezug auf selbstbewusste Persönlichkeitszüge ergibt sich innerhalb der Stichprobe ein mittlerer Wert von 2,04 (*M*=2.04, *SD*=.52). Auf den Skalen der flexiblen Persönlichkeit, der konfliktsicheren Persönlichkeit und der ausgeglichenen Persönlichkeit sind durchschnittliche Punktwerte von 1,73 (*M*=1.73, *SD*=.45), 1,99 (*M*=1.99, *SD*=.50) und 1,84 (*M*=1.84, *SD*=.49) zu verzeichnen. Beziehungsbezogene Persönlichkeitszüge sind mit einem Mittelwert von 2,06 (*M*=2.06, *SD*=.61) eher stark ausgeprägt. Für die Skala gemeinschaftsorientierter Persönlichkeitszüge resultiert ein Durchschnittswert von 1,97 (*M*=1.97, *SD*=.52). Die stärkste

Ausprägung zeigt sich in dem emotional stabilen Persönlichkeitszug mit durchschnittlich 2,22 Punkten (*M*=2.22, *SD*=.60). Auf der Skala der unvoreingenommenen Persönlichkeit erreichen die Probanden einen mittleren Wert von 2,13 (*M*=2.13, *SD*=.55). Abbildung 16 bietet eine übersichtliche Darstellung der Mittelwerte der einzelnen Skalen des VDS19+ sowie des Gesamtwertes einer kompetenten Persönlichkeit.

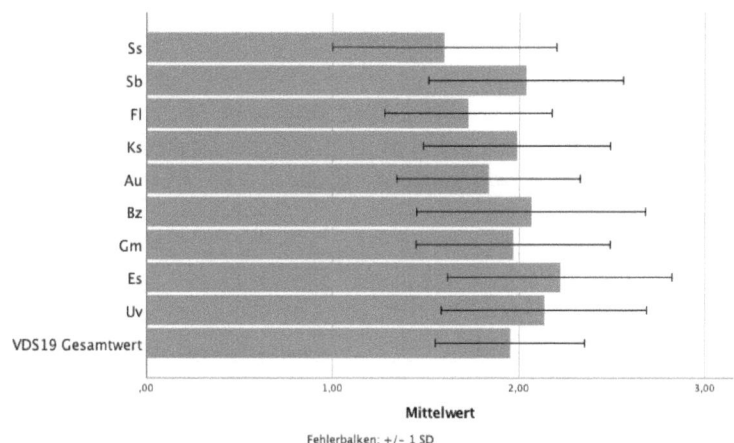

Abb. 16: Verteilung der Mittelwerte der funktionalen Persönlichkeitsskalen des VDS19+ *Plus Persönlichkeit Fragebogens* innerhalb der Stichprobe.

3.3.2.8 Neo-Fünf-Faktoren-Inventar

Im Rahmen der Erhebung der fünf Hauptfaktoren der Persönlichkeit mit Hilfe des NEO-FFI ergibt sich für die Skala des Neurotizismus innerhalb der Stichprobe ein mittlerer Wert von 20,87 (*M*=20.87, *SD*=8.58) der 48 möglichen Punkten, was einem gerundeten mittleren alters- und geschlechterspezifischen Prozentrang von 45 (*M*=44-57, *SD*=30.05) entspricht. Dieser befindet sich im Normalbereich und bedeutet, dass die Ausprägung des Neurotizismus bei 45% der repräsentativen Vergleichspopulation dieselbe oder niedriger ist. Auf der Skala zur Erfassung der Extraversion erzielen die Teilnehmer im Mittel einen Wert von 30,32 (*M*=30.32, *SD*=6.55). Hierfür ergibt sich ein mittlerer Prozentrang von 56 (*M*=55.92, *SD*=29.29), welcher ebenfalls im Normalbereich liegt. Demnach sind extravertierte Persönlichkeitseigenschaften bei 56% der Referenzstichprobe gleich oder weniger stark ausgeprägt. Die subjektive Einschätzung der Ausprägung offener Persönlichkeitseigenschaften wird von den Teilnehmern mit einem mittleren Punktwert von 31,09 (*M*=31.09, *SD*=6.97) bewertet. Orientierend an den spezifischen Normwerten resultiert hierfür ein Prozentrang von 42 (*M*=42.31, *SD*=30.26), welcher sich im durchschnittlichen Bereich befindet. Auf der Skala der Offenheit gegenüber neuen Erfahrungen erzielen 42% der repräsentativen Vergleichsgruppe gleich hohe oder niedrigere Werte. Auf der Skala der verträglichen Persönlichkeitseigenschaften zeigt sich innerhalb der untersuchten Stichprobe ein mittlerer Punktwert von 33,55 (M=33.55, SD=5.91). Dieser Wert entspricht einem mittleren Prozentrang von 66 (M=66.08, SD=29.50). Danach ist die Verträglichkeit die am stärksten ausge-prägte Eigenschaft der Teilnehmer. Obgleich jener Normwert im Normalbereich liegt, ist die Verträglichkeit bei lediglich 34% der Referenzpopulation stärker ausgeprägt. Auf der Skala der Gewissenhaftigkeit erreichen Probanden durchschnittlich einen Punktwert von 33,78 (M=33.78, SD=7.41). Jener entspricht einem Prozentrang von 63 (M=63.12, SD=29.37) und befindet sich im Normalbereich. Die Gewissenhaftigkeit ist bei 63% der Normstichprobe gleich oder weniger stark und demnach bei 37% der Vergleichsgruppe stärker ausgeprägt. Auf den Abbildungen 17 und 18 folgt jeweils eine übersichtliche Darstellung der Verteilung der Mittelwerte beziehungsweise der Prozentrangwerte innerhalb der untersuchten Stichprobe.

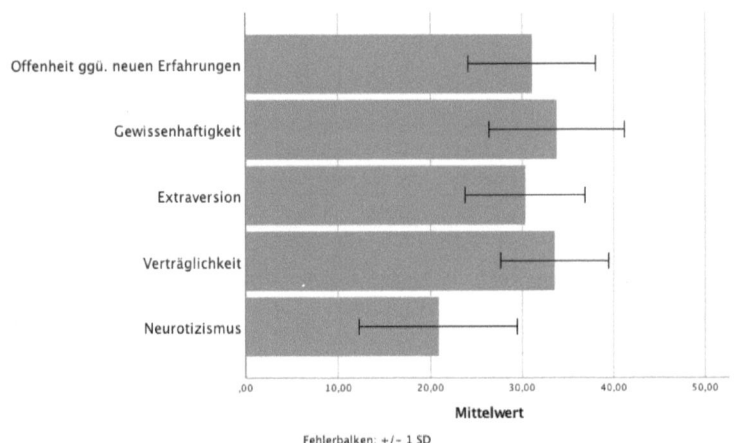

Abb. 17: Verteilung der Mittelwerte der fünf Hauptfaktoren der Persönlichkeit des NEO-FFI innerhalb der Stichprobe.

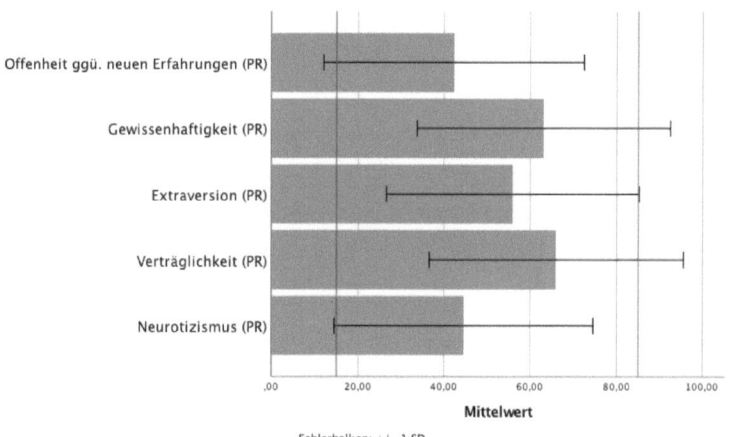

Fehlerbalken: +/- 1 SD

Abb. 18: Verteilung der mittleren alters- und geschlechterspezifischen Prozentrangnormwerte der fünf Hauptfaktoren der Persönlichkeit des NEO-FFI innerhalb der Stichprobe.

3.3.2.9 Schemaanalyse: Überlebensregel

Der deskriptiven Analyse der impliziten Überlebensregel zur Folge bilden histrionische Persönlichkeitszüge (51%, n=51), zwanghafte Persönlichkeitszüge (40%, n=40) sowie selbstunsichere Persönlichkeitszüge (34%, n=34) die häufigsten Persönlichkeitsstereotypien ab. Demnach verhält sich die untersuchte Population, die n=100 Probanden der ausführlichen Vor-Ort-Befragung, vornehmlich kontaktfreudig-emotional, pflichtbewusst und leistungsorientiert und selbstunsicher, während sie verhindert abzuwarten und am Rand zu stehen, auch mal faul zu sein und sich durchzusetzen. Durch diese Verhaltensgebote und -verbote sollen primär die Bedürfnisse nach Liebe und Zuneigung (38%, n=38), Geborgenheit und Wärme (27%, n=27) sowie nach Schutz, Sicherheit und Zuverlässigkeit (27%, n=27) befriedigt werden. Der Wunsch nach der Befriedigung von Selbstbestimmung (24%, n=24) wird am vierthäufigsten genannt. Gleichzeitig wollen die Probanden hierbei die Angst vor Trennung, Alleinsein und Verlassenwerden (77%), die Angst vor Liebesverlust und Ablehnung (57%, n=24) sowie die Angst vor Hingabe (24%, n=24) verhindern.

Im Hinblick auf das Zutreffen der Überlebensregel und die Stärke ihrer aktuellen Beeinflussung stufen die Teilnehmer diese vornehmlich als mittelmäßig richtig ein (Mdn=2.00). Den Angaben der Befragten zur Folge werden diese mittelmäßig durch ihre Überlebensregel bestimmt (Mdn=2.00), wobei sie bei einem Verstoß gegen jene „etwas" negative Konsequenzen fürchten (Mdn=1.00). Ein tatsächlicher Verstoß gegen die Überlebensregel führt bei den Probanden zu mittelmäßig negativen Gefühlen (Mdn=2.00). Insgesamt handeln sie lediglich selten entgegen ihrer Verhaltensregel (Mdn=1), was ihnen mittelmäßig gut gelang beziehungsweise gelingt (Mdn=2.00).

3.3.3 Inferenzstatistik

3.3.3.1 Voraussetzungsprüfung

Für die Hypothesentestung werden entsprechende Skalierungen der Variablen, die Normalverteilung sowie die Varianzhomogenität vorausgesetzt. Jene speziellen Ansprüche werden vor jeder Hypothese überprüft, sodass das statistische Verfahren bei Voraussetzungsverletzung entsprechend angepasst werden kann.

Sowohl für die Durchführung einer Pearson-Korrelation als auch des t-Tests für unabhängige Stichproben gelten die Ansprüche der metrischen Skalierung sowie der Normalverteilung beider relevanter Variablen. Ersteres ist durch die Bildung von Summenscores bei nahezu allen relevanten Variablen gegeben. Eine Ausnahme stellen die einzelnen Variablen zur Erfassung der 21 Frustrationen im Kindheits- und Jugendalter, der 21 zentralen Bedürfnisse sowie die subjektive Einschätzung der Persönlichkeit anhand der Persönlichkeitscheckliste dar. Grund hierfür ist, dass die Ausprägung der Stärke der jeweiligen Frustration beziehungsweise der Wichtigkeit des jeweiligen Bedürfnisses sowie das Zutreffen oder Nicht-Zutreffen beschriebener Persönlichkeitszüge mit Hilfe von Likert-Skalen erfasst wurde. Diese sind ordinal-skaliert, da nicht vorausgesetzt werden kann, dass die Abstände zwischen den einzelnen Antwortkategorien subjektiv gleich bewertet werden und somit nicht quantifizierbar sind (Mittag, 2017; Schnell, Hill & Esser, 2013). Entsprechend wird auf das nicht-parametrische Äquivalent, die Spearman-Korrelation beziehungsweise den Mann-Whitney-U-Test ausgewichen.

In der Prüfung der Normalverteilung mittels des Shapiro-Wilk-Tests resultieren für nahezu alle relevanten Variablen signifikante Werte ($p<.05$), sodass eine Voraussetzungsverletzung vorliegt. Trotz dieser Anspruchsverletzung ist eine Durchführung der Pearson-Korrelation aufgrund des zentralen Grenzwerttheorems als zulässig angesehen. Dieses besagt, dass sich die Verteilung von Mittelwerten aus Stichproben derselben Grundgesamtheit mit zunehmendem Umfang einer Normalverteilung annähert, wobei eine Stichprobengröße von mindestens $n=30$ angesetzt ist (Bortz, 2005).

Die Durchführung einer Regressionsanalyse setzt neben der Intervallskalierung und Normalverteilung eine lineare Beziehung zwischen den unabhängigen Variablen und der abhängigen Variable voraus. Jener Anspruch wird anhand der Hypothesen 1 bis 9 umfänglich überprüft und als gegeben angesehen. Ein weiteres Kriterium ist die Signifikanz der ANOVA. Dies ist für die aufgenommenen Variablen der Fall ($F(7,207)=35.30$, $p<.01$). Somit darf die Regressionsanalyse durchgeführt werden.

Für die Anwendung einer Varianzanalyse (ANOVA) wird vorausgesetzt, dass die unabhängige Variable diskret ist. Jenes Kriterium ist für die relevanten Variablen, dem Familienstand sowie der Fachrichtung des Studiengangs, erfüllt. Die abhängige Variable muss stetig und annähernd normalverteilt sein. Ersteres Kriterium ist bei der Persönlichkeitscheckliste nicht gegeben, sodass auf den nicht-parametrischen Kruskal-Wallis-Test ausgewichen wird. Ein weiterer Anspruch der Varianzanalyse an die abhängige Variable ist die Varianzhomogenität. Je nach Erfüllung beziehungsweise Nicht-Erfüllung jener Voraussetzung darf die ANOVA mit dem entsprechenden Post-hoc-Test nach Bonferroni durchgeführt werden oder es wird auf den Welch-Test und dem entsprechenden Post-hoc-Test nach Games Howell zurückgegriffen.

3.3.3.2 Überprüfung der einzelnen Hypothesen

Im nachfolgenden Abschnitt werden zunächst die Zusammenhangshypothesen geprüft. Darauf folgt die Untersuchung der Unterschiedshypothesen sowie der methodischen Konzeption der *Checkliste Persönlichkeitsstile*. Abschließend wird eine explorative Analyse der gewonnen Daten durchgeführt.

3.3.3.2.1 Überprüfung der Zusammenhangshypothesen

Gibt es einen Zusammenhang zwischen frustrierendem Elternverhalten in der Kindheit (VDS24) und aktuellen zentralen Bedürfnissen im Erwachsenenalter (VDS27)?

Für die Überprüfung der Annahme eines Zusammenhangs zwischen frustrierendem Elternverhalten in der Kindheit und Jugend und aktuellen zentralen Bedürfnissen im Erwachsenenalter anhand ihrer Hauptkategorien wird eine Pearson-Korrelation herangezogen. Hierbei resultieren keine signifikanten Zusammenhänge zwischen den übrigen übergeordneten frustrierenden Kindheitserfahrungen und den zentralen Hauptbedürfnissen.

Die Untersuchung der Zusammenhänge zwischen den einzelnen 21 Frustrationen im Kindes- und Jugendalter und den einzelnen 21 zentralen Bedürfnissen im Erwachsenenalter erfolgt mittels Spearman-Korrelation. Dabei resultieren nahezu zwischen allen Frustrationen im Kindheits- und Jugendalter und den späteren Bedürfnissen im Erwachsenenalter signifikante Ergebnisse, welche differenziert in den drei nachfolgenden Tabellen 20 bis 22 dargestellt werden.

Tab. 20: Ergebnisse der Spearman-Korrelation zwischen Frustrationen von Zugehörigkeitsbedürfnissen und zentralen Bedürfnissen.

Korrelation nach Spearman: VDS24 und VDS27

	Frustration von Willkommen-sein	Frustration von Geborgenheit	Frustration von Schutz, Sicherheit	Frustration von Liebe, Zuneigung	Frustration von Aufmerk-samkeit, Beachtung	Frustration von Verständnis, Empathie	Frustration von Wert-schätzung, Bewunderung, Lob
Willkommensein							
Geborgenheit, Wärme			-.15*			-.16*	-.17*
Schutz, Sicherheit, Zuverlässigkeit			-.16*				
Liebe, Zuneigung	-.14*		-.18**			-.23**	-.13*
Beachtung, Aufmerksamkeit					.13*		
Verständnis							.14*
Wertschätzung, Bewunderung, Lob							
Selbst machen, selbst können							
Selbstbestimmung							.15*
Grenzen							
gefördert und gefordert							
Vorbild						-.14*	
Intimität, Hingabe, Erotik							
Gegenüber							
unängstliche Bezugsperson							
unbedrohliche Bezugsperson			-.19**				
unbedrohliche Außenwelt			-.16*				
Bezugsperson, die nicht extrem wütend macht							
zwei gleichstarke Eltern			-.32**			-.26**	-.17*
Schuldfreiheit							
Missbrauchsfreiheit				-.13*			

**. Die Korrelation ist auf dem 0,01 Niveau signifikant (zweiseitig).
*. Die Korrelation ist auf dem 0,05 Niveau signifikant (zweiseitig).

Tab. 21: Ergebnisse der Spearman-Korrelation zwischen Frustrationen von Selbstbedürfnissen und zentralen Bedürfnissen.

Korrelation nach Spearman: VDS24 und VDS27

	Frustration von Selbst machen, selbst können	Frustration von Selbst-bestimmung	Frustration von Grenzen gesetzt bekommen	Frustration von gefördert und gefordert werden	Frustration von einem Vorbild	Frustration von Intimität, Hingabe, Erotik	Frustration von einem Gegenüber
Willkommensein							
Geborgenheit, Wärme	-.19**	-.14*	-.22**	-.23**	-.15*	-.20**	
Schutz, Sicherheit, Zuverlässigkeit	-.16*				-.14*	-.18**	-.16*
Liebe, Zuneigung	-.22**	-.16*			-.15*	-.18*	
Beachtung, Aufmerksamkeit							
Verständnis							
Wertschätzung, Bewunderung, Lob							
Selbst machen, selbst können			-.23**				
Selbstbestimmung							
Grenzen							
gefördert und gefordert	-.16*		-.18**				
Vorbild							
Intimität, Hingabe, Erotik							
Gegenüber							
unängstliche Bezugsperson							
unbedrohliche Bezugsperson							
unbedrohliche Außenwelt						-.14*	
Bezugsperson, die nicht extrem wütend macht							
zwei gleichstarke Eltern				-.19**	-.21**		-.23**
Schuldfreiheit							
Missbrauchsfreiheit							

**. Die Korrelation ist auf dem 0,01 Niveau signifikant (zweiseitig).
*. Die Korrelation ist auf dem 0,05 Niveau signifikant (zweiseitig).

Tab. 22: Ergebnisse der Spearman-Korrelation zwischen Frustrationen von Homöostase-bedürfnissen und zentralen Bedürfnissen.

Korrelation nach Spearman: VDS24 und VDS27

	Frustration einer unängstlichen Bezugsperson	Frustration einer unbedrohlichen Bezugsperson	Frustration einer unbedrohlichen Außenwelt	Frustration einer Bezugsperson, die nicht wütend macht	Frustration zweier gleichstarke Eltern	Frustration von Schuldfreiheit	Frustration von Missbrauchs-freiheit
Willkommensein							
Geborgenheit, Wärme							
Schutz, Sicherheit, Zuverlässigkeit							
Liebe, Zuneigung							
Beachtung, Aufmerksamkeit							
Verständnis				.14*		.17*	
Wertschätzung, Bewunderung, Lob							
Selbst machen, selbst können							
Selbstbestimmung	.16*			.16*		.17*	
Grenzen							
gefördert und gefordert							
Vorbild					-.14*		
Intimität, Hingabe, Erotik							
Gegenüber							
unängstliche Bezugsperson							
unbedrohliche Bezugsperson				.15*			
unbedrohliche Außenwelt							
Bezugsperson, die nicht extrem wütend macht							
zwei gleichstarke Eltern					-.16*		-.18**
Schuldfreiheit							
Missbrauchsfreiheit							

**. Die Korrelation ist auf dem 0,01 Niveau signifikant (zweiseitig).
*. Die Korrelation ist auf dem 0,05 Niveau signifikant (zweiseitig).

Demnach kann Hypothese 1 teilweise weiterhin angenommen werden. Es gibt (sehr) geringe Zusammenhänge zwischen einzelnen Frustrationen der Bedürfnisse in der Kindheit und Jugend und einzelnen aktuellen zentralen Bedürfnissen im Erwachsenenalter.

Gibt es einen Zusammenhang zwischen frustrierendem Elternverhalten in der Kindheit (VDS24) und zentralen Ängsten im Erwachsenenalter (VDS28)?

Auch für die Untersuchung der Annahme über einen Zusammenhang zwischen frustrierendem Elternverhalten in der Kindheit und Jugend anhand ihrer Haupt- und Unterkategorien und aktuellen zentralen Ängsten im Erwachsenenalter wird eine Pearson-Korrelation herangezogen. Hierbei resultieren signifikante Zusammenhänge, wie sie in Tabelle 23 dargestellt sind.

Tab. 23: Ergebnisse der Pearson-Korrelation zwischen Frustrationen von Bedürfnissen (Hauptfrustrationen) und zentralen Ängsten (Angstgruppen und Gesamtangst).

Korrelationen nach Pearson: VDS24 und VDS28

	Frustration von Zugehörigkeits- bedürfnissen	**Frustration von Selbst- bedürfnissen**	**Frustration von Homöostase- bedürfnissen**
Vernichtungsangst	.15[*]	.20[**]	.25[**]
Trennungsangst	.20[**]	.16[*]	.22[**]
Angst vor Kontrollverlust über andere	.18[**]	.18[**]	.22[**]
Angst vor Kontrollverlust über sich selbst	.38[**]	.39[**]	.33[**]
Angst vor Liebesverlust	.19[**]	.20[**]	.19[**]
Angst vor Gegenaggression	.20[**]	.25[**]	.22[**]
Angst vor Hingabe	.24[**]	.22[**]	.21[**]
Gesamtangst	.32[**]	.33[**]	.34[**]

[**]. Die Korrelation ist auf dem Niveau von 0,01 (2-seitig) signifikant.
[*]. Die Korrelation ist auf dem Niveau von 0,05 (2-seitig) signifikant.

Für die Überprüfung der Zusammenhänge zwischen den einzelnen 21 frustrierenden Kindheitserfahrungen und den aktuellen zentralen Ängsten im Erwachsenenalter wird eine Spearman-Korrelation durchgeführt. Die resultierenden signifikanten Ergebnisse sind nachfolgend tabellarisch abgebildet.

Tab. 24: Ergebnisse der Spearman-Korrelation zwischen Frustrationen von Zugehörigkeitsbedürfnissen und zentralen Ängsten (Angstgruppen und Gesamtangst).

Korrelation nach Spearman: VDS24 (Zugehörigkeitsbedürfnisse) und VDS28

	Frustration von Willkommen-sein	Frustration von Geborgenheit	Frustration von Schutz, Sicherheit	Frustration von Liebe, Zuneigung	Frustration von Aufmerk-samkeit, Beachtung	Frustration von Verständnis, Empathie	Frustration von Wertschätzung, Bewun-derung, Lob
Vernichtungsangst			.16*	.15*	.16*		
Trennungsangst	.18**				.23**		
Angst vor Kontrollverlust über andere							
Angst vor Kontrollverlust über sich	.31**	.24**	.30**	.24**	.26**	.25**	.32**
Angst vor Liebesverlust					.22**		.16*
Angst vor Gegenaggression	.18**			.20**			
Angst vor Hingabe	.23**	.22**	.22**		.17*	.18**	.21**
Gesamtangst	.23**	.21**	.20**	.20**	.29**	.17*	.23**

**. Die Korrelation ist auf dem 0,01 Niveau signifikant (zweiseitig).
*. Die Korrelation ist auf dem 0,05 Niveau signifikant (zweiseitig).

Tab. 25: Ergebnisse der Spearman-Korrelation zwischen Frustrationen von Selbstbedürfnissen und zentralen Ängsten (Angstgruppen und Gesamtangst).

Korrelation nach Spearman: VDS24 (Selbstbedürfnisse) und VDS28

	Frustration von Selbst machen, selbst können	Frustration von Selbst-bestimmung	Frustration von Grenzen gesetzt bekommen	Frustration von gefördert und gefördert werden	Frustration von Vorbild haben	Frustration von Intimität, Hingabe, Erotik	Frustration von ein Gegenüber haben
Vernichtungsangst						.17*	.14*
Trennungsangst					.17*		
Angst vor Kontrollverlust über andere		.14*			.15*	.156*	
Angst vor Kontrollverlust über sich	.17*	.28**	.30**	.27**	.25**		.28**
Angst vor Liebesverlust					.16*		
Angst vor Gegenaggression	.17*	.19**			.15*	,14*	
Angst vor Hingabe							.15*
Gesamtangst		.17*	.17*	.15*	.22**	.14*	.19**

**. Die Korrelation ist auf dem 0,01 Niveau signifikant (zweiseitig).
*. Die Korrelation ist auf dem 0,05 Niveau signifikant (zweiseitig).

Tab. 26: Ergebnisse der Spearman-Korrelation zwischen Frustrationen von Homöostasebedürfnissen und zentralen Ängsten (Angstgruppen und Gesamtangst).

Korrelation nach Spearman: VDS24 (Homöostasebedürfnisse) und VDS28

	Frustration einer unängst-lichen Bezugperson	Frustration einer unbedrohlichen Bezugperson	Frustration einer unebdroh-lichen Außenwelt	Frustration einer Bezugs-person, die nicht extrem wütend macht	Frustration zweier gleich starker Eltern	Frustration von Schuldfreiheit	Frustration von Missbrauchs-freiheit
Vernichtungsangst		.17*	.20**			.14*	.16*
Trennungsangst				.15*	.17*		
Angst vor Kontrollverlust über andere				.19**		.20**	.21**
Angst vor Kontrollverlust über sich	.14*	.24**	.23**	.21**	.21**	.22**	.24**
Angst vor Liebesverlust			.16*	.18**			
Angst vor Gegenaggression			.23**	.15*		.16*	.15*
Angst vor Hingabe		.14*	.17*	.24**	.14*	.23**	
Gesamtangst		.17*	.25**	.27**	.19**	.24**	.22**

**. Die Korrelation ist auf dem 0,01 Niveau signifikant (zweiseitig).
*. Die Korrelation ist auf dem 0,05 Niveau signifikant (zweiseitig).

Hypothese 2 kann somit weiterhin angenommen werden. Es gibt (sehr) geringe Zusammenhänge zwischen Frustrationen der Bedürfnisse in der Kindheit und Jugend und aktuellen zentralen Ängsten im Erwachsenenalter.

Gibt es einen Zusammenhang zwischen aktuellen zentralen Bedürfnissen (VDS27) und aktuellen zentralen Ängsten (VDS28)?

Die Testung der Hypothese über einen Zusammenhang zwischen den Hauptkategorien der aktuellen zentralen Bedürfnisse und den zentralen Ängsten erfolgt ebenfalls anhand der Pearson-Korrelation, wobei alle signifikanten Ergebnisse in Tabelle 27 aufgezeigt sind.

Tab. 27: Ergebnisse der Pearson-Korrelation zwischen zentralen Bedürfnissen (Hauptbedürfnisse) und zentralen Ängsten (Angstgruppen und Gesamtangst).

Korrelation nach Pearson: VDS27 und VDS28

	Zugehörigkeits-bedürfnisse	Selbst-bedürfnisse	Homöostase-bedürfnisse
Vernichtungsangst			
Trennungsangst	.44**	.16*	.28**
Angst vor Kontrollverlust über andere	.32**	.21**	.23**
Angst vor Kontrollverlust über selbst			
Angst vor Liebesverlust	.43**	.16*	.28**
Angst vor Gegenaggression			.15*
Angst vor Hingabe			
Gesamtangst	.38**	.17*	.27**

**. Die Korrelation ist auf dem Niveau von 0,01 (2-seitig) signifikant.
*. Die Korrelation ist auf dem Niveau von 0,05 (2-seitig) signifikant.

Im Rahmen der Prüfung des Zusammenhangs zwischen den einzelnen 21 zentralen Bedürfnissen und den zentralen Ängsten mittels der Spearman-Korrelation resultieren ebenfalls signifikante Werte. Die Darstellung erfolgt in den nachfolgenden Tabellen 28 bis 30.

Tab. 28: Ergebnisse der Spearman-Korrelation zwischen zentralen Bedürfnissen (Zugehörigkeitsbedürfnisse) und zentralen Ängsten (Angstgruppen und Gesamtangst).

Korrelation nach Spearman: VDS27 (Zugehörigkeitsbedürfnisse) und VDS28

	Willkommensein	Geborgen-heit, Wärme	Schutz, Sicherheit, Zuverlässig-keit	Liebe, Zuneigung	Beachtung, Aufmerk-samkeit	Verständnis	Wertschätzung, Bewunderung, Lob
Vernichtungsangst				.16*			
Trennungsangst	.22**	.36**	.34**	.46**	.24**	.20**	.32**
Angst vor Kontrollverlust über andere	.27**	.15*		.21**	.28**	.16*	.30**
Angst vor Kontrollverlust über sich					.18**	.15*	.20**
Angst vor Liebesverlust	.35**	.31**	.24**	.28**	.29**	.21**	.35**
Angst vor Gegenaggression	,171*						
Angst vor Hingabe							
Gesamtangst	.29**	.24**	.24**	.28**	.25**	.22**	.35**

**. Die Korrelation ist auf dem 0,01 Niveau signifikant (zweiseitig).
*. Die Korrelation ist auf dem 0,05 Niveau signifikant (zweiseitig).

Tab. 29: Ergebnisse der Spearman-Korrelation zwischen zentralen Bedürfnissen (Selbstbedürfnisse) und zentralen Ängsten (Angstgruppen und Gesamtangst).

Korrelation nach Spearman: VDS27 (Selbstbedürfnisse) und VDS28

	Selbst machen, selbst können	Selbst-bestimmung	Grenzen	gefördert und gefordert	Vorbild	Intimität, Hingabe, Erotik	Gegenüber
Vernichtungsangst					.16*		
Trennungsangst			.14*		.18**		
Angst vor Kontrollverlust über andere					.16*	.17*	
Angst vor Kontrollverlust über sich							
Angst vor Liebesverlust			.19**				
Angst vor Gegenaggression					.18**		
Angst vor Hingabe		.16*	.15*				
Gesamtangst			.18**		.15*		

**. Die Korrelation ist auf dem 0,01 Niveau signifikant (zweiseitig).
*. Die Korrelation ist auf dem 0,05 Niveau signifikant (zweiseitig).

Tab. 30: Ergebnisse der Spearman-Korrelation zwischen zentralen Bedürfnissen (Homöostasebedürfnisse) und zentralen Ängsten (Angstgruppen und Gesamtangst).

Korrelation nach Spearman: VDS27 (Homöostasebedürfnisse) und zentrale VDS28

	unängstliche Bezugsperson	unbedrohliche Bezugsperson	unbedrohliche Außenwelt	Bezugsperson, die nicht extrem wütend macht	zwei gleichstarke Eltern	Schuldfreiheit	Missbrauchs-freiheit
Vernichtungsangst							
Trennungsangst	.19**	.17*	.19**		.15*	.23**	
Angst vor Kontrollverlust über andere		.15*	.15*	.17*		.18**	
Angst vor Kontrollverlust über sich							
Angst vor Liebesverlust	.17*	.18**	.22**	.15*		.24**	.18**
Angst vor Gegenaggression			.21**				
Angst vor Hingabe							
Gesamtangst	.18**	.16*	.25**	.17*		.20**	

**. Die Korrelation ist auf dem 0,01 Niveau signifikant (zweiseitig).*
. Die Korrelation ist auf dem 0,05 Niveau signifikant (zweiseitig).

Demnach kann Hypothese 3 weiterhin angenommen werden. Es bestehen (sehr) geringe Zusammenhänge zwischen den aktuellen zentralen Bedürfnissen und den aktuellen zentralen Ängsten.

Gibt es einen Zusammenhang zwischen dysfunktionalen Persönlichkeitszügen (VDS30) und frustrierendem Elternverhalten in der Kindheit (VDS24)?

Für die Überprüfung der Annahme über einen Zusammenhang zwischen dysfunktionalen Persönlichkeitszügen und den Hauptkategorien der Frustrationen im Kindheits- und Jugendalter wird eine Pearson-Korrelation herangezogen. In Bezug auf die Ausprägung der einzelnen dysfunktionalen Persönlichkeitsstereotypien sowie der dysfunktionalen Gesamtpersönlichkeit werden sowohl die jeweiligen Summenscores als auch die zugeordneten Prozentrangnormen betrachtet. Alle signifikanten Zusammenhänge werden in den nachfolgenden Tabellen 31 und 32 dargestellt.

Tab. 31: Ergebnisse der Pearson-Korrelation zwischen dysfunktionalen Persönlichkeitszügen (Summenscores) und Frustrationen von Bedürfnissen (Hauptbedürfnisse).

Korrelation nach Pearson: VDS30 und VDS24

	SU	DE	ZW	PA	HI	SC	NA	BO	PR	Dysfunktionale Gesamt-persönlichkeit
Frustration von Zugehörigkeitsbedürfnissen	.26**	.30**	.33**	.28**	.17*	.37**	.31**	.46**	.37**	.42**
Frustration von Selbstbedürfnissen	.37**	.35**	.32**	.34**	.20**	.40**	.33**	.49**	.44**	.48**
Frustration von Homöostasebedürfnissen	.22**	.35**	.25**	.31**	.25**	.23**	.32**	.47**	.39**	.41**

**. Die Korrelation ist auf dem Niveau von 0,01 (2-seitig) signifikant.*
. Die Korrelation ist auf dem Niveau von 0,05 (2-seitig) signifikant.

Tab. 32: Ergebnisse der Pearson-Korrelation zwischen dysfunktionalen Persönlichkeitszügen (Prozentrang-werte) und Frustrationen von Bedürfnissen (Hauptbedürfnisse).

Korrelationen nach Pearson: VDS30 und VDS24

	SU (PR)	DE (PR)	ZW (PR)	PA (PR)	HI (PR)	SC (PR)	NA (PR)	BO (PR)	PR (PR)	Dysfunktionale Gesamt-persönlichkeit (PR)
Frustration von Zugehörigkeitsbedürfnissen	.23**	.28**	.28**	.25**	.14*	.31**	.23**	.44**	.40**	.38**
Frustration von Selbstbedürfnissen	.32**	.30**	.25**	.24**	.15*	.32**	.23**	.47**	.42**	.41**
Frustration von Homöostasebedürfnissen	.19**	.32**	.21**	.26**	.22**	.17*	.24**	.44**	.42**	.36**

**. Die Korrelation ist auf dem Niveau von 0,01 (2-seitig) signifikant.
*. Die Korrelation ist auf dem Niveau von 0,05 (2-seitig) signifikant.

Analog zu den vorangegangenen Analysen werden die Zusammenhänge zwischen den dysfunktionalen Persönlichkeitszügen und den einzelnen 21 Frustrationen im Kindheits- und Jugendalter mit Hilfe einer Spearman-Korrelation überprüft. Die Darstellung der Resultate folgt in den Tabellen 33 bis 38.

Tab. 33: Ergebnisse der Spearman-Korrelation zwischen dysfunktionalen Persönlichkeitszügen (Summen-scores) und Frustrationen von Zugehörigkeitsbedürfnissen.

Korrelation nach Spearman: VDS30 und VDS24 (Zugehörigkeitsbedürfnisse)

	SU	DE	ZW	PA	HI	SC	NA	BO	PR	Gesamt-persönlichkeit
Frustration von Willkommensein	.24**	.29**	.30**	.22**	.14*	.29**	.18**	.36**	.33**	.33**
Frustration von Geborgenheit	.19**	.25**	.21**	.22**		.27**	.19**	.36**	.33**	.31**
Frustration von Schutz, Sicherheit	.14*	.20**	.28**	.18**		.23**	.20**	.36**	.30**	.30**
Frustration von Liebe, Zuneigung		.22**	.16*	.20**		.24**	.19**	.32**	.29**	.26**
Frustration von Aufmerksamkeit, Beachtung	.15*	.21**	.21**			.21**	.17*	.27**	.26**	.24**
Frustration von Verständnis, Empathie	.21**	.21**	.22**	.21**		-26**	.19**	.33**	.36**	.32**
Frustration von Wertschätzung, Bewunderung, Lob	.16*		.24**	.14*		.19**	.18**	.29**	.33**	.25**

**. Die Korrelation ist auf dem 0,01 Niveau signifikant (zweiseitig).
*. Die Korrelation ist auf dem 0,05 Niveau signifikant (zweiseitig).

Tab. 34: Ergebnisse der Spearman-Korrelation zwischen dysfunktionalen Persönlichkeitszügen (Prozent-rangwerte) und Frustrationen von Zugehörigkeitsbedürfnissen.

Korrelation nach Spearman: VDS30 und VDS24 (Zugehörigkeitsbedürfnisse)

	SU (PR)	DE (PR)	ZW (PR)	PA (PR)	HI (PR)	SC (PR)	NA (PR)	BO (PR)	PR (PR)	Dysfunktionale Gesamt-persönlichkeit (PR)
Frustration von Willkommensein	.24**	.29**	.29**	.21**	.14*	.27**	.17*	.36**	.33**	.33**
Frustration von Geborgenheit	.18**	.25**	.21**	.22**		.26**	.19**	.36**	.33**	.31**
Frustration von Schutz, Sicherheit	.14*	.20**	.28**	.15*		.20**	.19**	.36**	.30**	.30**
Frustration von Liebe, Zuneigung		.22**	.16*	.20**		.22**	.20**	.32**	.29**	.26**
Frustration von Aufmerksamkeit, Beachtung	.15*	.21**	.22**			.20**	.18**	.27**	.26**	.24**
Frustration von Verständnis, Empathie	.21**	.21**	.22**	.20**		.25**	.19**	.33**	.36**	.32**
Frustration von Wertschätzung, Bewunderung, Lob	.16*		.24**			.18**	.19**	.29**	.33**	.25**

**. Die Korrelation ist auf dem 0,01 Niveau signifikant (zweiseitig).
*. Die Korrelation ist auf dem 0,05 Niveau signifikant (zweiseitig).

Tab. 35: Ergebnisse der Spearman-Korrelation zwischen dysfunktionalen Persönlichkeitszügen (Summen-scores) und Frustrationen von Selbstbedürfnissen.

Korrelation nach Spearman: VDS30 und VDS24 (Selbstbedürfnisse)

	SU	DE	ZW	PA	HI	SC	NA	BO	PR	Gesamt-persönlichkeit
Frustration von Selbst machen, selbst können	.26**	.15*	.18**	.14*	.15*	.24**	.14*	.23**	.22**	.25**
Frustration von Selbstbestimmung	.26**	.21**	.23**	.17*	.16*	.25**	.20**	.33**	.27**	.30**
Frustration von Grenzen gesetzt bekommen	.17*	.21**	.18**	.19**				.28**	.25**	.23**
Frustration von gefördert und gefordert werden	.22**	.14*	.21**			.21**		.22**	.22**	.20**
Frustration eines Vorbildes	.21**	.24**	.17*	.25**		.23**	.18**	.32**	.38**	.29**
Frustration von Intimität, Hingabe, Erotik	.20**	.17*	.15*	.18**		.23**	.18**	.26**	.23**	.24**
Frustration von einem Gegenüber	.17*	.17*	.17*	.18**		.22**	.24**	.32**	.27**	.26**

**. Die Korrelation ist auf dem 0,01 Niveau signifikant (zweiseitig).
*. Die Korrelation ist auf dem 0,05 Niveau signifikant (zweiseitig).

Tab. 36: Ergebnisse der Spearman-Korrelation zwischen dysfunktionalen Persönlichkeitszügen (Prozentrangwerte) und Frustrationen von Selbstbedürfnissen.

Korrelation nach Spearman: VDS30 und VDS24 (Selbstbedürfnisse)

	SU (PR)	DE (PR)	ZW (PR)	PA (PR)	HI (PR)	SC (PR)	NA (PR)	BO (PR)	PR (PR)	Dysfunktionale Gesamtpersönlichkeit (PR)
Frustration von Selbst machen, selbst können	.25**	.15*	.16*		.15*	.21**		.23**	.22**	.25**
Frustration von Selbstbestimmung	.25**	.21**	.22**	.17*	.16*	.25**	.20**	.33**	.27**	.30**
Frustration von Grenzen gesetzt bekommen	.16*	.21**	.17*	.19**				.28**	.25**	.23**
Frustration von gefördert und gefordert werden	.21**	.14*	.20**			.21**		.22**	.22**	.20**
Frustration eines Vorbild	.20**	.24**	.16*	.23**		.20**	.17*	.32**	.38**	.29**
Frustration von Intimität, Hingabe, Erotik	.21**	.17*		.17*		.21**	.17*	.26**	.23**	.24**
Frustration eines Gegenüber	.17*	.17*	.16*	.17*		.20**	.24**	.32**	.27**	.26**

**. Die Korrelation ist auf dem 0,01 Niveau signifikant (zweiseitig).*
. Die Korrelation ist auf dem 0,05 Niveau signifikant (zweiseitig).

Tab. 37: Ergebnisse der Spearman-Korrelation zwischen dysfunktionalen Persönlichkeitszügen (Summenscores) und Frustrationen von Homöostasebedürfnissen.

Korrelation nach Spearman: VDS30 und VDS24 (Homöostasebedürfnisse)

	SU	DE	ZW	PA	HI	SC	NA	BO	PR	Dysfunktionale Gesamtpersönlichkeit
Frustration einer unängstlichen Bezugperson		.23**	.15*	.23**		.15*	.18**	.21**	.20**	.21**
Frustration einer unbedrohlichen Bezugsperson		.19**		.16*	.14*		.18**	.37**	.33**	.24**
Frustration einer unbedrohlichen Außenwelt	.21**	.27**	.24**	.19**		.18**	.22**	.32**	.36**	.31**
Frustration einer Bezugsperson, die nicht wütend macht		.24**		.25**	.18**		.20**	.30**	.33**	.26**
Frustration zweier gleichstarker Eltern	.17*	.19**		.16*		.14*		.24**	.28**	.23**
Frustration von Schuldfreiheit		.17*	.17*	.23**	.18**	.15*	.22**	.32**	.31**	.26**
Frustration von Missbrauchsfreiheit		.24**		.20**		.14*	.16*	.30**	.35**	.25**

**. Die Korrelation ist auf dem 0,01 Niveau signifikant (zweiseitig).*
. Die Korrelation ist auf dem 0,05 Niveau signifikant (zweiseitig).

Tab. 38: Ergebnisse der Spearman-Korrelation zwischen dysfunktionalen Persönlichkeitszügen (Prozentrangwerte) und Frustrationen von Homöostasebedürfnissen.

Korrelation nach Spearman: VDS30 und VDS24 (Homöostasebedürfnisse)

	SU (PR)	DE (PR)	ZW (PR)	PA (PR)	HI (PR)	SC (PR)	NA (PR)	BO (PR)	PR (PR)	Dysfunktionale Gesamt-persönlichkeit (PR)
Frustration einer unängstliche Bezugperson		.26**	.14*	.20**			.17*	.21**	.20**	.21**
Frustration einer unbedrohliche Bezugsperson		.19**		.13*	.14*		.16*	.37**	.33**	.24**
Frustration einer unbedrohliche Außenwelt	.21**	.27**	.24**	.19**		.17*	.23**	.32**	.36**	.31**
Frustration einer Bezugsperson, die nicht wütend macht		.24**		.24**	.18**		.20**	.30**	.33**	.26**
Frustration von zwei gleichstarke Eltern	.17*	.19**		.15*				.24**	.28**	.23**
Frustration von Schuldfreiheit		.17*	.16*	.22**	.18**		.21**	.31**	.31**	.26**
Frustration von Missbrauchsfreiheit		.24**	.14*	.20**		.13*	.16*	.30**	.35**	.25**

**. Die Korrelation ist auf dem 0,01 Niveau signifikant (zweiseitig).
*. Die Korrelation ist auf dem 0,05 Niveau signifikant (zweiseitig).

Hypothese 4 kann folglich weiterhin angenommen werden. Es bestehen geringe Zusammenhänge zwischen der Ausprägung dysfunktionaler Persönlichkeitszüge und frustrierenden Kindheitserfahrungen im Sinne einer unzureichenden Bedürfnisbefriedigung.

Gibt es einen Zusammenhang zwischen dysfunktionalen Persönlichkeitszügen (VDS30) und aktuellen zentralen Bedürfnissen (VDS30)?

Die Hypothese, welche einen Zusammenhang zwischen dysfunktionalen Persönlichkeitszügen, sowohl mit ihren Summenscores als auch den zugeordneten Prozentrangwerten, und aktuellen zentralen Bedürfnissen mit ihren Hauptkategorien annimmt, wird im Rahmen der Pearson-Korrelation getestet. Die signifikanten Werte sind in Tabelle 39 und 40 abgebildet.

Tab. 39: Ergebnisse der Pearson-Korrelation zwischen dysfunktionalen Persönlichkeitszügen (Summenscores) und zentralen Bedürfnissen (Hauptbedürfnisse).

Korrelation nach Pearson: VDS30 und VDS27

	SU	DE	ZW	PA	HI	SC	NA	BO	PR	Dysfunktionale Gesamt-persönlichkeit
Zugehörigkeitsbedürfnisse		.21**			.25**	-.26**				
Selbstbedürfnisse					.16*		.18**			
Homöostasebedürfnisse	.14*	.23**								

**. Die Korrelation ist auf dem Niveau von 0,01 (2-seitig) signifikant.
*. Die Korrelation ist auf dem Niveau von 0,05 (2-seitig) signifikant.

Tab. 40: Ergebnisse der Pearson-Korrelation zwischen dysfunktionalen Persönlichkeitszügen (Prozentrangwerte) und zentralen Bedürfnissen (Hauptbedürfnisse).

Korrelation nach Pearson: VDS30 und VDS27

	SU (PR)	DE (PR)	ZW (PR)	PA (PR)	HI (PR)	SC (PR)	NA (PR)	BO (PR)	PR (PR)	Dysfunktionale Gesamtpersönlichkeit (PR)
Zugehörigkeitsbedürfnisse		.22**			.23**	-.25**				
Selbstbedürfnisse						-.20**				
Homöostasebedürfnisse		.21**								

**. Die Korrelation ist auf dem Niveau von 0,01 (2-seitig) signifikant.
*. Die Korrelation ist auf dem Niveau von 0,05 (2-seitig) signifikant.

Für die Zusammenhangsprüfung zwischen den Ausprägungen der dysfunktionalen Persönlichkeitszüge mit den entsprechenden Summenscores und Prozentrangwerten und den einzelnen 21 Bedürfnissen wird die Spearman-Korrelation herangezogen. Hierbei resultieren signifikante Ergebnisse, deren Darstellung in den Tabellen 41 bis 46 folgt.

Tab. 41: Ergebnisse der Spearman-Korrelation zwischen dysfunktionalen Persönlichkeitszügen (Summenscores) und zentralen Bedürfnissen (Zugehörigkeitsbedürfnisse).

Korrelation nach Spearman: VDS30 und VDS27 (Zugehörigkeitsbedürfnisse)

	SU	DE	ZW	PA	HI	SC	NA	BO	PR	Dysfunktionale Gesamtpersönlichkeit
Willkommensein		.16*		.14*						
Geborgenheit, Wärme		.17*				-.29**			-.15*	
Schutz, Sicherheit, Zuverlässigkeit				-.14*		-.28**	-.18**			
Liebe, Zuneigung		,.4*			.18**	-.35**				
Beachtung, Aufmerksamkeit		.19**			.28**		.15*			.14*
Verständnis										
Wertschätzung, Bewunderung, Lob		.20**			.18**	.35**	.24**			.19**

**. Die Korrelation ist auf dem 0,01 Niveau signifikant (zweiseitig).
*. Die Korrelation ist auf dem 0,05 Niveau signifikant (zweiseitig).

Tab. 42: Ergebnisse der Spearman-Korrelation zwischen dysfunktionalen Persönlichkeitszügen (Prozentrangwerte) und zentralen Bedürfnissen (Zugehörigkeitsbedürfnisse).

Korrelation nach Spearman: VDS30 und VDS27 (Zugehörigkeitsbedürfnisse)

	SU (PR)	DE (PR)	ZW (PR)	PA (PR)	HI (PR)	SC (PR)	NA (PR)	BO (PR)	PR (PR)	Dysfunktionale Gesamtpersönlichkeit (PR)
Willkommensein		.16*	.18**							
Geborgenheit, Wärme		.17*				-.21**			-.15*	
Schutz, Sicherheit, Zuverlässigkeit						-.23**				
Liebe, Zuneigung		.14*			.18**	-.31**				
Beachtung, Aufmerksamkeit		.19**		.14*	.28**		.17*			.14*
Verständnis										
Wertschätzung, Bewunderung, Lob		.20**		.20**	.35**		.25**			.19**

**. Die Korrelation ist auf dem 0,01 Niveau signifikant
*. Die Korrelation ist auf dem 0,05 Niveau signifikant

Tab. 43: Ergebnisse der Spearman-Korrelation zwischen dysfunktionalen Persönlichkeitszügen (Summenscores) und zentralen Bedürfnissen (Selbstbedürfnisse).

Korrelation nach Spearman: VDS30 und VDS27 (Selbstbedürfnisse)

	SU	DE	ZW	PA	HI	SC	NA	BO	PR	Dysfunktionale Gesamtpersönlichkeit
Selbst machen, selbst können		-.17*					.14*			
Selbstbestimmung										
Grenzen		.20**	.20**		.18**		.14*			.16*
gefördert und gefordert						-.14*				
Vorbild						-.14*	.17*			
Intimität, Hingabe, Erotik					.17*	-.24**				
Gegenüber										

**. Die Korrelation ist auf dem 0,01 Niveau signifikant (zweiseitig).
*. Die Korrelation ist auf dem 0,05 Niveau signifikant (zweiseitig).

Tab. 44: Ergebnisse der Spearman-Korrelation zwischen dysfunktionalen Persönlichkeitszügen (Prozentrangwerte) und zentralen Bedürfnissen (Selbstbedürfnisse).

Korrelation nach Spearman: VDS30 und VDS27 (Selbstbedürfnisse)

	SU (PR)	DE (PR)	ZW (PR)	PA (PR)	HI (PR)	SC (PR)	NA (PR)	BO (PR)	PR (PR)	Dysfunktionale Gesamt-persönlichkeit (PR)
Selbst machen, selbst können		-.17*								
Selbstbestimmung	-.14*									
Grenzen		.20**	.19**		.18**			.14*		.16*
gefördert und gefordert						-.15*				
Vorbild						-.16*				
Intimität, Hingabe, Erotik					.17*	-.29**				
Gegenüber										

**. Die Korrelation ist auf dem 0,01 Niveau signifikant
*. Die Korrelation ist auf dem 0,05 Niveau signifikant

Tab. 45: Ergebnisse der Spearman-Korrelation zwischen dysfunktionalen Persönlichkeitszügen (Summenscores) und zentralen Bedürfnissen (Homöostasebedürfnisse).

Korrelation nach Spearman: VDS30 und VDS27 (Homöostasebedürfnisse)

	SU	DE	ZW	PA	HI	SC	NA	BO	PR	Dysfunktionale Gesamt-persönlichkeit
unängstliche Bezugsperson										
unbedrohliche Bezugsperson		.14*								
unbedrohliche Außenwelt	.15*	.17*							.14*	.13*
Bezugsperson, die nicht extrem wütend macht									.18**	
zwei gleichstarke Eltern										
Schuldfreiheit	.14*	.23**								
Missbrauchsfreiheit									-.15*	

**. Die Korrelation ist auf dem 0,01 Niveau signifikant (zweiseitig).
*. Die Korrelation ist auf dem 0,05 Niveau signifikant (zweiseitig).

Tab. 46: Ergebnisse der Spearman-Korrelation zwischen dysfunktionalen Persönlichkeitszügen (Prozentrangwerte) und zentralen Bedürfnissen (Homöostasebedürfnisse).

Korrelation nach Spearman: VDS30 und VDS27 (Homöostasebedürfnisse)

	SU (PR)	DE (PR)	ZW (PR)	PA (PR)	HI (PR)	SC (PR)	NA (PR)	BO (PR)	PR (PR)	Dysfunktionale Gesamt-persönlichkeit (PR)
unängstliche Bezugsperson										
unbedrohliche Bezugsperson		.14*								
unbedrohliche Außenwelt	.15*	.17*			.16*		.15*		.14*	.13*
Bezugsperson, die nicht extrem wütend macht									.18**	
zwei gleichstarke Eltern										
Schuldfreiheit	.14*	.23**								
Missbrauchsfreiheit								-.15*		

**. Die Korrelation ist auf dem 0,01 Niveau signifikant
*. Die Korrelation ist auf dem 0,05 Niveau signifikant

Somit kann Hypothese 5 ebenfalls weiterhin angenommen werden. Es bestehen (sehr) geringe Zusammenhänge zwischen der Ausprägung der dysfunktionalen Persönlichkeitszüge und den aktuellen zentralen Bedürfnissen.

Gibt es einen Zusammenhang zwischen dysfunktionalen Persönlichkeitszügen (VDS30) und aktuellen zentralen Ängsten (VDS28)?

Auch für die Überprüfung der Annahme eines Zusammenhangs zwischen dysfunktionalen Persönlichkeitszügen anhand der erhobenen Summenscores sowie der Prozentrangwerte und aktuellen zentralen Ängsten wird eine Pearson-Korrelation verwendet. Hierbei resultieren signifikante Zusammenhänge, wie sie in den Tabellen 47 und 48 dargestellt sind.

Tab. 47: Ergebnisse der Spearman-Korrelation zwischen dysfunktionalen Persönlichkeitszügen (Summen-scores) und zentralen Ängsten (Angstgruppen und Gesamtangst).

Korrelation nach Pearson: VDS30 und VDS28

	SU	DE	ZW	PA	HI	SC	NA	BO	PR	Dysfunktionale Gesamt-persönlichkeit
Vernichtungsangst	.34**	.40**	.32**	.24**	.32**	.16*	.37**	.35**	.31**	.42**
Trennungsangst	.27**	.49**	.21**	.14*	.31**		.15*	.21**		.27**
Angst vor Kontrollverlust über andere	.26**	.44**	.35**	.42**	.44**		.36**	.34**	.37**	.45**
Angst vor Kontrollverlust über selbst	.46**	.56**	.46**	.43**	.52**	.35**	.52**	.70**	.52**	.67**
Angst vor Liebesverlust	.53**	.54**	.39**	.34**	.42**		.32**	.35**	.30**	.48**
Angst vor Gegenaggression	.32**	.44**	.42**	.42**	.33**	.27**	.47**	.34**	.46**	.50**
Angst vor Hingabe	.31**	.35**	.39**	.23**	.30**	.25**	.30**	.39**	.37**	.42**
Gesamtangst	.53**	.68**	.52**	.45**	.55**	.20**	.49**	.55**	.49**	.66**

**. Die Korrelation ist auf dem Niveau von 0,01 (2-seitig) signifikant.
*. Die Korrelation ist auf dem Niveau von 0,05 (2-seitig) signifikant.

Tab. 48: Ergebnisse der Spearman-Korrelation zwischen dysfunktionalen Persönlichkeitszügen (Prozent-rangwerte) und zentralen Ängsten (Angstgruppen und Gesamtangst).

Korrelation nach Pearson: VDS30 und VDS28

	SU (PR)	DE (PR)	ZW (PR)	PA (PR)	HI (PR)	SC (PR)	NA (PR)	BO (PR)	PR (PR)	Dysfunktionale Gesamt-persönlichkeit (PR)
Vernichtungsangst	.30**	.35**	.28**	.21**	.28**		.32**	.32**	.26**	.36**
Trennungsangst	.27**	.51**	.22**	.21**	.30**		.15*	.20**	.14*	.26**
Angst vor Kontrollverlust über andere	.25**	.45**	.33**	.42**	.43**		.32**	.33**	.40**	.44**
Angst vor Kontrollverlust über selbst	.41**	.51**	.41**	.40**	.48**	.29**	.46**	.67**	.48**	.62**
Angst vor Liebesverlust	.52**	.56**	.39**	.38**	.41**		.34**	.36**	.31**	.49**
Angst vor Gegenaggression	.28**	.41**	.37**	.38**	.30**	.23**	.39**	.34**	.43**	.45**
Angst vor Hingabe	.31**	.34**	.40**	.26**	.30**	.24**	.31**	.39**	.40**	.42**
Gesamtangst	.51**	.67**	.50**	.46**	.52**	.16*	.46**	.54**	.48**	.62**

**. Die Korrelation ist auf dem Niveau von 0,01 (2-seitig) signifikant.
*. Die Korrelation ist auf dem Niveau von 0,05 (2-seitig) signifikant.

Entsprechend kann Hypothese 6 ebenfalls weiterhin angenommen werden. Es liegen geringe bis mittelstarke Zusammenhänge zwischen der Ausprägung der dysfunktionalen Persönlichkeitszüge und den aktuellen zentralen Ängsten vor.

Gibt es einen Zusammenhang zwischen funktionalen Persönlichkeitszügen (VDS19+) und frustrierendem Elternverhalten in der Kindheit (VDS24)?

Die Annahme über einen Zusammenhang zwischen funktionalen Persönlichkeitszügen und den Hauptkategorien frustrierender Kindheitserfahrungen im Sinne einer unzureichenden Bedürfnisbefriedigung durch die Eltern beziehungsweise durch andere nahestehende Bezugspersonen wird mittels der Pearson-Korrelation geprüft. Dabei sind signifikante Ergebnisse zu verzeichnen, welche in Tabelle 49 dargestellt sind.

Tab. 49: Ergebnisse der Pearson-Korrelation zwischen funktionalen Persönlichkeitszügen und Frustrationen von Bedürfnissen (Hauptbedürfnisse).

Korrelation nach Pearson: VDS19+ und VDS24

	Ss	Sb	Fl	Ks	Au	Bz	Gm	Es	Uv	Funktionale Gesamt-persönlichkeit
Frustration von Zugehörigkeitsbedürfnissen		-.18**	-.20**	-.26**	-.18**	-.30**	-.30**	-.42**	-.31**	-.34**
Frustration von Selbstbedürfnissen	-.23**	-.30**	-.22**	-.35**	-.27**	-.32**	-.33**	-.45**	-.36**	-.43**
Frustration von Homöostasebedürfnissen		-.23**			-.27**	-.24**	-.27**	-.43**	-.33**	-,32**

**: Die Korrelation ist auf dem Niveau von 0,01 (2-seitig) signifikant.
*: Die Korrelation ist auf dem Niveau von 0,05 (2-seitig) signifikant.

Die Betrachtung des Zusammenhangs zwischen den funktionalen Persönlichkeitszügen und den einzelnen 21 Frustrationen im Kindheits- und Jugendalter erfolgt mit Hilfe der Spearman-Korrelation, wobei sämtliche signifikanten Resultate in den nachfolgenden Tabellen abgebildet sind.

Tab. 50: Ergebnisse der Spearman-Korrelation zwischen funktionalen Persönlichkeitszügen und Frustrationen von Zugehörigkeitsbedürfnissen.

Korrelation nach Spearman: VDS19+ und VDS24 (Zugehörigkeitsbedürfnisse)

	Ss	Sb	Fl	Ks	Au	Bz	Gm	Es	Uv	Funktionale Gesamtpersönlichkeit
Frustration von Willkommensein	-.18**	-.23**	-.27**	-.30**	-.19**	-.27**	-.22**	-.34**	-.26**	-.34**
Frustration von Geborgenheit		-.15*	-.19**	-.22**		-.25**	-.19**	-.32**	-.25**	-.27**
Frustration von Schutz, Sicherheit		-.18**	-.18**	-.18**	-.16*	-.25**	-.27**	-.33**	-.30**	-.27**
Frustration von Liebe, Zuneigung		-.15*	-.17*	-.22**	-.14*	-.29**	-.20**	-.29**	-.26**	-.28**
Frustration von Aufmerksamkeit, Beachtung			-.16*			-.18**	-.15*	-.23**	-.20**	-.21**
Frustration von Verständnis, Empathie	-.17*		-.21**	-.21**	-.15*	-.25**	-.25**	-.32**	-.27**	-.31**
Frustration von Wertschätzung, Bewunderung, Lob			-.19**	-.20**		-.24**	-.27**	-.26**	-.26**	-.26**

**. Die Korrelation ist auf dem 0,01 Niveau signifikant (zweiseitig).
*. Die Korrelation ist auf dem 0,05 Niveau signifikant (zweiseitig).

Tab. 51: Ergebnisse der Spearman-Korrelation zwischen funktionalen Persönlichkeitszügen und Frustrationen von Selbstbedürfnissen.

Korrelation nach Spearman: VDS19+ und VDS24 (Selbstbedürfnisse)

	Ss	Sb	Fl	Ks	Au	Bz	Gm	Es	Uv	Funktionale Gesamtpersönlichkeit
Frustration von Selbst machen, selbst können	-.19**	-.16*	-.15*	-.30**	-.19**	-.23**	-.23**	-.24**	-.20**	-.27**
Frustration von Selbstbestimmung	-.18**	-.22**	-.19**	-.25**	-.21**	-.21**	-.26**	-.31**	-.24**	-.31**
Frustration von Grenzen gesetzt bekommen		-.26**		-.19**	-.17*	-.14*	-.19**	-.25**	-.18**	-.24**
Frustration von gefördert und gefordert werden	-.25**	-.20**	-.20**	-.24**		-.25**	-.17*	-.17*	-.20**	-.26**
Frustration eines Vorbild	-.21**	-.25**	-.17*	-.28**	-.20**	-.24**	-.26**	-.32**	-.39**	-.34**
Frustration von Intimität, Hingabe, Erotik		-.14*	-.15*	-.24**	-.15*	-.25**	-.20**	-.20**	-.21**	-.24**
Frustration eines Gegenüber	-.16*	-.16*	-.21**	-.22**	-.18**	-.29**	-.27**	-.33**	-.26**	-.31**

**. Die Korrelation ist auf dem 0,01 Niveau signifikant (zweiseitig).
*. Die Korrelation ist auf dem 0,05 Niveau signifikant (zweiseitig).

Tab. 52: Ergebnisse der Spearman-Korrelation zwischen funktionalen Persönlichkeitszügen und Frustrationen von Homöostasebedürfnissen.

Korrelation nach Spearman: VDS19+ und VDS24 (Homöostasebedürfnisse)

	Ss	Sb	Fl	Ks	Au	Bz	Gm	Es	Uv	Funktionale Gesamt-persönlichkeit
Frustration einer unängstliche Bezugperson		-.18**		-.21**		-.14*	-.21**	-.20**	-.18**	-.20**
Frustration einer unbedrohliche Bezugsperson				-.22**			-.17*	-.33**	-.25**	-.20**
Frustration einer unbedrohliche Außenwelt	-.19**	-.24**		-.25**	-.17*	-.14*	-.21**	-.25**	-.30**	-.28**
Frustration einer Bezugsperson, die nicht wütend macht				-.15*				-.28**	-.20**	
Frustration von zwei gleichstarke Eltern	-.16*	-.24**	-.15*				-.14*	-.26**	-.24**	-.22**
Frustration von Schuldfreiheit				-.25**			-.20**	-.26**	-.18**	-.18**
Frustration von Missbrauchsfreiheit		-.18**	-.17*	-.22**	-.21**	-.17*	-.15*	-.33**	-.29**	-.27**

**. Die Korrelation ist auf dem 0,01 Niveau signifikant (zweiseitig).
*. Die Korrelation ist auf dem 0,05 Niveau signifikant (zweiseitig).

Demnach gilt es auch Hypothese 7 weiterhin anzunehmen. Es gibt (sehr) geringe Zusammenhänge zwischen funktionalen Persönlichkeitszügen und aktuellen zentralen Bedürfnissen.

Gibt es einen Zusammenhang zwischen funktionalen Persönlichkeitszügen (VDS19+) und aktuellen zentralen Bedürfnissen (VDS27)?

Entsprechend der Hypothese 5 nimmt diese Hypothese an, dass ein Zusammenhang zwischen funktionalen Persönlichkeitszügen und aktuellen zentralen Bedürfnissen vorliegt. Im Rahmen der Betrachtung der Hauptkategorien der zentralen Bedürfnisse wird hierfür die Pearson-Korrelation herangezogen, wobei die signifikanten Korrelationen in Tabelle 53 gezeigt werden.

Tab. 53: Ergebnisse der Pearson-Korrelation zwischen funktionalen Persönlichkeitszügen und zentralen Bedürfnissen (Hauptbedürfnisse).

Korrelation nach Pearson: VDS19+ und VDS27

	Ss	Sb	Fl	Ks	Au	Bz	Gm	Es	Uv	Funktionale Gesamt-persönlichkeit
Zugehörigkeitsbedürfnisse	.14*			.15*		.48**			.20**	.16*
Selbstbedürfnisse	.31**	.18**		.14*		.30**				.21**
Homöostasebedürfnisse				.13*		.23**				

**. Die Korrelation ist auf dem Niveau von 0,01 (2-seitig) signifikant.
*. Die Korrelation ist auf dem Niveau von 0,05 (2-seitig) signifikant.

Die weitere Zusammenhangsprüfung zwischen den funktionalen Persönlichkeitszügen und allen 21 zentralen Bedürfnissen erfolgt mittels der Spearman-Korrelation. Die signifikanten Ergebnisse werden nachfolgend tabellarisch aufgezeigt.

Tab. 54: Ergebnisse der Spearman-Korrelation zwischen funktionalen Persönlichkeitszügen und zentralen Bedürfnissen (Zugehörigkeitsbedürfnisse).

Korrelation nach Spearman: VDS19+ und VDS27 (Zugehörigkeitsbedürfnisse)

	Ss	Sb	Fl	Ks	Au	Bz	Gm	Es	Uv	Funktionale Gesamt-persönlichkeit
Willkommensein						.29**			.16*	
Geborgenheit, Wärme			.14*	.21**		.49**	.18**		.24**	.24**
Schutz, Sicherheit, Zuverlässigkeit				.27**		.33**	.19**			.19**
Liebe, Zuneigung			.14*	.13*		.48**			.22**	.19**
Beachtung, Aufmerksamkeit					-.21**	.26**	-.15*			
Verständnis						.17*				
Wertschätzung, Bewunderung, Lob	.18**				-.21**	.25**	-.18**			
Selbst machen, selbst können	.22**	.28**		.16*	.15*			.24**	.14*	.20**

**. Die Korrelation ist auf dem 0,01 Niveau signifikant (zweiseitig).
*. Die Korrelation ist auf dem 0,05 Niveau signifikant (zweiseitig).

Tab. 55: Ergebnisse der Spearman-Korrelation zwischen funktionalen Persönlichkeitszügen und zentralen Bedürfnissen (Selbstbedürfnisse).

Korrelation nach Spearman: VDS19+ und VDS27 (Selbstbedürfnisse)

	Ss	Sb	Fl	Ks	Au	Bz	Gm	Es	Uv	Funktionale Gesamt-persönlichkeit
Selbst machen, selbst können	.22**	.28**		.16*	.15*			.24**	.14*	.20**
Selbstbestimmung	.19**	.18**			.15*			.16*		.16*
Grenzen								-.15*		
gefördert und gefordert	.20**	.17*				.15*	.18*	.17*		.19**
Vorbild						.16*				
Intimität, Hingabe, Erotik	.29**		.16*	.15*		.36**				.17*
Gegenüber	.27**									

**. Die Korrelation ist auf dem 0,01 Niveau signifikant (zweiseitig).*
. Die Korrelation ist auf dem 0,05 Niveau signifikant (zweiseitig).

Tab. 56: Ergebnisse der Spearman-Korrelation zwischen funktionalen Persönlichkeitszügen und zentralen Bedürfnissen (Homöostasebedürfnisse).

Korrelation nach Spearman: VDS19+ und VDS27

	Ss	Sb	Fl	Ks	Au	Bz	Gm	Es	Uv	Funktionale Gesamt-persönlichkeit
unängstliche Bezugsperson	.15*					.23**				
unbedrohliche Bezugsperson										
unbedrohliche Außenwelt						.19**				
Bezugsperson, die nicht extrem wütend macht										
zwei gleichstarke Eltern						.19**				.16*
Schuldfreiheit						.17*				
Missbrauchsfreiheit				.19**		.17*	.18*	.20**		.17*

**. Die Korrelation ist auf dem 0,01 Niveau signifikant (zweiseitig).*
. Die Korrelation ist auf dem 0,05 Niveau signifikant (zweiseitig).

Somit kann auch Hypothese 8 weiterhin angenommen werden. Es bestehen (sehr) geringe Zusammenhänge zwischen funktionalen Persönlichkeitszügen und zentralen Bedürfnissen.

Auch die Annahme eines Zusammenhangs zwischen der Ausprägung funktionaler Persönlichkeitszüge und der Ausprägung zentraler Ängste wird anhand einer Pearson-Korrelation überprüft. Die Darstellung der signifikanten Ergebnisse erfolgt in Tabelle 57.

Tab. 57: Ergebnisse der Pearson-Korrelation zwischen funktionalen Persönlichkeitszügen und zentralen Ängsten (Angstgruppen und Gesamtangst).

Korrelation nach Pearson: VDS19+ und VDS28

	Ss	Sb	Fl	Ks	Au	Bz	Gm	Es	Uv	Funktionale Gesamt- persönlichkeit
Vernichtungsangst		-.24**			-.20**		-.25**	-.26**	-.22**	-.22**
Trennungsangst		-.24**			-.23**	.25**		-.19**		
Angst vor Kontrollverlust über andere		-.20**			-.27**		-.22**	-.26**	-.17*	-.18**
Angst vor Kontrollverlust über selbst	-.17*	-.34**		-.23**	-.32**	-.17*	-.31**	-.51**	-.32**	-.38**
Angst vor Liebesverlust	-.22**	-.28**	-.18**		-.29**	.14*	-.24**	-.35**	-.21**	-.25**
Angst vor Gegenaggression		-.25**	-.16*	-.18**	-.18**		-.21**	-.24**	-.21**	-.24**
Angst vor Hingabe		-.15*	-.19**		-.17*	-.19**	-.16*	-.33**	-.25**	-.25**
Gesamtangst	-.15*	-.35**	-.19**	-.16*	-.35**		-.30**	-.44**	-.29**	-.33**

**. Die Korrelation ist auf dem Niveau von 0,01 (2-seitig) signifikant.
*. Die Korrelation ist auf dem Niveau von 0,05 (2-seitig) signifikant.

Entsprechend kann auch Hypothese 9 weiterhin angenommen werden. Es gibt geringe Zusammenhänge zwischen funktionalen Persönlichkeitszügen und zentralen Ängsten.

Welche Faktoren (VDS24, VDS27, VDS29) sagen die Ausprägung der dysfunktionalen Persönlichkeit (VDS30) bestmöglich vorher?

Die Wirkungsanalyse frustrierender Kindheitserfahrungen und zentraler Bedürfnisse mit ihren jeweiligen drei Hauptkategorien sowie der zentralen Angst auf die Ausprägung der dysfunktionalen Persönlichkeit erfolgt anhand einer schrittweisen multiplen linearen Regressionsanalyse. Diese zeigt, dass die Ausprägung der zentralen Angst sowie Frustrationen von Selbstbedürfnissen im Kindes- und Jugendalter einen Einfluss auf die Ausprägung der dysfunktionalen Persönlichkeit haben ($F_{(2,212)}$=109.98, p<.01). Es resultiert folgende Gleichung:

$$\hat{y}_{VDS30\ Gesamtwert}=0,166 + 0,423 \cdot x_{VDS28\ Gesamtangst}+ 0,134 \cdot x_{VDS24\ Frustration\ von\ Selbstbedürfnissen}$$

Wenn der Summenscore der Gesamtangst des VDS28 um einen Punkt steigt, so steigt der Gesamtscore des VDS30 zur Erfassung dysfunktionaler Persönlichkeitszüge um 0,42 Punkte. Nimmt der Summenscore der Unterkategorie frustrierender Erfahrungen im Sinne einer mangelnden Befriedigung der Selbstbedürfnisse des VDS24 um einen Punkt zu, steigt der Gesamtscore des VDS30 um 0,13 Punkte. Demnach steigt die Ausprägung dysfunktionaler Persönlichkeitszüge bei stark ausgeprägten Ängsten sowie bei zunehmenden Frustrationen der Selbstbedürfnisse im Kindheits- und Jugendalter. 51% der Gesamtstreuung der Ausprägung dysfunktionaler Persönlichkeitszüge wird durch die beiden Prädikatoren erklärt, was nach Cohan (1992) einem starken Effekt entspricht. Die Erweiterung des Modells durch die Aufnahme des Summenscores der aktuellen Zugehörigkeitsbedürfnisse des VDS27 würde 54% der Streuung der Kriteriumsvariable erklären. Aufgrund jener geringen Differenz von 3% wird darauf verzichtet.

Gibt es einen Zusammenhang zwischen den Big Five (NEO-FFI) und den dysfunktionalen Persönlichkeitszügen (VDS30)?

Die Untersuchung der Annahme über einen Zusammenhang zwischen den *Big Five*- Persönlichkeitseigenschaften und den dysfunktionalen Persönlichkeitszügen nach Sulz erfolgt mit Hilfe der Pearson-Korrelation. Hierbei werden sowohl die jeweiligen Summenscores als auch die zugewiesenen Prozentrangnormen betrachtet. Sämtliche signifikante Ergebnisse der Zusammenhangsprüfung werden in Tabellen 58 und 59 abgebildet.

Tab. 58: Ergebnisse der Pearson-Korrelation zwischen dysfunktionalen Persönlichkeitszügen (Summenscores) und *Big Five*-Persönlichkeitseigenschaften (Summenscores).

Korrelation nach Pearson: VDS30 und NEO-FFI

	SU	DE	ZW	PA	HI	SC	NA	BO	PR	Dysfunktionale Gesamtpersönlichkeit
Offenheit		-.14*								
Gewissenhaftigkeit	-.38**	-.28**	-.16*	-.35**	-.17*	-.28**	-.18**	-.47**	-.34**	-.38**
Extraversion	-.45**	-.16*	-.30**	-.15*		-.45**	-.15*	-.36**	-.36**	-.33**
Verträglichkeit	-.19**	-.21**	-.31**	-.30**	-.28**	-.40**	-.53**	-.42**	-.59**	-.46**
Neurotizismus	.58**	.55**	.41**	.29**	.34**	.14*	.31**	.58**	.39**	.54**

**. Die Korrelation ist auf dem Niveau von 0,01 (2-seitig) signifikant.
*. Die Korrelation ist auf dem Niveau von 0,05 (2-seitig) signifikant.

115

Tab. 59: Ergebnisse der Pearson-Korrelation zwischen dysfunktionalen Persönlichkeitszügen (Prozentrangwerte) und *Big Five*-Persönlichkeitseigenschaften (Prozentrangwerte).

Korrelation nach Pearson: VDS30 und NEO-FFI

	SU (PR)	DE (PR)	ZW (PR)	PA (PR)	HI (PR)	SC (PR)	NA (PR)	BO (PR)	PR (PR)	Dysfunktionale Gesamt-persönlichkeit (PR)
Offenheit (PR)		-,14*								
Gewissenhaftigkeit (PR)	-.38**	-.27**		-.31**	-.17*	-.26**	-.15*	-.46**	-.32**	-.37**
Extraversion (PR)	-.45**		-.28**		.16*	-.48**		-.34**	-.33**	-.29**
Verträglichkeit (PR)	-.20**	-.23**	-.29**	-.28**	-.30**	-.37**	-.49**	-.49**	-.59**	-.48**
Neurotizismus (PR)	.58**	.54**	.44**	.37**	.35**	.26**	.40**	.65**	.47**	.63**

**. Die Korrelation ist auf dem Niveau von 0,01 (2-seitig) signifikant.
*. Die Korrelation ist auf dem Niveau von 0,05 (2-seitig) signifikant.

Somit kann Hypothese 11 weiterhin angenommen werden. Es bestehen geringe bis mittelstarke Zusammenhänge zwischen den Ausprägungen der *Big Five*-Persönlichkeitseigenschaften und den dysfunktionalen Persönlichkeitszügen nach Sulz.

Gibt es einen Zusammenhang zwischen den Big Five (NEO-FFI) und den funktionalen Persönlichkeitszügen (VDS19+)

Analog zu der vorangegangenen Fragestellung soll geklärt werden, ob ebenfalls ein Zusammenhang zwischen den *Big Five*-Persönlichkeitseigenschaften und den funktionalen Persönlichkeitszügen nach Sulz vorliegt. Auch hierbei kommt eine Pearson-Korrelation zum Einsatz, deren signifikante Ergebnisse in Tabelle 60 dargestellt sind.

Tab. 60: Ergebnisse der Pearson-Korrelation zwischen funktionalen Persönlichkeitszügen und *Big Five*-Persönlichkeitseigenschaften.

Korrelation nach Pearson: VDS19+ und NEO-FFI

	SS	SeB	FL	KS	AU	BZ	GM	ES	UV	Funktionale Gesamt-persönlichkeit
Offenheit		.21**		.14*	.20**	.14*	.14*		.16*	.19**
Gewissenhaftigkeit	.31**	.31**	.17*	.44**	.29**	.17*	.26**	.52**	.30**	.42**
Extraversion	.54**	.28**	.38**	.37**	.17*	.58**	.30**	.41**	.52**	.54**
Verträglichkeit		.21**	.23**	.28**	.31**	.35**	.45**	.45**	.50**	.43**
Neurotizismus	-.46**	-.49**	-.32**	-.33**	-.48**		-.42**	-.64**	-.42**	-.53**

**. Die Korrelation ist auf dem Niveau von 0,01 (2-seitig) signifikant.
*. Die Korrelation ist auf dem Niveau von 0,05 (2-seitig) signifikant.

Hypothese 12 kann ebenfalls weiterhin angenommen werden. Es gibt geringe bis mittelstarke Zusammenhänge zwischen den *Big Five*-Persönlichkeitseigenschaften und den funktionalen Persönlichkeitszügen nach Sulz.

3.3.3.2.2 Überprüfung der Unterschiedshypothesen

Gibt es geschlechtertypische Unterschiede bezüglich der Ausprägung der Persönlichkeitszüge (VDS30, VDS19+, Checkliste Persönlichkeitsstile, NEO-FFI), frustrierender Kindheitserfahrungen (VDS24), aktueller zentraler Bedürfnisse (VDS27) und zentraler Ängste (VDS28)?

Für die Überprüfung geschlechtertypischer Unterschiede sämtlicher bereits oben behandelter Konstrukte wird zunächst die Persönlichkeit im Sinne dysfunktionaler Persönlichkeitszüge mit Hilfe des *t*-Tests für unabhängige Stichproben betrachtet. Die daraus resultierenden signifikanten Ergebnisse sind in den nachfolgenden Tabellen dargestellt.

Tab. 61: Ergebnisse des *t*-Tests für unabhängige Stichproben zur Erfassung geschlechtertypischer Unterschiede bezüglich der dysfunktionalen Persönlichkeitszüge (Summenscores).

t-Test bei unabhängigen Stichproben: VDS30 und Geschlecht

	Frauen	Männer	Mittlere Differenz	t	95% Konfidenzintervall der Differenz	
					Untere	Obere
PA	.71	.97	-.27	-3.11**	-.43	-.10
SC	.43	.73	-.30	-3.40**	-.47	-.12
NA	.76	1.10	-.34	-3.99**	-.51	-.17
PR	.35	.56	--.21	-2.73**	-.36	-.06
Dysfunktionale Gesamtpersönlichkeit	.72	.87	-.15	-2.54*	-.28	-.03

**. Die Korrelation ist auf dem 0,01 Niveau signifikant (zweiseitig).

*. Die Korrelation ist auf dem 0,05 Niveau signifikant (zweiseitig).

Tab. 62: Ergebnisse des *t*-Tests für unabhängige Stichproben zur Erfassung geschlechtertypischer Unterschiede bezüglich der dysfunktionalen Persönlichkeitszüge (Prozentrangwerte).

t-Test bei unabhängigen Stichproben: VDS30 und Geschlecht

	Frauen	Männer	Mittlere Differenz	t	95% Konfidenzintervall der Differenz	
					Untere	Obere
NA (PR)	52.29	60.49	-8.20	-2.07*	-16.02	-.38
BO (PR)	33.46	42.07	-8.61	-2.00*	--17.08	-.14
PR (PR)	36.38	49.42	-13.04	-3.11**	-21.30	-4.78
Dysfunktionale Gesamtpersönlichkeit	42.01	52.62	-10.61	-2.30*	-19.38	-1.84

**. Die Korrelation ist auf dem 0,01 Niveau signifikant (zweiseitig).

*. Die Korrelation ist auf dem 0,05 Niveau signifikant (zweiseitig).

Weiterhin sollen die Ausprägungen funktionaler Persönlichkeitszüge im Hinblick auf Geschlechter-unterschiede mittels des *t*-Tests für unabhängige Stichproben untersucht werden. Hierbei zeigt sich ein signifikantes Ergebnis im Rahmen der Ausprägung beziehungsbezogener Persönlichkeits-züge ($t_{(214)}$=2.99, *p*<.01). Innerhalb der untersuchten Stichproben erzielen die weiblichen Proban-den auf der Skala der Beziehungsbezogenheit im Mittel 2,14 (*M*=2.14, *SD*=.60) und die männli-chen Teilnehmer 1,87 (*M*=1.87, *SD*=.59) der drei möglichen Punkte. Dies entspricht einer mittleren Differenz von 0,27 Punkten ($\overline{Diff}$ = .27). Für die repräsentative Vergleichsgruppe beträgt der Unterschied mit einer 95%igen Sicherheit zwischen 0,09 und 0,45 Punkten ($KI_{95\%}$[.09, .45]), wobei Frauen eine stärkere Ausprägung der Beziehungsbezogenheit aufweisen als Männer. Bei sämtli-chen weiteren funktionalen Persönlichkeitszügen resultieren keine signifikanten Unterschiede zwischen den Geschlechtern (*p*>.05).

Die geschlechtertypische Unterschiedsprüfung der subjektiven Einschätzung über die Ausprägung bestimmter Persönlichkeitszüge anhand der *Checkliste Persönlichkeitszüge* erfolgt mit Hilfe des Mann-Whitney-U-Tests. Hierbei zeigen sich signifikante Unterschiede der Tendenzen in Bezug auf die Ausprägung dependenter Persönlichkeitszüge (*z*=-2.17, *p*=.03) sowie in der Ausprägung schizoider Persönlichkeitszüge (*z*=-2.89, *p*<.01). Weitere signifikante Ergebnisse sind nicht zu verzeichnen.

Im Rahmen der geschlechtertypischen Analyse der Ergebnisse des NEO-FFI zur Erfassung der *Big Five* mittels des *t*-Tests für unabhängige Stichproben ergeben sich signifikante Unterschiede in den Summenscores sowie den zugeordneten Prozenträngen der Gewissenhaftigkeit (Summen-scores: $t_{(214)}$=2.31, *p*=.02; Prozentrangwerte: ($t_{(214)}$=2.26, *p*=.03)). Innerhalb der untersuchten Stichprobe erzielen die weiblichen Teilnehmer einen durchschnittlichen Wert von 34,51 (*M*=34.51, *SD*=7.11) der 48 möglichen Punkte, was einem mittleren Prozentrang von 66 (*M*=65.96, *SD*=29.03) entspricht. Die männlichen Probanden erreichen im Mittel 31,97 Punkte (*M*=31.97, *SD*=7.89), womit sie mit einem mittleren Prozentrang von 56 (*M*=56.07, *SD*=29.26) analog zu den weiblichen Versuchspersonen ebenfalls im Normalbereich der Ausprägung der Gewissenhaftigkeit liegen. Entsprechend resultiert eine mittlere Differenz von 2,55 Punkten ($\overline{Diff}$ = 2.55) beziehungs-weise von 10 Prozenträngen ($\overline{Diff}$ = 9.89). Für die repräsentative Vergleichspopulation kann mit 95%iger Sicherheit von einem Unterschied zwischen 0,37 bis 4,72 Punkten ($KI_{95\%}$[.37, 4.72]) beziehungsweise 1 bis 19 Prozenträngen ($KI_{95\%}$[1.27, 18.52]) ausgegangen werden. Dabei weisen Frauen ein höheres Maß an Gewissenhaftigkeit auf als Männer. Ein weiterer signifikanter Geschlechterunterschied ergibt sich für die Summenscores der Skala zur Erfassung der Verträg-lichkeit ($t_{(95.26)}$=3.59, *p*<.01). Innerhalb der untersuchten Stichprobe ergibt sich für die weiblichen Teilnehmer ein mittlerer Wert von 34,52 (*M*=34.52, *SD*=5.35) der 48 möglichen Punkte. Die männ-lichen Probanden erzielen im Durchschnitt 31,15 Punkte (*M*=31.15, *SD*=6.57), was eine mittlere

Differenz von 3,37 ($\overline{Diff}$ = 3.37) bedeutet. In der repräsentativen Vergleichspopulation liegt dieser Unterschied mit 95%iger Sicherheit zwischen 1,51 und 5,24 Punkten ($KI_{95\%}$[1.51, 5.24]), wobei Frauen verträglicher sind als Männer. Auch für die Skala zur Erfassung neurotischer Persönlichkeitseigenschaften resultieren signifikante Geschlechterunterschiede in Bezug auf die Summenscores ($t_{(214)}$=2.76, p=.01). Innerhalb der Stichprobe ist bei den weiblichen Probanden ein mittlerer Wert von 21,88 (M=21.88, SD=8.75) und bei den männlichen Teilnehmern ein Durchschnittswert von 18,37 (M=18.37, SD=7.67) der 48 möglichen Punkte zu verzeichnen. Dies entspricht einer mittleren Differenz von 3,51 Punkten ($\overline{Diff}$ = 3.51). Der wahre Unterschied für die repräsentative Vergleichspopulation liegt mit 95%iger Sicherheit zwischen 1 und 6 Punkten ($KI_{95\%}$[1.00, 6.01]). Hierbei sind neurotische Persönlichkeitseigenschaften bei Frauen stärker ausgeprägt als bei Männern. In Bezug auf die übrigen Persönlichkeitseigenschaften sind keine signifikanten Unterschiede zwischen Männern und Frauen feststellbar.

Aufgrund der Ergebnisse kann Hypothese 13a für bestimmte dysfunktionale und funktionale Persönlichkeitszüge sowie Persönlichkeitseigenschaften weiterhin angenommen werden. Männer und Frauen unterscheiden sich signifikant in ihrer Persönlichkeit.

Im Rahmen der Erfassung geschlechterspezifischer Unterschiede bezüglich frustrierender Kindheitserfahrungen, welche anhand der Hauptkategorien analysiert werden, wird ein t-Test für unabhängige Stichproben durchgeführt. Hierbei resultieren signifikante Unterschiede in der Frustration von Selbstbedürfnissen ($t_{(95.55)}$=-2.21, p=.03). Innerhalb der untersuchten Stichprobe erreichen die weiblichen Versuchspersonen im Mittel 1,00 (M=1.00, SD=.83) der fünf möglichen Punkte. Männliche Teilnehmer erzielen im Durchschnitt 1,32 Punkte (M=1.32, SD=1.02), wodurch sich eine mittlere Differenz von 0,32 Punkten ($\overline{Diff}$ = -.32) ergibt. In der repräsentativen Vergleichspopulation liegt der Unterschied zwischen den Geschlechtern mit 95%iger Sicherheit bei bis zu 0,61 Punkten ($KI_{95\%}$[-.61, -.03]), wobei Männer eine stärkere Frustration aufweisen als Frauen. In Bezug auf die übrigen Frustrationen sind keine signifikanten Geschlechterunterschiede feststellbar.

Hypothese 13b kann somit nur teilweise weiterhin angenommen werden. Männer und Frauen unterscheiden sich teilweise im Hinblick auf ihre frustrierenden Kindheits- und Jugenderfahrungen.

Im Rahmen der geschlechtertypischen Analyse der Ausprägung zentraler Bedürfnisse anhand ihrer Hauptkategorien mittels des t-Tests für unabhängige Stichproben ergibt sich ein signifikanter Unterschied in der subjektiven Wichtigkeit der Zugehörigkeitsbedürfnisse ($t_{(214)}$=4.62, p<.01). Innerhalb der Stichprobe weisen die Frauen einen durchschnittlichen Punktwert von 3,68 (M=3.68, SD=.66) von fünf möglichen Punkten auf. Männer erzielen im Mittel 3,21 Punkte (M=3.21, SD=.69). Demnach resultiert eine mittlere Differenz von 0,47 Punkten ($\overline{Diff}$ = .47). In der repräsentativen Vergleichspopulation liegt dieser mit 95%iger Sicherheit zwischen 0,30 und 0,66

Punkten ($KI_{95\%}$[.33, .66]), wobei Zugehörigkeitsbedürfnisse für Frauen wichtiger sind als für Männer. Ein weiteres signifikantes Ergebnis resultiert bei den Homöostasebedürfnissen ($t_{(214)}$=3.77, p<.01). Innerhalb der untersuchten Stichprobe erreichen die weiblichen Teilnehmer einen mittleren Wert von 3,33 (M=3.33, SD=.82) und die männlichen Versuchspersonen im Durchschnitt 2,89 (M=2.89, SD=.72) der fünf möglichen Punkte. Dies entspricht einer mittleren Differenz von 0,44 Punkten ($\overline{Diff}$ = .44). Für die repräsentative Vergleichsgruppe kann mit 95%iger Sicherheit angenommen werden, dass der Unterschied von 0,21 bis 0,70 Punkte ($KI_{95\%}$[.21, .70]) reicht. Dabei sind Homöostasebedürfnisse für Frauen bedeutsamer als für Männer. Für die Überprüfung der zusammengefassten Selbstbedürfnisse auf geschlechtertypische Unterschiede ist kein signifikantes Ergebnis eruierbar (p>.05).

Entsprechend kann Hypothese 13c ebenfalls teilweise weiterhin angenommen werden. Männer und Frauen unterscheiden sich in der subjektiven Wichtigkeit einzelner zentraler Bedürfnisse.

Zuletzt werden die Geschlechter im Hinblick auf deren Unterschiede in den Ausprägungen der zentralen Ängste untersucht. Auch hierfür wird der t-Test für unabhängige Stichproben verwendet. Hierbei resultiert ein signifikanter Geschlechterunterschied in Bezug auf die Ausprägung von Trennungsängsten ($t_{(214)}$=4.02, p<.01). Innerhalb der untersuchten Stichprobe zeigt sich bei den weiblichen Probanden ein durchschnittlicher Wert von 1,82 (M=1.82, SD=.85) der drei möglichen Punkte. Männliche Teilnehmer erzielen im Mittel 1,32 Punkte (M=1.32, SD=.77), wodurch sich eine mittlere Differenz von 0,50 Punkten ($\overline{Diff}$ = .50) ergibt. In der repräsentativen Vergleichspopulation liegt der wahre Unterschied mit 95%iger Sicherheit zwischen 0,25 und 0,74 Punkten ($KI_{95\%}$[.25, .74]). Dabei ist die Angst vor Trennung und Alleinsein bei Frauen stärker ausgeprägt als bei Männern. Ein weiterer signifikanter Unterschied resultiert bei der Angst vor Liebesverlust ($t_{(214)}$=2.51, p=.01). Innerhalb der Stichprobe haben die Frauen im Durchschnitt 1,68 Punkte (M=1.68, SD=.90), während die Männer im Mittel einen Punktwert von 1,34 (M=1.34, SD=.85) erreichen. Dies entspricht einer mittleren Differenz von 0,34 Punkten ($\overline{Diff}$ = .34). Der Unterschied in der repräsentativen Vergleichsgruppe beträgt mit 95%iger Sicherheit zwischen 0,07 und 0,60 Punkte ($KI_{95\%}$[.07, .60]), wobei Frauen ebenfalls eine stärkere Ausprägung jener Angstform aufweisen als Männer.

Somit kann auch Hypothese 13d nur teilweise weiterhin angenommen werden. Männer und Frauen unterscheiden sich in der Ausprägung einzelner Ängste.

Gibt es Unterschiede bezüglich der Ausprägung der Persönlichkeitszüge (VDS30, VDS19+, Checkliste Persönlichkeit, NEO-FFI), frustrierender Kindheitserfahrungen (VDS24), aktueller zentraler Bedürfnisse (VDS27) und zentraler Ängste (VDS28) zwischen Studierenden aus unterschiedlichen Studiengangrichtungen?

Die Untersuchung der Annahme über einen Unterschied der Persönlichkeit je nach Fachrichtung des Studiengangs erfolgt analog zu der vorangegangenen Fragestellung zunächst mit der Betrachtung dysfunktionaler Persönlichkeitszüge. Hierfür wird diesmal eine Varianzanalyse durchgeführt. Sowohl für die Summenscores als auch für die zugeordneten Prozentrangwerte resultieren hierbei signifikante Ergebnisse im Rahmen der schizoiden Persönlichkeitszüge (Summenscores: $F_{(9.21)}$=3.58, $p<.01$; Prozentrangwerte: $F_{(9.21)}$=3.13, $p<.01$). Die Durchführung des Post-hoc-Tests nach Bonferroni ergibt signifikante Unterschiede zwischen Psychologiestudenten und Studierenden von MINT-Fächern (Summenscore: $t_{(10.62)}$=-2.73, p=.02; Prozentrangwerte: $t_{(148)}$=-3.03, $p<.01$). Für die repräsentative Vergleichspopulation liegen diese Unterschiede mit 95%iger Sicherheit bei bis zu 1,11 Punkten ($KI_{95\%}$[-1.11, -.12]) beziehungsweise zwischen 9 und 43 Prozenträngen ($KI_{95\%}$[-43.49, -9.17]). Dabei weisen Studierende der MINT-Fächer eine stärkere schizoide Ausprägung auf als Psychologiestudenten. Für die Ausprägungen der übrigen dysfunktionalen Persönlichkeitszüge sowie der dysfunktionalen Gesamtpersönlichkeit, der Neurotizismus-Skala, ergeben sich keine signifikanten Werte ($p<.05$).

Im Rahmen der Unterschiede zwischen Studierenden unterschiedlicher Fachrichtung und der Ausprägung funktionaler Persönlichkeitszüge wird ebenfalls eine Varianzanalyse durchgeführt. Dabei sind signifikante Ergebnisse in Bezug auf beziehungsbezogene Persönlichkeitszüge zu verzeichnen ($F_{(9.21)}$=4.71, $p<.01$). Der Post-hoc-Test nach Bonferroni zeigt signifikante Unterschiede zwischen Psychologiestudenten und Lehramtsstudenten ($t_{(143)}$=4.78, $p<.01$) sowie zwischen Psychologiestudenten und Studierender anderer Gesellschafts-, Sozial- und Geisteswissenschaften ($t_{(147)}$=3.72, $p<.01$). Die Größe des Unterschieds der Ausprägung beziehungsbezogener Persönlichkeitszüge zwischen den Psychologiestudenten und den Lehramtsstudenten der repräsentativen Vergleichspopulation liegt mit 95%iger Sicherheit zwischen 0,60 und 1,45 Punkte ($KI_{95\%}$[.60, 1.45]). Dabei sind Studierende der Psychologie eher beziehungsbezogen als Lehramtsstudenten. Der Unterschied der Ausprägung der Beziehungsbezogenheit zwischen Psychologiestudenten und Studierender anderer Gesellschafts-, Sozial- und Geisteswissenschaften der repräsentativen Vergleichsgruppe beträgt mit 95%iger Sicherheit zwischen 0,29 und 0,95 Punkte ($KI_{95\%}$[.29, .95]). Auch hier weisen Studierende der Psychologie ein höheres Maß beziehungsbezogener Persönlichkeitszüge auf als Studierende anderer Gesellschafts-, Sozial- und Geisteswissenschaften. Für die übrigen funktionalen Persönlichkeitszüge resultieren keine signifikanten Unterschiede ($p>.05$).

Im Hinblick auf die Untersuchung der Ergebnisse der *Checkliste Persönlichkeitsstile* auf Unterschiede zwischen Studierende unterschiedlicher Fachrichtungen mit Hilfe des Kruskal-Wallis-Tests resultieren keine signifikanten Werte ($p > .05$).

Die Betrachtung der *Big Five*-Persönlichkeitseigenschaften anhand des Welch-Tests ergibt signifikante Unterschiede in der Ausprägung der Extraversion (Prozentrangwerte) sowie der Verträglichkeit (Prozentrangwerte) zwischen Studierenden unterschiedlicher Studiengangrichtungen. Die Durchführung des Post-hoc-Tests nach Games Howell zeigt, dass sich Psychologiestudenten und Studierende anderer Gesellschafts-, Sozial- und Geisteswissenschaften signifikant in ihrer Ausprägung der Extraversion unterscheiden ($t_{(147)} = 3.44$, $p < .01$). Dieser Unterschied liegt in der repräsentativen Vergleichspopulation mit 95%iger Sicherheit zwischen 13 und 49 Prozenträngen ($KI_{95\%}[13.37, 49.46]$). Dabei sind Psychologiestudenten extravertierter als Studierende anderer Gesellschafts-, Sozial- und Geisteswissenschaften. Weitere signifikante Unterschiede zwischen den Studierenden verschiedener Fachrichtungen ergeben sich in Bezug auf die Ausprägung der Verträglichkeit (Prozentrangwerte). Dem Post-hoc-Test nach Games Howell zur Folge unterscheiden sich Studierende der Fachrichtung Wirtschaftswissenschaften von Medien- und Kommunikationsstudenten ($t_{(7.89)} = -4.28$, $p < .01$). In der repräsentativen Vergleichspopulation liegt diese Differenz mit 95%iger Sicherheit zwischen 18 und 59 Prozenträngen ($KI_{95\%}[-58.80, -17.51]$), wobei Studierende der Wirtschaftswissenschaften verträglicher sind. Ein weiterer Unterschied ergibt sich zwischen Studierenden der Fachrichtung Wirtschaftswissenschaften und Studierenden von Sprach- und Kulturwissenschaften ($t_{(24.01)} = -5.70$, $p < .01$). Dieser liegt mit 95%iger Sicherheit zwischen 26 und 55 Prozenträngen ($KI_{95\%}[-55.08, -25.79]$). Auch hier weisen die Studierenden der Wirtschaftswissenschaften eine stärkere Ausprägung in der Verträglichkeit auf. Psychologiestudenten unterscheiden sich ebenfalls in der Ausprägung der Verträglichkeit signifikant von den Studierenden von Sprach- und Kulturwissenschaften ($t_{(24.99)} = -5.97$, $p < .01$), wobei dieser mit 95%iger Sicherheit in der repräsentativen Vergleichspopulation zwischen 13 und 33 Prozenträngen ($KI_{95\%}[-33.36, -13.27]$) zugunsten der Psychologiestudenten liegt. Ein weiterer Unterschied in der Ausprägung der Verträglichkeit zeigt sich zwischen Studierenden anderer Gesellschafts-, Sozial- und Geisteswissenschaften und Studierenden von Sprach- und Kulturwissenschaften ($t_{(11)} = -2.61$, $p = .02$). Für die repräsentative Vergleichsgruppe kann mit 95%iger Wahrscheinlichkeit ein Unterschied zwischen 5 und 59 Prozenträngen angenommen ($KI_{95\%}[-58.59, -5.01]$) werden. Die Ausprägung der Verträglichkeit ist auch bei Studierenden aus anderen Gesellschafts-, Sozial- und Geisteswissenschaften stärker ausgeprägt als bei Studenten der Fachrichtung Sprach- und Kulturwissenschaften. Für die Offenheit gegenüber neuen Erfahrungen, der Gewissenhaftigkeit und der Ausprägung des Neurotizismus ergaben sich keine signifikanten Unterschiede zwischen den untersuchten Gruppen.

Angesichts der aufgeführten Ergebnisse wird Hypothese 14a teilweise weiterhin angenommen. Studierende unterschiedlicher Fachrichtungen unterscheiden sich teilweise in ihrer Persönlichkeit.

In Bezug auf die Erfassung der Unterschiede zwischen Studierenden unterschiedlicher Fachrichtungen hinsichtlich ihrer Frustrationen im Kindheits- und Jugendalter anhand einer Varianzanalyse resultieren keine signifikanten Ergebnisse ($p > .05$).

Daher wird Hypothese 14b nicht weiterhin angenommen. Es besteht kein Unterschied in dem Ausmaß frustrierender Kindheitserfahrungen im Sinne einer mangelnden Bedürfnisbefriedigung zwischen Studierenden unterschiedlicher Studiengangrichtungen.

Im Rahmen der Erfassung der Unterschiede zwischen Studierenden verschiedener Fachrichtung in der subjektiven Wichtigkeit zentraler Bedürfnisse, welche durch die Hauptkategorien abgebildet werden, ergibt die Varianzanalyse ebenfalls keine signifikanten Werte ($p > .05$).

Auch Hypothese 14c wird folglich nicht weiterhin angenommen. Studierende unterschiedlicher Studiengangrichtungen unterscheiden sich nicht hinsichtlich ihrer subjektiven Wichtigkeit der zentralen Bedürfnisse.

Analog zu den vorangegangenen Ergebnissen ist die Prüfung der Unterschiede zwischen Studierenden verschiedener Fachrichtungen in Bezug auf das Ausmaß zentraler Ängste mittels der Varianzanalyse ebenfalls nicht signifikant ($p > .05$).

Entsprechend wird auch Hypothese 14d nicht weiterhin angenommen. Es gibt keine signifikanten Unterschiede zwischen Studierenden unterschiedlicher Studiengangrichtungen in der Ausprägung ihrer zentralen Ängste.

Gibt es Unterschiede bezüglich der Ausprägung der Persönlichkeitszüge (VDS30, VDS19+, Checkliste Persönlichkeitsstile, NEO-FFI), frustrierender Kindheitserfahrungen (VDS24), aktueller zentraler Bedürfnisse (VDS27) und zentraler Ängste (VDS28) zwischen Studierenden mit oder ohne aktueller Erwerbstätigkeit?

Im Rahmen der letzten Annahme sollen zunächst dysfunktionale Züge der Persönlichkeit auf Unterschiede zwischen erwerbstätigen und nicht-erwerbstätigen Studierenden mit Hilfe des *t*-Tests für unabhängige Stichproben geprüft werden. Hierbei resultiert ein signifikanter Unterschied bei den selbstunsicheren Persönlichkeitszügen ($t_{(214)} = -2.11$, $p = .04$). In der repräsentativen Vergleichspopulation beträgt dieser Unterschied mit 95%iger Sicherheit bis zu 0,38 Punkte ($KI_{95\%}$ [-.38, -.01]), wobei nicht erwerbstätige Studenten ein höheres Maß an selbstunsicheren Persönlichkeitszügen aufweisen als erwerbstätige Studierende. In Bezug auf die übrigen dysfunktionalen

Persönlichkeitszüge sind keine signifikanten Unterschiede zwischen Studierenden mit und ohne aktueller Erwerbstätigkeit identifizierbar ($p > .05$).

Für die Überprüfung der Unterschiede zwischen erwerbstätigen und nicht-erwerbstätigen Studierenden in der Ausprägung funktionaler Persönlichkeitszüge mit Hilfe des t-Tests für unabhängige Stichproben resultieren weder für die funktionale Gesamtpersönlichkeit noch für die einzelnen Persönlichkeitszüge signifikante Werte ($p > .05$).

Auch bei der Betrachtung der *Checkliste Persönlichkeitsstile* anhand des Mann-Whitney-U-Tests können keine signifikanten Unterschiede zwischen Studierenden mit und ohne Erwerbstätigkeit festgestellt werden ($p > .05$).

Im Hinblick auf die Unterschiedsprüfung in Bezug auf die *Big Five*-Persönlichkeitseigenschaften anhand des t-Tests für unabhängige Stichproben resultieren signifikante Ergebnisse für einzelne Eigenschaften, welche in der nachfolgenden Tabelle abgebildet sind.

Tab. 63: Ergebnisse des t-Tests bei unabhängigen Stichproben zwischen Studierenden mit und ohne aktuelle Erwerbstätigkeit in Bezug auf die Ausprägung der *Big Five*-Persönlichkeitseigenschaften.

t-Test bei unabhängigen Stichproben: NEO-FFI und Erwerbstätigkeit

	erwerbstätig	nicht erwerbstätig	Mittlere Differenz	t	95% Konfidenzintervall der Differenz Untere	Obere
Gewissenhaftigkeit	34.68	31.99	2.69	2.55*	.61	4.78
Gewissenhaftigkeit (PR)	67.18	54.99	12.19	2.93**	3.98	20.40
Extraversion	30.97	29.03	1.94	2.07*	.09	3.80
Extraversoin (PR)	58.72	50.30	8.42	2.01*	.14	16.69
Neurotizismus (PR)	41.32	51.05	-9.73	-2.26*	-18.20	-1.26

**. Die Korrelation ist auf dem 0,01 Niveau signifikant (zweiseitig).
*. Die Korrelation ist auf dem 0,05 Niveau signifikant (zweiseitig).

Für die übrigen *Big Five*-Persönlichkeitseigenschaften ergeben sich keine signifikanten Werte.

Somit kann Hypothese 15a teilweise weiterhin angenommen werden. Studierenden mit und ohne aktueller Erwerbstätigkeit unterscheiden sich in einzelnen Persönlichkeitszügen und -eigenschaften.

Im Rahmen der Erfassung der Unterschiede zwischen erwerbstätigen und nicht-erwerbstätigen Studierenden bezüglich frustrierender Kindheitserfahrungen, welche anhand der Hauptkategorien analysiert werden, wird ein t-Test für unabhängige Stichproben durchgeführt. Hierbei zeigen sich keine signifikanten Unterschiede ($p > .05$).

Hypothese 15b kann somit nicht weiterhin angenommen werden. Studierende mit und ohne aktuelle Erwerbstätigkeit unterscheiden sich nicht in dem Ausmaß früher Frustrationen im Sinne einer unzureichenden Befriedigung von Bedürfnissen.

Im Rahmen der Analyse der Ausprägung zentraler Bedürfnisse anhand ihrer Haupt-kategorien mittels des *t*-Tests für unabhängige Stichproben sind keine signifikanten Unterschiede zu verzeichnen. Entsprechend kann *Hypothese 15c* nicht weiterhin angenommen werden. Erwerbstätige und nicht-erwerbstätige Studierende unterscheiden sich nicht in der subjektiven Wichtigkeit einzelner zentraler Bedürfnisse.

Zuletzt werden Studierende mit und ohne aktuelle Erwerbstätigkeit im Hinblick auf deren Unterschiede in den Ausprägungen der zentralen Ängste untersucht. Auch hierfür wird der *t*-Test für unabhängige Stichproben herangezogen. Dabei resultiert ein signifikantes Ergebnis in Bezug auf die Ausprägung der Angst vor Liebesverlust ($t_{(214)}$=-2.53, *p*=.01), welcher in der repräsentativen Vergleichspopulation mit 95%iger Sicherheit bei bis zu 0,58 Punkten ($KI_{95\%}$[-.58, -.07]) liegt. Hierbei ist die Angst vor dem Verlust von Liebe und Zuneigung bei nicht erwerbstätigen Studierenden stärker ausgeprägt als bei Studierenden mit Erwerbstätigkeit. Ein weiterer signifikanter Unterschied zeigt sich für das Ausmaß der Gesamtangst ($t_{(213)}$=-2.06, *p*=.40). Dieser beträgt in der repräsentativen Vergleichsgruppe mit 95%iger Sicherheit bis zu 0,31 Punkte ($KI_{95\%}$[-.31, -.00]), wobei Studierende ohne aktuelle Erwerbstätigkeit hier ebenfalls eine stärkere Ausprägung jener Angstform aufweisen als erwerbstätige Studenten.

Hypothese 15d kann somit teilweise weiterhin angenommen werden. Studierende mit und ohne aktuelle Erwerbstätigkeit unterscheiden sich bezüglich des Ausmaßes einzelner Ängste.

3.3.3.2.3 Überprüfung der methodischen Konzeption

Gibt es einen Zusammenhang zwischen der subjektiven Einschätzung der Persönlichkeit mit Hilfe der Persönlichkeitscheckliste und den dysfunktionalen Persönlichkeitszügen (VDS30)?

Für die Untersuchung des angenommenen Zusammenhangs zwischen der subjektiven Einschätzung der Persönlichkeit mit Hilfe der Persönlichkeitscheckliste wird die Spearman-Korrelation herangezogen. Hierbei resultieren signifikante Ergebnisse. Diese sind in Tabelle 64 dargestellt.

Tab. 64: Ergebnisse der Spearman-Korrelation zwischen den Persönlichkeitsstilen der Checkliste und den dysfunktionalen Persönlichkeitszügen.

Korrelation nach Spearman: Checkliste Persönlichkeitsstile und VDS30

	SU	DE	ZW	PA	HI	SC	NA	BO	PR	Dysfunktionale Gesamtpersönlichkeit
SU: zurückhaltend	.59**	.34**	.27**						.33**	.31**
DE: anhänglich	.37**	.44**	.38**	.24*	.31**		.21*	.23*		.39**
ZW: gewissenhaft			.24*							
PA: kritisch-wehrhaft				.26**	.21*				.29**	
HI: gesellig				.28**	.47**		.40**			.24*
SC: Einzelgänger						.47**	.24*	.25*	.31**	
NA: Bester				.21*	.25*	.38**	.49**		.27**	.31**
EI: emotional	.29**	.35**	.39**	.34**	.38**		.28**	.35**	.33**	.42**
PR: misstrauisch			.35**				.30**		.31**	.23*
stark und selbstständig		-.22*								
vorausschauend										

**. Die Korrelation ist auf dem 0,01 Niveau signifikant (zweiseitig).
*. Die Korrelation ist auf dem 0,05 Niveau signifikant (zweiseitig).

Folglich kann Hypothese 16 weiterhin angenommen werden. Es liegen geringe bis mittelstarke Zusammenhänge zwischen der subjektiven Einschätzung auf der *Checkliste Persönlichkeitszüge* und der Einschätzung der Ausprägung dysfunktionaler Persönlichkeitseigenschaften vor.

3.3.3.2.4 Explorative Analyse

Da die Datenerhebung im Rahmen der vorliegenden Studie auf zwei unterschiedlichen Rekrutierungswegen, der Online-Erhebung der Kurzversion und der Vor-Ort-Erhebung der Langversion erfolgt, soll explorativ untersucht werden, ob und inwieweit sich die jeweiligen Stichproben hinsichtlich der Ausprägung der Persönlichkeitszüge (VDS30, VDS19+, NEO-FFI), frustrierender Kindheitserfahrungen (VDS24), aktueller zentraler Bedürfnisse (VDS27) und zentraler Ängste (VDS28) unterscheiden.

Zunächst werden die dysfunktionalen Persönlichkeitszüge auf Unterschiede zwischen den Probanden mit den verschiedenen Teilnahmebedingungen mit Hilfe des t-Tests für unabhängige Stichproben analysiert. Die hieraus resultierenden signifikanten Ergebnisse sind in der nachfolgenden Tabelle dargestellt.

Tab. 65: Ergebnisse des t-Tests bei unabhängigen Stichproben zwischen Personen mit Online-Befragung und Personen mit Vor-Ort-Befragung in Bezug auf die Ausprägung der dysfunktionalen Persönlichkeitszüge.

t-Test bei unabhängigen Stichproben: VDS30 und Teilnahmebedingung

	Online	Vor-Ort	Mittlere Differenz	t	95% Konfidenzintervall der Differenz	
					Untere	Obere
SU	1.08	.90	.18	2.08*	.01	.35
ZW	1.04	.90	.14	1.99*	.00	.27
SC	.63	.38	.26	3.68**	.12	.39
SC (PR)	46.95	35.28	11.67	2.98**	3.94	19.40
PR	.47	.35	.12	2.01*	.00	.24

**. Die Korrelation ist auf dem 0,01 Niveau signifikant (zweiseitig).
*. Die Korrelation ist auf dem 0,05 Niveau signifikant (zweiseitig).

Des Weiteren sollen die Ausprägungen funktionaler Persönlichkeitszüge im Hinblick auf Unterschiede zwischen den Teilnahmebedingungen mittels des t-Tests für unabhängige Stichproben untersucht werden. Hierbei zeigen sich signifikante Ergebnisse, die in Tabelle 66 abgebildet sind.

Tab. 66: Ergebnisse des t-Tests bei unabhängigen Stichproben zwischen Personen mit Online-Befragung und Personen mit Vor-Ort-Befragung in Bezug auf die Ausprägung der funktionalen Persönlichkeitszüge.

t-Test bei unabhängigen Stichproben: VDS19+ und Teilnahmebedingung

	Online	Vor-Ort	Mittlere Differenz	t	95% Konfidenzintervall der Differenz	
					Untere	Obere
Sb	1.97	2.11	-.14	-2.00*	-.27	-.00
FI	1.63	1.84	-.21	-3.55**	-.33	-.09
Bz	1.93	2.22	-.30	-3.78**	-.45	-.14
Gm	1.87	2.08	-.20	-2.96**	-.34	-.07
Uv	2.04	2.25	-.21	-2.85**	-.35	-.06
Funktionale Gesamtpersönlichkeit	1.88	2.04	-.16	-3.12**	-.27	-.06

**. Die Korrelation ist auf dem 0,01 Niveau signifikant (zweiseitig).
*. Die Korrelation ist auf dem 0,05 Niveau signifikant (zweiseitig).

Im Hinblick auf die Ausprägung der *Big Five*-Persönlichkeitseigenschaften zeigt der *t*-Test für unabhängige Stichproben signifikante Unterschiede bezüglich der zugeordneten Prozentrangnormen der Skala Neurotizismus ($t_{(214)}$=2.78, *p*=.01). Innerhalb der untersuchten Stichprobe erzielen die Probanden der Online-Befragung im Mittel einen gerundeten Prozentrang von 50 (*M*=49.75, *SD*=30.19) und die Teilnehmer der Vor-Ort-Befragung einen durchschnittlichen Prozentrangwert von 39 (*M*=38.55, *SD*=28.89). Dies entspricht einer mittleren Differenz von 11 Prozenträngen ($\overline{Diff}$ = 11.21). Für die repräsentative Vergleichsgruppe beträgt der Unterschied mit einer 95%igen Sicherheit zwischen 3 und 19 Prozenträngen ($KI_{95\%}$[3.25, 19.17]), wobei die Ausprägung neurotischer Persönlichkeitseigenschaften bei Online-Teilnehmern größer ist als bei Versuchspersonen, die den Fragebogen vor Ort durchführen. Weitere signifikante Unterschiede in den Summenscores sowie den zugeordneten Prozenträngen ergeben sich in der Extraversion (Summenscores: $t_{(214)}$= -4.04, *p*<.01; Prozentrangwerte: ($t_{(214)}$=-4.01, *p*<.01)). Innerhalb der untersuchten Stichprobe erreichen die Online-Teilnehmer einen durchschnittlichen Wert von 28,71 (*M*=28.71, *SD*=6.36) der 48 möglichen Punkte, was einem mittleren Prozentrang von 49 (*M*=48.74, *SD*=28.42) entspricht. Die Teilnehmer der Vor-Ort-Umfrage erzielen im Mittel 32,20 Punkte (M=32.20, SD=6.30), womit sie mit einem mittleren Prozentrang von 64 (M=64.24, SD=28.19) wie die Probanden der Online-Befragung im Durchschnittsbereich der Ausprägung der Extraversion liegen. Entsprechend resultiert eine mittlere Differenz von 3,49 Punkten ($\overline{Diff}$ = -3.49) beziehungsweise von 15 Prozenträngen ($\overline{Diff}$ = -15.49). Für die repräsentative Vergleichspopulation kann mit 95%iger Sicherheit von einem Unterschied zwischen 1,79 bis 5,20 Punkten ($KI_{95\%}$ [-1.79, -5.20]) beziehungsweise 8 bis 23 Prozenträngen ($KI_{95\%}$[-23.11, -7.88]) ausgegangen werden. Dabei weisen Teilnehmer der Vor-Ort-Befragung ein höheres Maß an Extraversion auf als Probanden der Online-Befragung.

Im Rahmen der Erfassung frustrierender Kindheitserfahrungen, welche anhand der Hauptkategorien analysiert werden, wird ebenfalls ein *t*-Test für unabhängige Stichproben durchgeführt. Hierbei resultieren signifikante Unterschiede in der Frustration von Selbstbedürfnissen ($t_{(214)}$=2.35, *p*=.02). Innerhalb der untersuchten Stichprobe erreichen die Versuchspersonen der Online-Version im Mittel 1,22 (*M*=1.22, *SD*=.90) der fünf möglichen Punkte. Teilnehmer der Vor-Ort-Befragung erzielen im Durchschnitt 0,94 Punkte (*M*=.94, *SD*=.88), wodurch sich eine mittlere Differenz von 0,28 Punkten ($\overline{Diff}$ = .28) ergibt. In der repräsentativen Vergleichspopulation liegt der Unterschied zwischen den Personen mit unterschiedlichen Teilnahmebedingungen mit 95%iger Sicherheit bei bis zu 0,52 Punkten ($KI_{95\%}$[.05, .52]), wobei Online-Probanden eine stärkere Frustration aufweisen als Vor-Ort-Probanden. Ein weiterer signifikanter Unterschied zeigt sich bezüglich der Frustration von Homöostasebedürfnissen ($t_{(214)}$=-2.18, *p*=.03). Innerhalb der untersuchten Stichprobe weisen die Online-Teilnehmer einen durchschnittlichen Wert von 0,99 (*M*=.99, *SD*=.90) der fünf möglichen Punkte auf. Teilnehmer der Vor-Ort-Befragung erreichen im Mittel einen Punktwert von 1,27

(*M*=1.27, *SD*=.95). Dies entspricht einer mittleren Differenz von 0,28 Punkten ($\overline{Diff}$ = -.28). In der repräsentativen Vergleichspopulation beträgt dieser Unterschied mit 95%iger Sicherheit bis zu 0,52 Punkte ($KI_{95\%}$[-.52, -.02]). Dabei sind frustrierende Kindheitserfahrungen im Sinne einer unzureichenden Befriedigung von Homöostasebedürfnissen bei Vor-Ort-Probanden stärker ausgeprägt als bei Online-Probanden.

Die Analyse der Ausprägung zentraler Bedürfnisse anhand ihrer Hauptkategorien mittels des *t*-Tests für unabhängige Stichproben ergibt einen signifikanten Unterschied in der subjektiven Wichtigkeit der Zugehörigkeitsbedürfnisse ($t_{(202.43)}$=-3.60, *p*<.01). Innerhalb der Stichprobe weisen Teilnehmer der Online-Version einen durchschnittlichen Punktwert von 3,39 (*M*=3.39, *SD*=.79) von fünf möglichen Punkten auf. Probanden der Vor-Ort-Befragung erzielen im Mittel 3,71 Punkte (*M*=3.71, *SD*=.53). Demnach resultiert eine mittlere Differenz von 0,33 Punkten ($\overline{Diff}$ = .33). In der repräsentativen Vergleichspopulation liegt dieser mit 95%iger Sicherheit bei zwischen 0,15 und 0,51 Punkten ($KI_{95\%}$[-.51, -.15]), wobei Zugehörigkeitsbedürfnisse für Vor-Ort-Teilnehmer wichtiger sind als für Online-Probanden. Für die Überprüfung der zusammengefassten Selbstbedürfnisse und Homöostasebedürfnisse auf Unterschiede zwischen Personen mit unterschiedlichen Teilnahmebedingungen sind keine signifikanten Ergebnis eruierbar (*p*>.05).

Zuletzt werden die Probanden mit unterschiedlichen Teilnahmebedingungen im Hinblick auf deren Ausprägungen der zentralen Ängste untersucht. Auch hierfür wird der *t*-Test für unabhängige Stichproben verwendet. Hierbei resultieren keine signifikanten Unterschiede (*p*>.05).

3.4 Diskussion

Im Folgenden werden die einzelnen Ergebnisse zusammengefasst, interpretiert und diskutiert. Anschließend folgt die Darstellung der Stärken und Schwächen der Studie.

3.4.1 Interpretation und Diskussion der Ergebnisse

3.4.1.1 Interpretation der Zusammenhangshypothesen

Das Hauptziel der vorliegenden Arbeit liegt in der Replikation der vorangegangenen Studien von Sulz und Maier (2009), Wittmeier (2008, zitiert nach Graßl, 2013) sowie von Sulz und Müller (2000).

Im Rahmen der Hypothese 1 resultieren keine signifikanten Zusammenhänge zwischen den Hauptfrustrationen im Kindheits- und Jugendalter und den übergeordneten zentralen Bedürfnissen im Erwachsenenalter. Dieses Ergebnis steht nicht im Einklang mit den Resultaten Wittmeiers (2008, zitiert nach Graßl, 2013). Dieser konnte Beziehungen zwischen der Frustration von Zugehörigkeitsbedürfnissen und der subjektiven Bedeutsamkeit von Selbstbedürfnissen im

Erwachsenenalter sowie zwischen der Frustration von Homöostasebedürfnissen und der späteren Ausprägung der Zugehörigkeitsbedürfnisse nachweisen. Die Betrachtung der einzelnen 21 frustrierenden Kindheitserfahrungen im Sinne einer unzureichenden Bedürfnisbefriedigung durch die Eltern und der späteren Wichtigkeit der einzelnen 21 zentralen Bedürfnisse weist jedoch auf Überschneidungen mit seinen Ergebnissen hin. So zeigt sich eine signifikante Korrelation zwischen den Frustrationen des Zugehörigkeitsbedürfnisses nach Willkommensein und dem Bedürfnis nach Selbstbestimmung im Erwachsenenalter. Je weniger die Person in ihrer Kindheit das Gefühl von Willkommensein beziehungsweise einer Daseinsberechtigung erfährt, desto wichtiger ist ihr später ihr Leben selbst zu bestimmen. Ursächlich hierfür ist möglicherweise das unzureichende Nachkommen der Eltern ihrer „Verpflichtung" nach emotionaler Fürsorge. Die eingeschränkte Integration des Kindes in die soziale Gesellschaft kann zu einer eingeschränkten sozialen Verantwortung des Erwachsenen führen, indem er jene der eigenen Selbstverwirklichung durch Selbstbestimmung unterordnet (Briehl, 2013). Gleichzeitig ist ein Zusammenhang zwischen der Frustration des Bedürfnisses nach Verständnis und Empathie und dem späteren Wunsch nach einem Vorbild zu verzeichnen. Je weniger Verständnis und Empathie die Eltern dem Kind entgegenbringen, desto weniger stark ist sein Bedürfnis nach einem Vorbild im Erwachsenenalter. Auch in Bezug auf die Beziehung zwischen den einzelnen Frustrationen von Homöostasebedürfnissen und der späteren Wichtigkeit von einzelnen Zugehörigkeitsbedürfnissen sind signifikante Ergebnisse zu verzeichnen. So sind unter anderem kindliche Frustrationen des Bedürfnisses einer Bezugsperson, die nicht extrem wütend macht, sowie das der Schuldfreiheit mit einem ausgeprägten Bedürfnis nach Verständnis im Erwachsenenalter verbunden.

Hypothese 2 mit der Annahme über einen signifikanten Zusammenhang zwischen frustrierenden Kindheitserfahrungen im Sinne einer unzureichenden Bedürfnisbefriedigung durch die Eltern und der späteren Ausprägung zentraler Ängste wird bestätigt. Dabei ist die Zahl der signifikanten Korrelationen, sowohl für die drei Hauptfrustrationen als auch für sämtliche 21 Frustrationen, größer als jene der Untersuchung von Sulz und Müller (2000). Sowohl im Rahmen der unzureichenden Befriedigung von Zugehörigkeitsbedürfnissen, von Selbstbedürfnissen als auch von Homöostasebedürfnissen im Kindesalter resultieren signifikante positive Zusammenhänge mit sämtlichen Ängsten im Erwachsenenalter. Je unzureichender die Bedürfnisbefriedigung im Kindes- und Jugendalter, desto stärker ist die Ausprägung der Ängste im Erwachsenenalter. Ein besonders starker Zusammenhang über sämtliche Frustrationen hinweg zeigt sich mit der späteren Angst vor Kontrollverlust über sich selbst. Dies beschreibt die stark ausgeprägte Angst vor dem Gefühl des Ausgeliefertseins durch die fehlende Zugehörigkeit, die fehlende Autonomie sowie die fehlende Aggressionsfreiheit (Graßl, 2013).

Auch Hypothese 3 kann entsprechend der Annahme über einen Zusammenhang zwischen den aktuellen zentralen Bedürfnissen und den zentralen Ängsten bestätigt werden. Entsprechend der Theorie von Sulz (2017) zeigt sich ein besonders starker Zusammenhang zwischen der Ausprägung von Zugehörigkeitsbedürfnissen, unter anderem des Bedürfnisses nach Liebe und Zuneigung und der Trennungsangst. Je stärker die Wichtigkeit von Zugehörigkeit, Liebe und Zuneigung, desto stärker ist auch die Angst vor Trennung und dem Alleinsein. Die übergeordneten Selbstbedürfnisse stehen besonders im Zusammenhang mit der Angst, die Kontrolle über andere zu verlieren. Je stärker die subjektive Bedeutsamkeit der Selbstbedürfnisse, desto größer ist die Angst, die Kontrolle über andere zu verlieren. Bezüglich der einzelnen Selbstbedürfnisse ist eine besonders starke Beziehung zwischen dem Bedürfnis nach Grenzen und der Angst vor Liebesverlust zu verzeichnen. Gemäß der Annahmen von Sulz und Müller (2000) über das Bestreben des Menschen nach einer fördernden Umwelt, auch im Sinne von Grenzen und Normen, weisen Personen, welchen die Einhaltung jener familiärer beziehungsweise gesellschaftlicher Regeln besonders wichtig ist, ein verstärktes Maß an Angst vor Verlust der Liebe und Zuneigung auf. Homöostasebedürfnisse korrelieren besonders stark mit der Angst vor Trennung sowie der Angst vor Liebesverlust. Dies zeigt sich vor allem bei dem Bedürfnis nach Schuldfreiheit. Personen, denen es wichtig ist keine Fehler zu machen, bei welchen ihnen die Schuld zugewiesen wird, besitzen eine erhöhte Angst vor Trennung und Verlust der Liebe und Zuneigung.

Im Rahmen der Hypothesen 4 bis 9 werden die Zusammenhänge zwischen dysfunktionalen beziehungsweise funktionalen Persönlichkeitszügen mit frustrierenden Kindheits- und Jugenderfahrungen, zentralen Bedürfnissen und zentralen Ängsten überprüft und bestätigt. Für den selbstunsicheren Persönlichkeitszug zeigt sich analog zu den Ergebnissen von Sulz und Müller (2000) eine besonders starke Frustration der Selbstbedürfnisse. Vor allem das Bedürfnis, etwas selbst zu machen und selbst zu können, wurde im Kindesalter unzureichend befriedigt, woraus das von Sulz (2017) beschriebene eingeschränkte Gefühl von Selbstwirksamkeit resultieren könnte. Als mögliche Folge jener Kindheitserfahrungen zeigt sich bei selbstunsicheren Persönlichkeiten später, dass vor allem das Bedürfnis nach Selbstbestimmung weniger von Bedeutung ist. Gleichzeitig sind ausgeprägte Homöostasebedürfnisse, insbesondere jenes nach einer unbedrohlichen Außenwelt, zu verzeichnen. Dies könnte auf die starke Selbstunsicherheit jener Persönlichkeiten zurückgeführt werden (Sulz, 2016). In Bezug auf die zentralen Ängste zeigt sich eine besonders starke Ausprägung der Angst vor Liebesverlust. Ein möglicher Grund hierfür ist das Gefühl der selbstunsicheren Persönlichkeit aufgrund ihres eingeschränkten Selbstvertrauens nicht ohne eine Bezugsperson eigenständig überlebensfähig zu sein. Im Gegensatz zu der selbstunsicheren Persönlichkeit, stehen selbstsichere Persönlichkeitszüge in einem negativen Zusammenhang mit Frustrationen des Selbstbedürfnisses, weshalb gefolgert werden kann, dass die Befriedigung von Selbstbedürfnissen im Kindheits- und Jugendalter durch die Eltern die Selbstsicherheit der Person stärkt. Im

Erwachsenenalter steht weiterhin die Erfüllung von Selbstbedürfnissen, insbesondere des Bedürfnisses nach Intimität, Hingabe und Erotik im Vordergrund. Jene kann die selbstsichere Person aufgrund ihres Selbstvertrauens mit Freude anstatt mit Scham befriedigen. Auch in Bezug auf die Ausprägung der einzelnen Angstthemen zeigt sich das Gegenteil zu der selbstunsicheren Persönlichkeit. Je stärker die Ausprägung selbstsicherer Persönlichkeitszüge, desto weniger stark ist die Angst vor dem Verlust von Liebe und Zuneigung.

Bei der dependenten Persönlichkeit zeigt sich, entgegen der Resultate der Studie von Sulz und Müller (2000), Frustrationen der Selbstbedürfnisse, insbesondere eines Vorbilds. Dieses Ergebnis ist möglicherweise dadurch erklärbar, dass das Fehlen eines Vorbilds im Sinne eines selbstwirksamen Modells die Voraussetzung für den Aufbau von Selbstvertrauen bildet (Graßl, 2013). Analog zu der selbstunsicheren Persönlichkeit ist es das Bedürfnis etwas selbst zu machen und zu können, was im späteren Erwachsenenalter weniger stark ausgeprägt ist. Gleichzeitig besteht ein besonderes Streben nach der Befriedigung von Homöostasebedürfnissen, insbesondere von Schuldfreiheit. Diese Beobachtung stützt die Ergebnisse von Sulz und Müller (2000) sowie von Sulz und Maier (2009). Wie bereits von Sulz und Maier (2009) beschrieben, fallen im Rahmen der zentralen Ängste starke Zusammenhänge zwischen der Ausprägung dependenter Persönlichkeitszüge und sämtlicher Angstthemen auf. Analog zu den Erkenntnissen von Sulz und Müller (2000) sowie der theoretischen Annahmen von Sulz (2012a) stehen vor allem die Angst vor Liebesverlust sowie die Trennungsangst im Vordergrund. Entgegengesetzt zur dependeten Persönlichkeit ist bei Personen mit selbstbewussten Persönlichkeitszügen ein negativer Zusammenhang mit kindlichen Frustrationen von Selbstbedürfnissen zu verzeichnen. Jenes Bedürfnis besitzt im Erwachsenenalter eine wichtige Bedeutung. So ist es für selbstbewusste Personen besonders wichtig, etwas selbst zu machen und selbst zu können. Dieses Ergebnis entspricht den Annahmen von Sulz und Maier (2009), wonach selbstbewusste Personen ihr Leben alleine meistern wollen. Den Verlust der Kontrolle über sich selbst fürchten sie am wenigsten.

Zwanghafte Persönlichkeitszüge stehen in Zusammenhang mit der kindlichen Frustration von Zugehörigkeitsbedürfnissen. Besonders stark sind dabei frustrierende Kindheitserfahrungen im Sinne einer unzureichenden Befriedigung des Bedürfnisses nach Willkommensein. In Bezug auf die späteren Bedürfnisse zwanghafter Persönlichkeiten resultieren entgegen der Resultate von Sulz und Müller (2000), jedoch entsprechend der Ergebnisse von Sulz und Maier (2009), keine Zusammenhänge mit den zusammengefassten zentralen Bedürfnisgruppen. Als einziges wichtiges Bedürfnis zwanghafter Personen, lässt sich der Wunsch nach Grenzen identifizieren. Eine mögliche Erklärung liegt darin, dass familiäre und gesellschaftliche Grenzen und Regeln dem Menschen zeigen, dass er nicht alleine ist (Graßl, 2013). Möglicherweise dient das Bedürfnis nach Normen und deren Einhaltung der Erlangung einer Daseinsberechtigung in der Gesellschaft nach deren

Frustration im Kindheitsalter. Eine Ursache für das sonstige Ausbleiben sämtlicher Zusammenhänge zwischen der Zwanghaftigkeit und den Bedürfnissen liefert die theoretische Annahme von Sulz (2015a, 1993), wonach Personen mit zwanghaften Persönlichkeitszügen zu einer Unterdrückung ihrer Bedürfnisse neigen. Dies basiert möglicherweise auf der festgestellten Angst vor Kontrollverlust über sich selbst, wie es auch Sulz & Müller (2000) feststellen. Jenem Angstthema soll durch zwanghaftes und pflichtbewusstes Verhalten entgegengewirkt werden. Den Gegenpol der zwanghaften Persönlichkeit bildet die flexible Persönlichkeit. Im Rahmen der Frustrationen im Kindheits- und Jugendalter durch die Eltern zeigt sich ein negativer Zusammenhang mit der Befriedigung des Bedürfnisses nach Willkommensein. Demnach kann davon ausgegangen werden, dass Kindheitserfahrungen einer Daseinsberechtigung die spätere Flexibilität der Persönlichkeit fördern. Im Erwachsenenalter zeigt die flexible Persönlichkeit besonders stark ausgeprägte Bedürfnisse nach Intimität, Hingabe und Erotik, welche entsprechend des Bedürfnisses zwanghafter Persönlichkeiten aus der Kategorie der Selbstbedürfnisse stammen. Angesichts der geringen Angst vor Hingabe, sind Personen mit flexiblen Persönlichkeitszügen in der Lage, dieses Bedürfnis zu befriedigen.

Bei Personen mit stark ausgeprägten passiv-aggressiven Persönlichkeitszügen zeigen sich frustrierende Kindheits- und Jugenderfahrungen im Sinne einer unzureichenden Befriedigung von Selbstbedürfnissen. Dieses Ergebnis entspricht den Resultaten von Sulz und Müller (2000). Eine besondere Frustration liegt in dem Fehlen eines Vorbilds. Dies ist der mögliche Grund dafür, dass der Erwerb angemessener Verhaltensweisen ausbleibt (Graßl, 2013). Im späteren Erwachsenenalter zeigt sich eine besonders starke Ausprägung des Bedürfnisses nach Wertschätzung, Bewunderung und Lob mit der gleichzeitigen Angst vor Kontrollverlust über sich selbst und andere. Entgegengesetzt zu den Frustrationen passiv-aggressiver Persönlichkeiten, weisen konfliktsichere Persönlichkeiten einen negativen Zusammenhang mit frustrierenden Kindheitserfahrungen im Sinne der unzureichenden Befriedigung von Selbstbedürfnissen auf. So zeigt sich unter anderem eine negative Beziehung zwischen der Frustration Dinge selbst zu machen und selbst zu können und der Ausprägung der Konfliktsicherheit. Je mehr Selbstvertrauen und Selbstbewusstsein die Person in der Kindheit entwickeln kann, desto konfliktsicherer ist sie im Erwachsenenalter. Im Hinblick auf später bedeutsame Bedürfnisse zeigt sich ein besonderer Wunsch nach Schutz, Sicherheit und Zuverlässigkeit. Im Gegensatz zu der passiv-aggressiven Persönlichkeit ist die Angst vor Kontrollverlust über sich selbst gering.

Die Ausprägung histrionischer Persönlichkeitszüge steht in Zusammenhang mit der früheren Frustration von Homöostasebedürfnissen. Entgegen den Studienergebnissen von Sulz und Müller (2000) über das absolute Fehlen sämtlicher Frustrationen im Kindesalter, liegen besonders stark frustrierende Kindheitserfahrungen in der unzureichenden Befriedigung einer Bezugsperson, die nicht extrem wütend macht sowie von Schuldfreiheit vor. Im Erwachsenenalter zeigt sich ein besonders starkes Bedürfnis nach Zugehörigkeit. Dies entspricht den Resultaten von Sulz und Müller (2000) sowie von Sulz und Maier (2009). Vor allem der Wunsch nach Wertschätzung, Bewunderung und Lob sowie nach Beachtung und Aufmerksamkeit ist bei histrionischen Persönlichkeiten ausgeprägt, welches sie durch ihre übermäßig emotionale bis hin zu theatralischen Art zu befriedigen versuchen (Asendorpf, 2011; Sulz, 2010). Wie bereits von Sulz und Müller (2000) dargestellt besteht gleichzeitig eine besonders starke Angst vor dem Kontrollverlust über sich selbst, was dem Wunsch nach zwischenmenschlicher Hingabe entgegensteht (Sulz, 2012). Im Gegensatz zu den histrionischen Persönlichkeiten weisen ausgeglichene Personen eine negative Beziehung zu kindlichen Frustrationen von Homöostasebedürfnissen auf. Die Bedürfnisse im Erwachsenenalter beziehen sich bei ausgeglichenen Persönlichkeiten nicht auf die Selbstwerterhöhung, sondern vornehmlich auf die Autonomie. Sie streben nach Selbstbestimmung und wollen Dinge selbst machen und können. Ursächlich hierfür ist möglicherweise die Tatsache dessen, dass ausgeglichene Personen mit sich selbst und ihren Leistungen zufrieden sind und daher nicht auf ständige Selbstwerterhöhungen von außen angewiesen sind (Sulz & Maier, 2009). Auch die Angst vor dem Verlust der Kontrolle über sich selbst, ist bei ausgeglichenen Persönlichkeiten gering ausgeprägt.

Die entwicklungspsychologische Ausprägung schizoider Persönlichkeitszüge hängt mit der Frustration von Selbstbedürfnissen, insbesondere der Intimität, Hingabe und Erotik zusammen. Ein mögliches Resultat daraus, ist das erfasste geringe Bedürfnis nach Zugehörigkeitsbedürfnissen, wie es sich auch in der Studie von Sulz und Müller (2000) zeigt. Schizoide Persönlichkeiten haben nicht den Wunsch nach Liebe und Zuneigung. Dies entspricht den Annahmen von Sulz (2012) über die Abspaltung der Gefühle und Bedürfnisse nach zwischenmenschlichen Beziehungen. Jene emotionale Abspaltung kann auch darin festgestellt werden, dass schizoide Persönlichkeiten im Vergleich zu den anderen am wenigsten Angst aufweisen. Trotzdem ist auf die, wenngleich geringe, Angst vor dem Kontrollverlust über sich selbst, dem Ausgeliefertsein, zu verweisen. Den Gegenpol der schizoiden Persönlichkeit bildet die beziehungsbezogene Persönlichkeit, bei welcher ein negativer Zusammenhang mit früheren Frustrationen von Selbstbedürfnissen, insbesondere eines Gegenübers, zu verzeichnen ist. Im Gegensatz zu Personen mit schizoiden Persönlichkeitszügen, legen beziehungsbezogene Personen daher später einen großen Wert auf die Bedürfnisbefriedigung nach Zugehörigkeit. Dieses Verhalten entspricht sowohl den Untersuchungsergebnissen von Sulz und Maier (2009) als auch der theoretischen Beschreibung jenes funktionalen Persönlichkeitszuges. Besonders wichtig sind die Bedürfnisse nach Geborgenheit und Wärme sowie nach Liebe und Zuneigung. Im Gegensatz zu schizoiden Personen, ist die Angst vor dem Kontrollverlust über sich selbst sowie die Angst vor Hingabe bei beziehungsbezogenen Persönlichkeiten wenig ausgeprägt. Dafür besteht eine gesteigerte Angst vor Trennung und vor Liebesverlust, da diese der Bedürfnisbefriedigung entgegenstehen.

Bei der Ausprägung narzisstischer Persönlichkeitszüge stehen frustrierende Kindheitserfahrungen im Sinne einer unzureichenden Befriedigung der Selbstbedürfnisse im Vordergrund. Entsprechend der Bedürfnisse nach Sulz und Müller (2000) ist es häufig das Fehlen eines Gegenübers zur Auseinandersetzung in der Kindheit. Dieser Mangel an interpersonellem Kontakt ist möglicherweise ursächlich für das von Sulz (1993) beschriebene später übermäßig hohe Maß an Selbstbezogenheit in zwischenmenschlichen Beziehungen. Im Erwachsenenalter zeigt sich später wie bei der histrionischen Persönlichkeit und entsprechend der Erkenntnisse von Sulz und Müller (2000) ein besonders stark ausgeprägtes Bedürfnis nach Wertschätzung, Bewunderung und Lob. Dieser Wunsch wird auch in der Beschreibung des narzisstischen Persönlichkeitszugs von Sulz (1993) als besonderes Merkmal aufgeführt. In Bezug auf zentrale Angstthemen steht die Angst vor dem Verlust der Kontrolle über sich selbst im Vordergrund. Die Ausprägung gemeinschaftsorientierter Persönlichkeitszüge als Gegenpol der narzisstischen Persönlichkeit korreliert negativ mit frustrierenden Kindheitserfahrungen im Sinne einer unzureichenden Befriedigung der Selbstbedürfnisse, insbesondere der eines Gegenübers. Auch die Wichtigkeit der zentralen Bedürfnisse steht im Gegensatz zu jenen der narzisstischen Persönlichkeit. So zeigt die gemeinschaftsorientierte Person ein geringes Bestreben nach Selbstwerterhöhung durch Wertschätzung, Bewunderung und Lob. Eine mögliche Erklärung liefern Sulz und Maier (2009), indem sie davon ausgehen, dass sich Personen mit gemeinschaftsorientierten Persönlichkeitszügen mit ihren Stärken und Schwächen als einer unter vielen sehen. Gleichzeitig besitzen sie ein ausgeprägtes Bedürfnis nach Schutz, Sicherheit und Zuverlässigkeit, die ihnen die Gemeinschaft bietet. Der Kontrollverlust über sich selbst, macht ihnen am wenigsten Angst.

Im Rahmen frustrierender Kindheitserfahrungen in Bezug auf sämtliche Bedürfnisse weisen emotional instabile Persönlichkeiten die größten Zusammenhänge auf. Jene Tatsache spiegelt die Ergebnisse von Sulz und Müller (2000) wieder. Besonders starke Frustrationen zeigen sich in der unzureichenden Befriedigung von Zugehörigkeitsbedürfnissen, insbesondere des Willkommenseins, der Geborgenheit und Wärme sowie von Schutz, Sicherheit und Zuverlässigkeit. Diese Erfahrungen in der Kindheit könnten die Ursache der von Sulz (2015a, 1993) beschriebenen extremen Verunsicherung der Selbst- und Fremdwahrnehmung darstellen. In Bezug auf die spätere Wichtigkeit der Bedürfnisse im Erwachsenenalter zeigen sich entgegen der Resultate von Sulz und Müller (2000) keine signifikanten Zusammenhänge zwischen der Ausprägung von Borderline-Persönlichkeitszügen und den drei übergeordneten Hauptbedürfnissen. Für die einzelnen Bedürfnisse lässt sich ein starkes Bestreben nach Grenzen feststellen, welches möglicherweise der (emotionalen) Instabilität der Borderline-Persönlichkeit entgegenbeugen soll.

Entgegengesetzt zu den Ergebnissen von Sulz und Müller (2000) ist ferner eine negative Korrelation mit dem Bedürfnis nach Missbrauchsfreiheit zu beachten. Demnach ist die Befriedigung jenes Bedürfnisses für Borderline-Persönlichkeiten weniger wichtig. Eine mögliche Erklärung liegt darin, dass selbst Missbrauch als eine Art zwischenmenschlicher Zuwendung verstanden werden kann und dadurch die innere Leere emotional instabiler Personen auffüllt (Sulz, 2015a; Sulz, 1993). Das größte Angstthema der Borderline-Persönlichkeiten ist die Angst vor Kontrollverlust über sich selbst. Die Tatsache, dass Borderline-Persönlichkeitszüge am stärksten mit sämtlichen Ängsten korrelieren, spricht für die Ergebnisse von Sulz und Maier (2009). Im Gegensatz zu Personen mit stark ausgeprägten Borderline-Persönlichkeitszügen liegt bei emotional stabilen Persönlichkeitszügen ein negativer Zusammenhang mit frustrierenden Kindheitserfahrungen, insbesondere von Zugehörigkeitsbedürfnissen und dabei vor allem des Bedürfnisses nach Liebe und Zuneigung vor. Im Erwachsenenalter ist es ihnen besonders wichtig Dinge selbst zu machen und selbst zu können. Sie haben wenig Angst, die Kontrolle über sich selbst zu verlieren. Entgegen den Borderline-Persönlichkeiten sind ferner die stärksten negativen Zusammenhänge zwischen der Ausprägung emotional stabiler Persönlichkeitszüge und sämtlichen Ängsten zu verzeichnen. Auch dieses Resultat stützt die Erkenntnisse der Studie von Sulz und Maier (2009).

Der letzte erfasste Persönlichkeitszug, die paranoide Persönlichkeit, ist kein Bestandteil der Untersuchung von Sulz und Müller (2000), da jene erst später in den VDS30 Persönlichkeitsfragebogen eingefügt wurde. Es zeigt sich, dass paranoide Persönlichkeitszüge in Verbindung mit kindlichen Frustrationen der Befriedigung von Selbstbedürfnissen, insbesondere der eines Vorbildes stehen. Im Erwachsenenalter zeigt sich ein starkes Bedürfnis nach einer Bezugsperson, die nicht extrem wütend macht sowie nach einer unbedrohlichen Außenwelt. Dieses wird indirekt dadurch erfüllt, dass der Wunsch nach Geborgenheit und Wärme bei paranoiden Persönlichkeiten wenig stark ausgeprägt ist. Entsprechend fürchten sich paranoide Personen vor dem Verlust der Kontrolle über sich selbst sowie vor Gegenaggression. Den Gegenpol der paranoiden Persönlichkeit bildet die unvoreingenommene Persönlichkeit. Entgegen der dysfunktionalen Persönlichkeitsausprägung stehen unvoreingenommene Persönlichkeitszüge in einer negativen Beziehung zu früheren Frustrationen der Selbstbedürfnisse, unter anderem eines Vorbilds. Die Befriedigung dieser Bedürfnisse in der Kindheit steht möglicherweise in Zusammenhang mit dem Aufbau eines gesunden Welt- und Menschenbildes (Sulz & Maier, 2009). Hierdurch zeigt sich im Erwachsenenalter ein besonders starkes Bedürfnis nach Zugehörigkeit, insbesondere nach Geborgenheit und Wärme, wobei wenig Angst vor dem Verlust der Kontrolle über sich selbst besteht.

Zusammenfassend zeigt sich, dass die Stärke des Ausmaßes kindlicher Frustrationen mit der Ausprägung der Persönlichkeit verbunden ist. Je stärker die frustrierenden Erfahrungen im Sinne einer unzureichenden Befriedigung der Zugehörigkeits-, Selbst- und Homöostasebedürfnisse in der Kindheit erlebt werden, desto stärker ist die Ausprägung dysfunktionaler Persönlichkeitszüge im Erwachsenenalter, welche übergeordnet als Neurotizismus zusammengefasst werden. Je weniger Frustrationen in der Kindheit erlebt werden, desto stärker ist die Ausprägung der kompetenten Persönlichkeit. Kein Zusammenhang liegt dagegen zwischen der subjektiven Wichtigkeit der übergeordneten Bedürfnisse und der Ausprägung des Neurotizismus vor. Im Rahmen der Betrachtung funktionaler Persönlichkeitszüge zeigt sich jedoch, dass Zugehörigkeitsbedürfnisse und Selbstbedürfnisse mit der Kompetenz der Persönlichkeit steigen. Im Hinblick auf die Ausprägung der Angst ist festzuhalten, dass diese mit der zunehmenden Ausprägung des Neurotizismus steigt. Auf funktionaler Ebene gilt, je höher die Ausprägung der kompetenten Persönlichkeit, desto weniger Angst hat sie. Letzteres gilt jedoch nicht für Trennungsangst. Ein möglicher Grund bildet die evolutionspsychologische Funktion der Trennungsangst als Schutzfunktion gegen das zu weite Entfernen von der (überlebenswichtigen) Gruppe beziehungsweise Bezugsperson, was bis heute tief im Unterbewusstsein des Menschen verankert ist (Buss, 2004).

Ein weiterer Schwerpunkt der vorliegenden Arbeit liegt in der Untersuchung des Zusammenhangs zwischen den dysfunktionalen beziehungsweise funktionalen Persönlichkeitszügen und den *Big Five*-Persönlichkeitseigenschaften. Während sich die aufgeführten Forschungsergebnisse von Saulsmann und Page (2005) sowie von Costa und Widiger (2002) auf den Zusammenhang zwischen den *Big Five* und den Persönlichkeitsstörungen nach DSM-IV beziehen, liegt der Schwerpunkt der vorliegenden Arbeit auf den defizit-orientierten und ressourcen-orientierten Persönlichkeitszüge nach Sulz. Erstere orientieren sich zwar an den kategorialen Beschreibungen des DSM, stellen jedoch keine Störungen, sondern lediglich dysfunktionale Ausprägungen dar, sodass eine eingeschränkte Vergleichbarkeit beider Studien zu berücksichtigen ist. Die Ergebnisse der vorliegenden Arbeit weisen darauf hin, dass dysfunktionale Persönlichkeitszüge im Sinne einer hohen Ausprägung des Neurotizismus mit einer geringen Gewissenhaftigkeit, Extraversion und Verträglichkeit sowie einem hohen Maß an Neurotizismus einhergehen. Demgegenüber sind funktionale Persönlichkeitszüge mit Offenheit, Gewissenhaftigkeit und Extraversion verbunden, während neurotische Eigenschaften wenig ausgeprägt sind.

Im Rahmen der Ausprägungen einzelner Persönlichkeitseigenschaften bei einzelnen dysfunktionalen und funktionalen Persönlichkeitszügen resultiert in Bezug auf die Ausprägung der Offenheit ein negativer Zusammenhang mit der Ausprägung dependenter Persönlichkeitszüge. Diese eingeschränkte Aktivität und Eigenständigkeit zeigt sich sowohl in der theoretischen Persönlichkeitsbeschreibung von Sulz (2015a; 1993) als auch in den Ergebnissen der vorangegangenen

Analysen des Zusammenhangs zwischen dysfunktionalen Persönlichkeitszügen und zentralen Bedürfnissen. So ist es womöglich die Angst vor Liebesverlust und Trennung, welche die dependente Persönlichkeit entgegenzuwirken versucht, indem sie Entscheidungen, auch bezüglich neuer Erfahrungen und Erlebnisse, ungeachtet ihrer eigenen Interessen, der ihr wichtigen Bezugsperson überlässt. Selbstbewusste Personen als Gegenpol der dependenten Persönlichkeiten sind dagegen sehr offen.

Ein besonders geringes Maß an Gewissenhaftigkeit ist bei selbstunsicher-ängstlichen Personen zu verzeichnen. Jene Eigenschaft könnte aus vorangegangenen Kindheitserfahrungen im Sinne von Strafen für fehlerhafte Verhaltensweisen resultieren (Sulz, 2015; Sulz, 1993). Wie die Ergebnisse dieser Arbeit zeigen, steht die Ausprägung selbstunsicherer Persönlichkeitszüge in Verbindung mit der früheren Frustration von Selbstbedürfnissen, woraus ein eingeschränktes Selbstvertrauen resultiert. Demnach könnte das wenig gewissenhafte Verhalten daher stammen, dass sich selbstunsichere Personen im Sinne einer Abwertung als wenig gewissenhaft einschätzen. Eine andere Erklärung liegt darin, dass selbstunsichere Personen das Eingehen von Verpflichtungen aus Angst vor Fehlern und vermeintlich daran gebundenen Liebesverlust von Vornherein vermeiden. Das höchste Maß an Gewissenhaftigkeit weisen emotional stabile Persönlichkeiten auf.

Am wenigsten extravertiert sind Personen mit stark ausgeprägten schizoiden Persönlichkeitszügen. Dies kann anhand der Ergebnisse der Analyse des Zusammenhangs zwischen der Ausprägung schizoider Persönlichkeitszüge und der subjektiven Wichtigkeit zentraler Bedürfnisse erklärt werden. Dabei zeigen schizoide Personen ein geringes Bedürfnis nach Zugehörigkeit als mögliche Ursache der kindlichen Frustration von Hingabebedürfnissen. Beziehungsbezogene Personen weisen dagegen eine besonders starke Ausprägung der Extraversion auf.

Das niedrigste Maß an Verträglichkeit zeigt sich bei paranoiden Persönlichkeiten. Dies kann in Beziehung zu den Ergebnissen der vorangegangenen Hypothesen gesetzt werden. Personen mit stark ausgeprägten paranoiden Persönlichkeitszügen besitzen nicht den Wunsch nach Geborgenheit und Wärme, wobei es möglicherweise die nachgewiesene Furcht vor Gegenaggression ist, die sie an dem Eingehen zwischenmenschlicher Beziehungen hindert. Der Gegenpol, die unvoreingenommenen Persönlichkeit, ist hingegen besonders verträglich.

Die stärkste Ausprägung neurotischer Persönlichkeitseigenschaften ist bei selbstunsicheren Persönlichkeiten feststellbar. Dieses Ergebnis entspricht nicht jenen von Saulsman und Page (2005), jedoch von Tull (1990) innerhalb seiner Studie über den Zusammenhang zwischen den *Big Five*-Persönlichkeitseigenschaften und der DSM-III-R-Nomenklatur. Eine Möglichkeit der Erklärung der ausgeprägten Labilität, bieten die ausgeprägten sozialen bis hin zu generalisierten Ängsten der selbstunsicheren Persönlichkeit (Sulz, 2015a). Selbstbewusste Personen neigen hingegen am wenigsten zu neurotischem Verhalten.

3.4.1.2 Interpretation der Unterschiedshypothesen

Im Rahmen der Untersuchung der Hypothese 13 über geschlechterspezifische Unterschiede bezüglich der Persönlichkeit, den Frustrationen im Kindheits- und Jugendalter, den zentralen Bedürfnissen sowie den zentralen Ängsten sind einzelne signifikante Ergebnisse zu verzeichnen.

In Bezug auf die geschlechtertypische Ausprägung dysfunktionaler und funktionaler Persönlichkeitszüge zeigt sich, dass erste bei Männern stärker ausgeprägt sind als bei Frauen. Im Spezifischen sind Männer passiv-aggressiver, schizoider, narzisstischer und paranoider als Frauen. Diese weisen dagegen ein höheres Maß an Beziehungsbezogenheit auf. Die verstärkte Ausprägung passiv-aggressiver, schizoider, narzisstischer und schizoider Verhaltensweisen bei Männern kann evolutionspsychologisch durch deren (damalige) Rolle als „starker Beschützer" erklärt werden. Demnach liegt das Idealbild des Mannes als machtvolles Oberhaupt, das sich nicht durch Emotionalität verleiten lässt (Meuser, 2010; Lieberz, 1991). Diese, mitunter durch die Erziehung erworbene, Rollenvorstellung wird durch die zunehmende Gleichberechtigung der Frauen sukzessiv angepasst, sodass das evolutionsbedingte Machtstreben des Mannes nunmehr indirekt fortbesteht (Wetzler, 2013). Auch das vermeintlich überholte Rollenbild der Frau entspricht den Ergebnissen der vorliegenden Studie, indem sie als „schwaches Geschlecht" als abhängig von der Beziehung mit dem machtvollen und beschützenden Mann angesehen wird (Meuser, 2010; Macha, 2010).

Die Betrachtung der *Big Five*-Persönlichkeitseigenschaften auf Unterschiede zwischen den Geschlechtern zeigt, dass Frauen sowohl gewissenhafter als auch verträglicher sind als Männer. Dies entspricht den Forschungsergebnissen von Costa, Terracciano und McCrae (2001) sowie jenen von Schmitt, Realo, Voracek und Allik (2008). Eine Möglichkeit zur Erklärung ist der Einsatz beziehungsbezogener Verhaltensweisen wie das gewissenhafte Erledigen von Aufgaben und Pflichten sowie die soziale Verträglichkeit mit dem Ziel der Befriedigung des bei den Frauen stark ausgeprägten Bedürfnisses nach Zugehörigkeit (siehe unten). Ein weiterer Unterschied resultiert in der Ausprägung neurotischer Persönlichkeitseigenschaften. Entgegen den Ergebnissen der dysfunktionalen Gesamtpersönlichkeit des VDS30, welche als Neurotizismus-Ausprägung interpretiert werden kann, werden die Frauen im NEO-FFI als neurotischer eingestuft. Auch dieses Ergebnis entspricht jenen der oben aufgeführten Forscher. Grund für die entgegengesetzten Resultate im VDS30 und NEO-FFI bildet möglicherweise die unterschiedliche Operationalisierung des Neurotizismus.

Die Untersuchung frustrierender Kindheitserfahrungen im Sinne einer unzureichenden Bedürfnis-befriedigung durch die Eltern im Hinblick auf geschlechterspezifische Unterschiede weist darauf hin, dass Männer im Kindes- und Jugendalter ein höheres Maß an Frustrationen der Selbstbedürf-nisse erleben. Eine mögliche Ursache bildet die Erziehung, da die moderne Tendenz einer geschlechterneutralen Erziehung eventuell dazu führen kann, dass die Erwartung an Jungen nach einer frühen Eigenständigkeit abgenommen hat (Kundert-Zier, 2005).

Im späteren Erwachsenenalter zeigt sich bei Frauen im Gegensatz zu den Männern eine stärkere Wichtigkeit der Zugehörigkeitsbedürfnisse sowie der Homöostasebedürfnisse.

Im Hinblick auf geschlechtertypische Ausprägungen der einzelnen Angstthemen zeigt sich, dass die Angst vor Trennung sowie die Angst vor Liebesverlust bei Frauen stärker ausgeprägt ist als bei Männern. Dies lässt sich einerseits durch die unterschiedliche Ausprägung dysfunktionaler und funktionaler Persönlichkeitszüge zwischen Männern und Frauen erklären. Demnach haben Män-ner, bei welchen selbstbezogene und schizoide Persönlichkeitszüge stärker ausgeprägt sind, weniger Angst vor Trennung und Liebesverlust als Frauen, die sich durch eine besonders starke Beziehungsbezogenheit und dem starken Bedürfnis nach Zugehörigkeit auszeichnen.

Hypothese 14 dient der Überprüfung der Annahme darüber, dass sich Studierende unterschiedli-cher Fachrichtungen bezüglich ihrer Persönlichkeit, frustrierenden Kindheits- und Jugenderfahrun-gen, zentralen Bedürfnissen und zentralen Ängsten unterscheiden. Signifikante Ergebnisse resultieren dabei lediglich im Hinblick auf die Ausprägung dysfunktionaler und funktionaler Persönlichkeitszüge sowie in Bezug auf die *Big Five*-Persönlichkeitseigenschaften.

Im Rahmen der Erfassung der dysfunktionalen Persönlichkeitsstereotypen nach Sulz zeigt sich, dass Studierende der MINT-Fächer eine höhere Ausprägung schizoider Persönlichkeitszüge aufweisen als Psychologiestudenten. Diese Tatsache resultiert möglicherweise durch die Ausrich-tung der Studiengänge. Während es in den Bereichen der Mathematik, Informatik, Technik und Naturwissenschaften vornehmlich um die kritische, sachliche und rationale Auseinandersetzung mit abstrakten Sachverhalten geht, steht in der Arbeit der Psychologen die zwischenmenschliche Beziehungsgestaltung, welche stets mit Emotionalität verbunden ist, im Vordergrund (Stangl, o.J.).

In Bezug auf die funktionalen Persönlichkeitszüge gibt es Hinweise darauf, dass Psychologiestu-denten ein höheres Maß an Beziehungsbezogenheit aufweisen als Studierende aus dem Fachbereich Lehramt- und Erziehungswissenschaften sowie als Studierende anderer Gesellschafts-, Sozial- und Geisteswissenschaften. Ein Erklärungsversuch der Unterschiede in der Ausprägung beziehungsbezogener Persönlichkeitszüge zwischen Lehramt- und Erziehungswis-senschaftsstudenten und Psychologiestudenten liegt in dem Lerninhalt jener Fachrichtungen. Während es im Bereich der Lehramt- und Erziehungswissenschaften besonders stark um das methodische Konzept der Wissensvermittlung geht, liegt der Schwerpunkt der Psychologiestudenten auf dem methodischen Konzept der interaktiven Heilung und ist somit noch stärker personen- und damit beziehungsbezogen. In Bezug auf die Unterschiede zu der Gruppe der Gesellschafts-, Sozial- und Geisteswissenschaften stellt die Heterogenität dieser Fachgruppe ein deutliches Problem für die Erklärung jenes Phänomens dar. Ein vorsichtiger Versuch bildet das religiöse Menschen- und Weltbild Studierender aus dem Bereich der Geisteswissenschaften, welches sich von jenem der Psychologiestudenten zumindest teilweise darin unterscheidet, dass die Erfüllung durch die Beziehung zu Gott der Erfüllung durch die Beziehung zu anderen Menschen in gewisser Weise übergeordnet ist (Hoyer, 2007).

Die Analyse der *Big Five*-Persönlichkeitseigenschaften ergibt, dass Studierende der Psychologie extravertierter sind als Studierende anderer Gesellschafts-, Sozial- und Geisteswissenschaften. Dieses Ergebnis resultiert möglicherweise in der stärkeren Ausprägung der Beziehungsbezogenheit bei Psychologiestudenten. Des Weiteren zeigt sich, dass Studierende der Fachrichtung Wirtschaftswissenschaften verträglicher sind als Medien- und Kommunikationsstudenten sowie als Studierende der Sprach- und Kulturwissenschaften. Dieser Unterschied steht im Gegensatz zu den Studienergebnissen von Vedel (2016), wonach Wirtschaftswissenschaftler eher zu einer geringeren Verträglichkeit neigen. Auch bei Studierenden anderer Gesellschafts-, Sozial- und Geisteswissenschaften ist die Verträglichkeit stärker ausgeprägt als bei Sprach- und Kulturwissenschaftsstudenten. Ein möglicher Grund hierfür ist, dass gerade in dem Bereich der Gesellschafts-, Sozial- und Geisteswissenschaften Friedfertigkeit, Harmonie und Altruismus von großer Bedeutung sind (Stangl, o.J.).

In Bezug auf Frustrationen im Kindheits- und Jugendalter, aktuellen Bedürfnissen und aktuellen Ängsten sind keine Unterschiede zwischen Studierenden unterschiedlicher Fachrichtungen zu verzeichnen.

Im Rahmen der Untersuchung der Hypothese 15 über Unterschiede zwischen erwerbstätigen und nicht-erwerbstätigen Studierenden bezüglich der Persönlichkeit, den Frustrationen im Kindheits- und Jugendalter, den zentralen Bedürfnissen sowie den zentralen Ängsten sind einzelne signifikante Ergebnisse zu verzeichnen.

In der Analyse der Persönlichkeitszüge zeigt sich, dass Studierende ohne eine aktuelle Erwerbstätigkeit selbstunsicherer sind als arbeitende Studenten. Eine potenzielle Erklärung liefern die monetären Folgen der Arbeit. Erwerbstätigkeit bedeutet Geldverdienen und ermöglicht somit die eigenständige Versorgung des Studierenden beziehungsweise die freie Entscheidung über den Verwendungszweck des Verdienstes. Jene Erfahrungen von Unabhängigkeit, von Autonomie und Selbstbestimmung steigern das Selbstbewusstsein und die Selbstsicherheit (Berger, 2012).

Im Hinblick auf die *Big Five*-Persönlichkeitseigenschaften ist festzustellen, dass erwerbstätige Studenten ein höheres Maß an Gewissenhaftigkeit und Extraversion aufweisen als Studierende ohne eine aktuelle Erwerbstätigkeit. Ursächlich für dieses Ergebnis ist möglicherweise, dass Erwerbstätigkeiten neben dem Studium häufig im Rahmen eines Angestellten-Verhältnisses stehen, sodass die Zusammenarbeit mit Kollegen und Vorgesetzten sowohl ein ausgeprägtes Maß an Geselligkeit und Durchsetzungsfähigkeit sowie an Pflichtbewusstsein voraussetzt. Ferner spricht der Mehraufwand einer zusätzlichen Tätigkeit neben dem Studium als Hauptberuf für die Strebsamkeit erwerbstätiger Studierenden. Weiterhin zeigt sich, dass neurotische Persönlichkeitseigenschaften stärker bei nicht-erwerbstätigen Studenten als bei arbeitenden Studenten ausgeprägt sind. Dieses Phänomen ist auch bei der allgemeinen Betrachtung arbeitsloser Personen zu verzeichnen (Schlese, 2012; Berth, Förster, Brähler, Zenger & Ströbel-Richter, 2010).

Für das Ausmaß frustrierender Kindheitserfahrungen im Sinne einer unzureichenden Bedürfnisbefriedigung durch die Eltern sowie für die subjektive Wichtigkeit zentraler Bedürfnisse im Erwachsenenalter ergeben sich keine Unterschiede zwischen Studierenden mit und ohne eine derzeitige Erwerbstätigkeit.

Bezüglich unterschiedlicher Angstausprägungen zwischen erwerbstätigen und nicht-erwerbstätigen Studenten zeigt sich, dass Studierende, die keiner Erwerbstätigkeit nachgehen, insgesamt ängstlicher sind. Selbes ist auch für die spezifische Angst vor Liebesverlust zu verzeichnen. Nicht-erwerbstätige Studierende fürchten sich stärker vor dem Verlust von Liebe und Zuneigung als arbeitende Studenten. Diese gesteigerte Angst äußert sich bereits im Rahmen der Ausprägung neurotischer, also ängstlicher Persönlichkeitseigenschaften. Zudem liegt eine weitere mögliche Erklärung darin, dass die Ausführung einer Erwerbstätigkeit während des Studiums mit einem gesellschaftlichen Ansehen aufgrund der erworbenen Macht der Unabhängigkeit verbunden ist und somit die Attraktivität steigert. Das Fehlen jenes Attraktivitätsfaktors kann die Angst vor dem Verlust von Liebe und Zuneigung verstärken (Naumann, 2015; Degele, 2008).

3.4.1.3 Interpretation der Überprüfung der methodischen Konzeption

In der Überprüfung der Übereinstimmung zwischen der subjektiven Einschätzung der Ausprägungen einzelner Persönlichkeitszüge mit Hilfe der *Checkliste Persönlichkeitsstile* und den Ausprägungen dysfunktionaler Persönlichkeitszüge nach dem VDS30 *Persönlichkeitsfragebogen* sind größtenteils die stärksten Zusammenhänge zwischen den jeweils zusammengehörigen Persönlichkeitszügen zu verzeichnen. Somit kann davon ausgegangen werden, dass die abgebildeten dysfunktionalen Persönlichkeitszüge des VDS30 jenen der *Checkliste Persönlichkeitsstile* entsprechen. Eine Ausnahme hierbei bildet die Ausprägung zwanghafter Persönlichkeitszüge. Obgleich jene Ausprägung mit der Beschreibung gewissenhafter Persönlichkeitszüge signifikant korreliert, zeigt sich ein stärkerer Zusammenhang mit der Beschreibung emotionaler Persönlich-keitszüge als Äquivalent emotional-instabiler (Borderline-) Persönlichkeitszüge. Analog zu der Ausprägung zwanghafter Persönlichkeitszüge ist für die Ausprägung passiv-aggressiver Persönlichkeitszüge zwar eine signifikante Korrelation mit der Beschreibung kritisch-wehrhafter Persönlichkeitszüge zu verzeichnen, wobei jedoch ein stärkerer Zusammenhang mit der Beschreibung emotionaler Persönlichkeitszüge resultiert. Auch die Ausprägung paranoider Persönlichkeitszüge korreliert mit der entsprechenden Beschreibung misstrauischer Persönlich-keitszüge, noch stärker jedoch mit den Beschreibungen emotionaler Persönlichkeitszüge sowie zurückhaltender Persönlichkeitszüge, welche Eigenschaften selbstunsicher-ängstlicher Persönlichkeiten beschreibt. Eine mögliche Erklärung dieser Ergebnisse ist die Tatsache, dass gerade emotional-instabile (Borderline-)Persönlichkeitszüge nicht vollständig von anderen Persön-lichkeitszügen abgrenzbar sind. So zumindest der weitverbreitete Konsens hinsichtlich der Borderline-Persönlichkeitsstörung. Dabei wird davon ausgegangen, dass die Borderline-Persönlichkeitsstörungen in der Regel mit mindestens einer weiteren komorbiden Störung, häufig sogar mit mehreren einhergeht (Dulz & Schneider, 2004). Jene Komorbiditäten werden dann zumindest teilweise nicht als zusätzliche Störungen eingestuft, sondern als Kosymptomatik zusammengefasst (Dulz, 2011). So könnten zwanghafte Persönlichkeitszüge im Sinne des wider-willigen Überlassens von Tätigkeiten an andere als Abwertung anderer, wie es bei Borderline-Persönlichkeitszügen der Fall ist, interpretiert werden. Passiv-aggressive Verhaltensweisen, wie beispielsweise mürrische und gereizte Reaktionen bei Tätigkeiten, die nicht gerne gemacht werden können zu dem streitsüchtigen Verhalten von Personen mit Borderline-Persönlichkeitszügen gezählt werden. Paranoide Erlebens- und Verhaltensweisen sind der mögliche Ausdruck des Misstrauens emotional instabiler Persönlichkeiten gegenüber anderen Menschen.

Eine weitere mögliche Ursache für die Ergebnisse der Hypothese 16 liegt darin, dass die Persön-lichkeit nicht auf einen einzelnen Persönlichkeitszug reduziert werden kann, sondern aus mehreren Anteilen besteht, die je nach Situation unterschiedlich stark ausgeprägt sind (Hobmair, 2013; Maragkos, 2013; Schmitz, 1999). Während sich die Beschreibungen der gewissenhaften (zwanghaften), kritisch-wehrhaften (passiv-aggressiven) sowie der paranoiden (misstrauischen) Persönlichkeit in der *Checkliste Persönlichkeitsstile* vornehmlich auf die Ausführung von Tätigkeiten und zwischenmenschlichen Beziehungen zu Freunden, Bekannten und Arbeitskollegen bezieht, liegt der Fokus der Borderline-Persönlichkeitsbeschreibung auf Situationen in Partnerschaftsbeziehungen. Die Zusammensetzung der Persönlichkeit aus mehreren Persönlich-keitsanteilen spricht auch dafür, dass die resultierenden Korrelationen zwischen den jeweiligen Persönlichkeitspaaren nicht die erwarteten Stärken (hohe bis sehr hohe Zusammenhänge) aufweisen. Grund hierfür ist möglicherweise auch die Ausrichtung beider Fragebögen an unter-schiedliche Zielgruppen. Im Gegensatz zu dem VDS30 *Persönlichkeitsfragebogen*, welcher unter anderem für Psychotherapie-Patienten sowie für die erste Sichtdiagnose zur Erfassung möglicher Persönlichkeitsstörungen angewendet werden kann, ist die Checkliste Persönlichkeitsstile speziell für eine nicht-klinische Population konzipiert, da diese auf den Skalen des VDS30 zumeist geringe Werte aufweisen (Sulz et al., 2009; Sulz & Theßen, 1999; Sulz et al. 1998). Jenes Phänomen bildet möglicherweise eine weitere Ursache dafür, dass sich "gesunde" Personen nach dem VDS30 eine geringere Ausprägung emotional instabiler Persönlichkeitszüge aufweisen als auf der *Checkliste Persönlichkeitsstile*, da ersterer Fragebogen eine extremere Form der Beschreibung jenes Persönlichkeitszugs liefert. So ist es eher unwahrscheinlich dass "gesunde" Personen sich mit häufigen impulsiven Verhaltensexzessen, starken depressiven Verstimmungen, welche tage-lang andauern können oder mit Selbstmorddrohungen identifizieren können. Gerade deshalb kann davon ausgegangen werden, dass die *Checkliste Persönlichkeitsstile* ein geeignetes Instrument zur Erfassung dysfunktionaler Persönlichkeitszüge für nicht-klinische Populationen darstellt. Ent-sprechend der Rückmeldungen der untersuchten Teilnehmer gilt es des Weiteren als positiv zu bewerten, dass dieser Selbstbeurteilungsbogen nicht ausschließlich die negativen Aspekte der dysfunktionalen Persönlichkeitszüge erfasst, sondern auch positive Anteile berücksichtigt. Dadurch wird aufgezeigt, dass auch jene Persönlichkeitszüge trotz ihrer Dysfunktionalität einen funktionalen Charakter aufweisen, ohne diesen sie sehr wahrscheinlich nicht ausgeprägt wären.

3.4.1.4 Interpretation und Diskussion der Ergebnisse der explorativen Datenanalyse

Im Rahmen der zusätzlichen Analyse der Daten bezüglich unterschiedlicher Ausprägungen der Persönlichkeitszüge, frustrierender Kindheitserfahrungen, aktueller zentraler Bedürfnisse und zentraler Ängste zwischen Personen, die die Online-Befragung durchführen und Personen, die an der Vor-Ort-Befragung teilnehmen, fällt besonders stark auf, dass sich Online-Teilnehmer eher mit negativen Persönlichkeitszügen beschreiben, während sich Teilnehmer der Vor-Ort-Umfrage vor-nehmlich positiven Persönlichkeitszügen zuordnen. So weisen Teilnehmer der Online-Befragung höhere Ausprägungen selbstunsicherer, zwanghafter, schizoider und paranoider Persönlichkeits-züge sowie ein höheres Maß an Neurotizismus auf. Probanden der Vor-Ort-Befragung hingegen sind selbstbewusster, flexibler, beziehungsbezogener, gemeinschaftsorientierter, unvoreingenom-mener und extravertierter. Eine mögliche Ursache für dieses Ergebnis ist, dass die Wahl der Teilnahmebedingung auf die Ausprägung der Persönlichkeitseigenschaften zurückgeführt werden kann. So vermeiden beispielsweise selbstunsichere oder schizoide Persönlichkeiten den direkten Kontakt mit dem Versuchsleiter, indem sie die stark anonymisierte Online-Befragung wählen, wohingegen die Anwesenheit des Versuchsleiters für selbstbewusste und extravertierte Personen kein Hemmnis darstellt. Gleichzeitig gilt es zu berücksichtigen, dass die Resultate möglicherweise auch auf den stärkeren Grad der Anonymität der Online-Version zurückgeführt werden könnten, da der direkte Kontakt zu dem Versuchsleiter die Beantwortung der Fragebögen im Sinne der sozialen Erwünschtheit beeinflussen könnte (Bortz & Döring, 2006).

3.4.3 Stärken und Schwächen der Studie

Im Verlauf der durchgeführten Studie zeigen sich unterschiedliche Stärken und Schwächen. Diese werden nachfolgend näher erläutert.

Die vorliegende Studie stellt eine Querschnittsuntersuchung dar. Im Gegensatz zu longitudinalen Studienformen bietet jenes Studiendesign lediglich eine Momentaufnahme, die durch die aktuelle psychische und physische Stimmungslage beeinflusst werden kann. Diese Einschränkung gilt nicht für die Erfassung der Persönlichkeitszüge beziehungsweise -eigenschaften, da jene als relativ zeitstabil und konstant eingeschätzt werden (Hobmair, 2013; Sulz et al., 2009; Weinert, 2004).

Einen Vorzug der Arbeit bildet der große Stichprobenumfang von N=216 Probanden. Hierbei gilt zu beachten, dass die Dropout-Rate des Online-Fragebogens bei über 90% liegt, wobei nahezu alle Personen bereits auf der Begrüßungsseite abgebrochen haben. Da auf jener ersten Seite bereits über die voraussichtliche Bearbeitungsdauer von mindestens 55 Minuten hingewiesen wird, kann angenommen werden, dass der hohe Anteil an Abbrüchen nicht auf inhaltliche oder konzeptorische Aspekte des Fragebogens zurückzuführen sind, sondern vielmehr auf dem Zeitaufwand beruht. Die Dropout-Rate der Vor-Ort-Befragung liegt bei 0%. Trotz der hinreichend großen Stichprobe ist kritisch zu bemerken, dass es sich hierbei nicht um eine zufallsgesteuerte Zusammensetzung der Probanden, sondern um eine Ad-hoc Stichprobe handelt. Ursächlich ist hierfür mitunter die Wahl der Rekrutierungskanäle. So kann die einseitige Stichprobenverteilung als Limitation der Studie darauf zurückgeführt werden, dass die Fragebögen vornehmlich in Portalen für Psychologiestudenten veröffentlicht wurden. Der Großteil an teilnehmenden Psychologiestudenten entspricht nicht der tatsächlichen Verteilung der Studenten nach der Fachrichtung ihres Studiengangs, wonach ein Großteil den Fachbereich der Wirtschaftswissenschaften vertritt (Bundeszentrale für politische Bildung, 2014). Der große Anteil an Psychologiestudenten erklärt die ungleiche Geschlechterverteilung der Teilnehmer. Während der Anteil männlicher und weiblicher Studenten in Deutschland annähernd gleich ist, ist liegt das Verhältnis männlicher und weiblicher Psychologiestudenten etwa bei 1:3 (Statistisches Bundesamt, 2018; Margraf, 2015). Die Verteilung der Bachelor- und Masterstudenten entspricht der tatsächlichen Verteilung aller Studenten in Deutschland (Statista, 2018). Eine weitere Erklärung für den Großteil an Bachelorstudenten liegt ebenfalls in der Tatsache dessen, dass die Teilnehmer vornehmlich aus dem Fachbereich Psychologie stammen. So sind die Studierenden während des Bachelorstudiengangs der Psychologie an sämtlichen Hochschule und Universitäten dazu verpflichtet, durch die Teilnahme an Experimenten und Umfragen Versuchspersonen-Stunden zu sammeln. Masterstudenten der

Psychologie erhalten hingegen keinen unmittelbaren Mehrwert durch die Teilnahme an der Befragung. Im Hinblick auf den Anteil der erwerbstätigen Studenten zeigt sich, dass die untersuchte Stichprobe repräsentativ für die Referenzgruppe ist. So zeigt beispielsweise die Studie von Berger (2002), dass etwa zwei Drittel aller Studierenden während dem Studium einer Erwerbstätigkeit nachgehen.

Einen wesentlichen Vorteil der Studie bildet die Verwendung einer Testbatterie aus standardisierten Fragebögen, welche größtenteils hinreichend hinsichtlich ihrer psychometrischen Güte geprüft sind. Durch eine einheitliche und verständliche Instruktion soll zudem die Durchführungsobjektivität sichergestellt werden. Obgleich der Einsatz, wie bereits dargelegt, eine Stärke der vorliegenden Studie darstellt, muss beachtet werden, dass die ausschließliche Verwendung von Selbstbeurteilungsbögen, insbesondere bei der Vor-Ort-Befragung, mögliche Verzerrungen aufgrund der sozialen Erwünschtheit bedingt. Eine weitere Störvariable bildet der Einsatz von Fragebögen, deren Antwortmöglichkeiten auf einer Likert-Skala verankert sind. Gerade die Darstellung einer ungeraden Anzahl an Antwortkategorien, kann zu einer Verzerrung der Ergebnisse durch die Tendenz zur Mitte betragen (Bortz & Döring, 2006). Ein positiver Aspekt der eingesetzten Testbatterie, ist die Verfügbarkeit von alters- beziehungsweise geschlechterspezifischen Prozentrangnormen für den VDS30 *Persönlichkeitsfragebogen* sowie für den NEO-FFI, welche eine bessere Vergleichbarkeit der Ergebnisse ermöglichen. Obgleich jener Vorzug einer gesteigerten Aussagekräftigkeit vorliegt, gilt es die unipolare Ausrichtung des NEO-FFI zu beachten. Interpretationen darüber, dass Personen mit einem geringen Maß an Extraversion introvertierte Persönlichkeitszüge aufweisen, sind daher nicht zulässig (Borkenau & Ostendorf, 2008). Eine weitere Schwäche der eingesetzten Fragebögen liegt in der retrospektiven Ausrichtung des VDS24 *Frustrierendes Elternverhalten in Kindheit und Jugendalter*. Durch die Einschätzung teilweise weit zurückliegender Erfahrungen können systematische Rückschaufehler, sogenannte Hindsight-Bias, nicht ausgeschlossen werden (Schaller, 2012).

Im Rahmen der Durchführung ist die Dauer der Erhebung von über einer Stunde ein Kritikpunkt der Untersuchung. Zum einen führt dieser ökonomische Aspekt zu einer geringeren Anzahl von Teilnehmern innerhalb des festgelegten Zeitraums. Auf der Seite der Probanden zeigt sich andererseits ein erhöhtes Risiko der Konzentrationsabnahme. Generell kann die Erhebung für die Teilnehmer jedoch als zumutbar bewertet werden. Ein positiver Aspekt im Rahmen der Datenerhebung ist die Gewährleistung der Anonymität der Teilnehmer. Auch bei Probanden der Vor-Ort-Befragung sind durch die Zuweisung der Versuchspersonen-Nummer im Nachhinein keine Rückschlüsse auf die Person möglich. Im Gegensatz zu der Vor-Ort-Befragung mittels Paper-Pencil-Fragebögen stellt die gleichzeitige Durchführung einer Online-Umfrage einen Vorteil im Sinne ökonomischer Aspekte dar. So zeigt sich einerseits eine Zeitersparnis durch die größere

Erreichbarkeit potentieller Teilnehmer. Andererseits gilt es Materialersparnisse sowie die gute Anwendbarkeit positiv zu bemerken. Der Teilnehmer kann den Online-Fragebogen sowohl an einem Computer, als auch an sämtlichen mobilen Endgeräten beantworten. Dies birgt allerdings die Gefahr einer nicht-standardisierten Untersuchungsumgebung. Im Rahmen der Online-Umfrage ist eine Konstanthaltung der Untersuchungsbedingungen nicht möglich. Ferner müssen die ungleichen Untersuchungsbedingungen der Online-Teilnehmer und der Vor-Ort-Teilnehmer an sich als kritisch bewertet werden, da jene uneinheitliche Datengewinnung zu einer Verzerrung der Ergebnisse führen kann.

Ein weiterer zeitökonomischer Vorzug des Online-Fragebogens zeigt sich in der direkten Übertragung der Daten des verwendeten Umfragetools *Unipark* auf das statistische Auswertungsprogramm *SPSS*. Im Gegensatz dazu gilt es den zeitlichen Mehraufwand durch die manuelle Übertragung sämtlicher Langversionen des Vor-Ort-Fragebogens, die Umpolung einzelner Items sowie der Zuweisung entsprechender Normwerte zu erwähnen. Darüber hinaus können mögliche Fehlübertragungen der Daten trotz bestem Wissen und Gewissen nicht gänzlich ausgeschlossen werden.

Im Rahmen der Auswertung und Interpretation der Ergebnisse ist der vornehmliche Einsatz von parametrischen Verfahren als positiv zu bewerten. Jene Analysemethoden liefern valide statistische Aussagen, sodass die Resultate als Grundlage für weitere Forschung dienen können.

4. Fazit und Ausblick

Insgesamt werden die Annahmen über den Zusammenhang zwischen Persönlichkeitszügen beziehungsweise -eigenschaften, Frustrationen im Kindes- und Jugendalter im Sinne einer unzureichenden Bedürfnisbefriedigung durch die Eltern sowie zentrale Bedürfnisse und Ängste im Erwachsenenalter weitestgehend bestätigt. Im Hinblick auf die dysfunktionale Gesamtpersönlichkeit sind es vor allem zentrale Ängste und Frustrationen von Selbstbedürfnissen, die einen starken Einfluss auf jene Ausprägung haben. Diese im Rahmen der Studie gewonnenen Erkenntnisse geben Anlass für weitere Forschung. So wäre es beispielsweise interessant zu untersuchen, welche der relevanten Konstrukte als Prädikator(en) für die Ausprägung der neun einzelnen dysfunktionalen Persönlichkeitszüge fungiert. Ein weiterer Erkenntnisgewinn wäre die Aufstellung und Überprüfung eines Pfadmodells, welches sich an Abbildung 1 (siehe Kapitel 1) orientieren könnte. Dieses bietet eine bedeutsame Wissenserweiterung darüber, wie sich die einzelnen interessierenden Konstrukte wechselseitig beeinflussen und vorhersagen lassen. Jene Ergebnisse wären nicht nur bereichernd für die theoretischen Hintergründe über das Verständnis der inneren Antriebskräfte des Menschen, sondern auch für den praktischen Ansatz zur Behandlung psychischer Erkrankungen.

Für die weiterführende Betrachtung spezifischer Populationen, wie beispielsweise Studierende unterschiedlicher Fachdisziplinen, sollten zukünftige Studien in jedem Fall größer angelegt werden, sodass eine einheitliche Verteilung der einzelnen Subgruppen erreicht wird. In diesem Zusammenhang wäre es ferner interessant zu erforschen, inwieweit sich Personen aus unterschiedlichen Lebensbereichen, wie zum Beispiel Schüler, Studenten, Berufstätige und Rentner, in ihrer Persönlichkeit sowie ihren zentralen Bedürfnissen und Ängsten unterscheiden. Aus der Frage „Was bestimmt den Menschen?" wird somit fortführend „Was bestimmt den Menschen in welcher Lebensphase?".

Zusammenfassend wird deutlich, dass die zu Beginn gestellte Frage durch die vorliegende Studie nicht vollständig beantwortet werden kann, sodass es weiterer Forschung bedarf. Diese Arbeit bietet lediglich einen weiteren Erkenntnisgewinn in der differenzialpsychologischen Erforschung der Komplexität des Menschen. Ob und wann der Mensch sein Erleben und Verhalten vollständig erklären kann, bleibt offen.

V. Literaturverzeichnis

Ainsworth, M.D. (1982). Attachement retrospect and prospect. In C.M. Parkes & J. Steffenson-Hinde *(Hrsg.). The place of attachement in human behaviour.* London: Travistock.

American Psychiatric Association (1987). *Diagnostisches und Statistisches Manual Psychischer Störungen DSM-III-R.* Weinheim: Beltz.

American Psychiatric Association (1994*). Diagnostic and statistical manual of mental disorders: DSM-IV* (4. ed. rev.). Washington, DC: American Psychiatric Publishing.

American Psychiatric Association (2013). *Diagnostic and statistical manual of mental disorders: DSM-5* (5. ed.). Washington, DC: American Psychiatric Publishing.

Asendorpf, J.B. (2011). *Persönlichkeitspsychologie* (2. Aufl.). Heidelberg: Springer Medizin Verlag.

Asendorpf, J.B. & Neyer, F.J. (2012). *Psychologie der Persönlichkeit* (5. Aufl.). Berlin, Heidelberg, Springer Medizin Verlag.

Backhaus, K., Erichson, B., Plinke, W. & Weiber, R. (2008). *Multivariate Analysemethoden. Eine anwendungsorientierte Einführung* (12. Aufl.). Berlin: Springer.

Bandura, A. (1969). *Principles of behavior modification.* New York: Hilt, Rinehart & Winston.

Bandura, A. (1975). *Sozial-kognitive Lerntheorie.* Stuttgart: Klett-Cotta.

Bandura, A. (1977). Self-efficacy: Towards a unifying theory of behavior change. *Psychological Review, 84,* 191-215.

Beck, A.T. (1979). *Wahrnehmung der Wirklichkeit und Neurose.* München: Pfeiffer.

Benecke, C. (2014). *Klinische Psychologie und Psychotherapie.* Stuttgart: Kohlhammer.

Benjamin, L.S. (2001). *Interpersonelle Diagnose und Therapie von Persönlichkeitsstörungen.* München: CIP-Medien.

Berger, C. (2002). Erwerbstätigkeit von Studentinnen und Studenten. Verfügbar unter: http://www.dgb-jugend.de/mediabig/2677A.pdf (29.06.2018).

Berger, M. (2012). *Arbeit, Selbstbewusstsein und Selbstbestimmung bei Hegel: Zum Wechselverständnis von Theorie und Praxis.* Berlin: Akademie Verlag.

Berth, H., Förster, P., Brähler, E., Zenger, M. & Ströbel-Richter, Y. (2010). Persönlichkeitseigen-schaften und die psychische Verarbeitung von Arbeitslosigkeit. In H. Berth (Hrsg.). *Psychologie und Medizin. Traumpaar oder Vernunftsehe?* (S.219-230). Lengerich: Pabst Science Publishers.

Borkenau, P. & Ostendorf, F. (2008). *NEO-FFI. NEO-Fünf-Faktoren-Inventar nach Costa und McCrae. Manual* (2. Aufl.). Göttingen: Hogrefe.

Bortz, J. (2005). *Statistik für Human- und Sozialwissenschaftler* (6. Aufl.). Heidelberg: Springer Medizin Verlag.

Bortz, J. & Döring, N. (2016). *Forschungsmethoden und Evaluation für Human- und Sozialwissen-schaftler* (5. Aufl.). Heidelberg: Springer.

Bortz, J. & Schuster, C. (2010). *Statistik für Human- und Sozialwissenschaftler.* (7. Aufl.). Berlin/Heidelberg: Springer.

Bowbly, J. (1975). *Bindung.* München: Kindler.

Bowlby, J. (1988). *A secure base: Clinical implications of attachment theory.* London: Routledge.

Briehl, L. (2013). *Triebe und Bedürfnisse und ihre Auswirkungen auf die menschliche Motivation. Ein ganzheitliches Erklärungsmodell der Motivation und des menschlichen Verhaltens.* Immendingen: Verlag für Mitarbeiterentwicklung.

Buchheim, A., Taubner, S., Fizke, E. & Nolte, T. (2012). Bindung und Neurobiologie: Ergebnisse bildgebender Verfahren. In S.K.D. Sulz & W. Milch (Hrsg.). *Mentalisierungs- und Bindungs-entwicklung in psychodynamischen und behavioralen Therapien - Die Essenz wirksamer Psychotherapie* (S.9-24). München: CIP-Medien.

Bühl, A. (2012). *SPSS 20. Einführung in die modern Datenanalyse* (13. Aufl.). München: Pearson.

Bundeszentrale für politische Bildung (2014). Studierende. Verfügbar unter: http://www.bpb.de/nachschlagen/zahlen-und-fakten/soziale-situation-in-deutschland/61669/studierende (29.06.2018).

Buss, D.M. (2004). *Evolutionäre Psychologie* (2. Aufl.). München: Pearson Studium.

Carver, C.S. & Scheier, M.F. (1998). *On the Self-Regulation of Behavior.* Cambridge: Cambridge University Press.

Cattell, R.B. (1965). Factor theory psychology: A statistical approach to personality. In W.S. Sahakian (Hrsg.). *Psychology of personality* (S.37-74). Chicago: Rand McNally.

CIP-Medien (2018). *VDS Verhaltensdiagnostik-System. Das Verhaltensdiagnostiksystem VDS als Instrument der Verhaltensanalyse und Bedingungsanalyse, der Zielanalyse, der Fallkonzeption und der Therapieplanung.* Verfügbar unter: https://cip-medien.com/vds-verhaltensdiagnostik-system/ (06.02.2018).

Cohen, J. (1992). A power primer. *Psychological Bulletin, 122(1),* 155-159.

Costa, P.T. & Widiger, T.A. (Hrsg.) (2002). *Personality disorders and the five-facor model of personality* (2nd ed.). Washington, DC: American Psychological Association.

Costa, P.T., Terracciano, A. & McCrae, R.R. (2001). Gender differences in personality traits across cultures: robust and surprising findings. *Journal of Personality and Social Psychology, 81,* 322-331.

Damasio, A.R. (1995). *Descartes´ Irrtum - Fühlen, Denken und das menschliche Gehirn.* München: List.

Degele, N. (2008). Schönheit - Erfolg - Macht. *soFid Kultursoziologie + Kunstsoziologie, 1,* 9-16.

Dilling, H., Mombur, W. & Schmidt, M.H. (2914). *Internationale Klassifikation psychischer Störungen: ICD-10 Kapitel V(F) - Klinisch-diagnostische Leitlinien* (9. Aufl.). Bern: Verlag Hans Huber.

Dollard, J. & Miller, N. (1950). *Personality and Psychotherapy: An Analysis in terms of Learning, Thinking, and Culture.* New York: McGraw-Hill.

Dulz, B. (2011). Der Formkreis der Borderline-Störungen - Versuch einer deskriptiven Symptomatik auf psychoanalytischer Grundlage. In B. Dulz, S.C. Herpertz, O.F. Kernberg & U. Sachsse (Hrsg.). *Handbuch der Borderline-Störungen* (2. Aufl.) (S.328-343). Stuttgart: Schattauer.

Dulz, B. & Schneider, A. (1999). *Borderline-Störungen: Theorie und Therapie* (2. Aufl.). Stuttgart: Schattauer.

Edelmann, W. (2000). *Lernpsychologie.* Weinheim: Beltz.

Eid, M., Gollwitzer, M. & Schmitt, M. (2013). *Statistik und Forschungsmethoden: Lehrbuch. Mit Online-Materialien.* Weinheim: Beltz.

Epstein, S. (1990). Corgnitiv-experiental self-theory. In L.A. Pervin (Hrsg.). *Handbook of Personality: Theory and research* (S. 165-192). New York: Guilford.

Epstein, S. (2003). Cognitive-experiential self-theory of personality. In T. Millon & J.M. Lerner (Hrsg.). *Comprehensive Handbook of Psychology, Volume 5: Personality and Social Psychology* (S. 159-184). Hoboken, NJ: Wiley & Sons.

Epstein, S., Pacini, R., Denes-Raj, V. & Heier, H. (1996). Individual differences in intuitive experiental and analytical - rational thinking styles. *Journal of Personality and Social Psychology, 71*, 390-405.

Eysenck, H.J. (1970). *The structure of human personality.* London: Methuen.

Fahrmeir, L., Künstler, R., Pigeot, I. & Tutz, G. (2011). *Statistik- Der Weg zur Datenanalyse* (7. Aufl.). Heidelberg, London, New York: Springer.

Falkai, P. (2015). Diagnostisches und Statistisches Manual Psychischer Störungen - DSM-5. Göttingen, Bern, Wien: Hogrefe.

Fiedler, P. (1995). *Persönlichkeitsstörungen.* Weinheim: Beltz.

Fiedler, P. (2000). Subjektive Angst: emotionales Leitsymptom für die Behandlung psychischer Störungen. In S.K.D. Sulz & G. Lenz (Hrsg.). *Von der Kognition zur Emotion. Psychotherapie mit Gefühlen* (S.1731-189). München: CIP-Medien.

Fiedler, P. (2005). Persönlichkeitsstörungen: Klassifikation und Diagnostik. In M. Perrez & U. Baumann (Hrsg.). *Lehrbuch. Klinische Psychologie – Psychotherapie* (3. Aufl.). (S.1012-1019). Berlin: Hans Huber Verlag.

Fiedler, P. (2011). Persönlichkeitsstörungen. In H.-U. Wittchen & J. Hoyer (Hrsg.). *Klinische Psychologie & Psychotherapie* (2. Aufl.) (S.1101-1019). Heidelberg: Springer Medizin.

Freud, S. (1912). Formulierungen über die zwei Prinzipien des psychischen Geschehens. *Jahrbuch für Psychoanalytische und Psychopathologische Forschungen, 3,* 1-8.

Gräff-Rudolph, U. (1998). *Lebensgeschichte und Persönlichkeit. Eine empirische Untersuchung der Persönlichkeitsskalen des Verhaltensdiagnostiksystems VDS.* Med. Dissertation LMU München.

Graßl, S. (2013). *Analyse Impliziter und Expliziter Prozessfaktoren in der Psychotherapie – Eine empirische Studie zur Relevanz beider Faktoren bei der Strategisch-Behavioralen Therapie (SBT).* München: CIP-Medien.

Grawe, K. (1998). *Psychologische Therapie.* Göttingen: Hogrefe.

Grawe, K. (2000). *Psychologische Therapie.* Göttingen: Hogrefe.

Grawe, K. (2004). *Neuropsychotherapie*. Göttingen: Hogrefe.

Guilford, J.P. (1984). *Persönlichkeit* (6. Aufl.). Weinheim: Beltz.

Hauke, G. (2009). Angstbehandlung in der Strategisch-Behavioralen Therapie (SBT). Motivations-psychologische Vorüberlegungen: Angstpatienten erleben zu wenig subjektive Sicherheit. In S.K.D. Sulz & G. Hauke (Hrsg.). *Strategisch-Behaviorale Therapie. SBT - Theorie und Praxis eines innovativen Psychotherapieansatzes* (S.150-170). München: CIP-Medien.

Hobmair, H. (Hrsg.) (2013). *Psychologie* (5. Aufl.). Troisdorf: Bildungsverlag Eins.

Hoenes, A., Gräff-Rudolph, U., Richter-Benedikt, A.J., Sichort, M., Backmund-Abendinpour, S. & Sulz, S.K.D. (2014). Entwicklung als Therapie - Therapiemodul der Strategisch-Behavioralen Therapie (SBT). *Psychotherapie, 19(2)*, 1-23.

Hoyer, T. (2007). Einführung. In T. Hoyer (Hrsg.). *Vom Glück und glücklichen Leben. Sozial- und geisteswissenschaftliche Zugänge* (S.7-14). Göttingen: Vandenhoeck & Ruprecht.

Institut QBS Qualität in Beratung & Selbsthilfe (2008). *Sucht und Hirnforschung (Suchtsystem neurologisch erklärt)*. Verfügbar unter: https://de.slideshare.net/endlich.seekamp/suchtsytem-vortrag-presentation (12.06.2018).

Izard, C.E. (1999). *Die Emotionen des Menschen. Eine Einführung in die Grundlagen der Emotionspsychologie* (4. Aufl.). Weinheim: Beltz Psychologie Verlags Union.

Kernstock-Redl, H. (2008). Was Menschen motiviert: Ein Koordinationssystem der Bedürfnisse. *Psychologie in Österreich, 28(1)*, 92-99.

Kohut, H. (1975). *Die Zukunft der Psychoanalyse*. Frankfurt am Main: Suhrkamp.

Kuhl, J. & Kazen, M. (1997). PSSI Persönlichkeits-Stil und Störungs-Inventar. Göttingen: Hogrefe Testzentrale.

Kunert-Zier, M. (2005). *Erziehung der Geschlechter. Entwicklungen, Konzepte und Genderkompetenz in sozialpädagogischen Feldern*. Wiesbaden: VS Verlag für Sozialwissenschaften.

Lazarus, R.S. (1991). *Emotion and adaption*. New York: University Press.

LeDoux, J. (2001). *Das Netz der Gefühle*. München: dtv.

Lieberz, K. (1991). Ergebnisse zur Genese und Diagnostik schizoider *Störungen. Zeitschrift für Psychosomatische Medizin und Psychoanalyse, 37*, 1.

Lohaus, A. & Vierhaus, M. (2013). *Entwicklungspsychologie des Kindes- und Jugendalters für Ba-chelor. Lesen, Hören, Lernen im Web* (2. Aufl.). Berlin, Heidelberg: Springer Medizin Verlag.

Macha, H. (2010). Geschlecht und Erziehung in Familien und die doppelte Entgrenzung. In J. Hagedorn, V. Schurt, C. Steber & W. Waburg (Hrsg.). *Ethnizität, Geschlecht, Familie und Schule. Heterogenität als erziehungswissenschaftliche Herausforderung* (S.217-236). Wies-baden: VS Verlag für Sozialwissenschaften.

Maragkos, M. (2013). Multiple Ichs - Nur ein psychologisches Konzept oder ein existentielles The-ma des Menschen?. In S.K.D. Sulz & T. Bronisch (Hrsg.). *States of Mind, Ego States, Selbstmodus - von der zerrissenen zur integrierten Persönlichkeit* (S.7-17). München: CIP-Medien.

Margraf, J. (2015). Zur Lage der Psychologie. *Psychologische Rundschau, 66(1)*, 1-30.

Maslow, A.H. (1981*). Motivation und Persönlichkeit* (12. Aufl.). Hamburg: Rowohlt.

McCullough, J. (2000). *Treatment for Chronic Depression. Cognitive Behavioral Analysis System of Psychotherapy (CBASP).* New York: Guilford.

Meuser, M. (2010). *Geschlecht und Männlichkeit. Soziologische Theorie und kulturelle Deutungs-muster* (3. Aufl.). Wiesbaden: VS Verlag für Sozialwissenschaften.

Meyer, W.U., Schützwohl, A. & Reisenzein, R. (1997). *Einführung in die Emotionspsychologie. Band II: Evolutionspsychologische Emotionstheorien.* Bern: Huber.

Millon, T. (1996). *Personality and psychopathology: building a clinical science; selected papers.* New York: Wiley.

Mischel, W. (1972). Toward a cognitive social learning reconceptualization of personality. *Psycho-logical Review, 79*, 433-453.

Mittag, H.-J. (2017). *Statistik. Eine Einführung mit interaktiven Elementen* (5. Aufl.). Berlin: Springer Spektrum.

Muck, P.M. (2006). Persönlichkeit und berufsbezogenes Sozialverhalten. In Schuler, H. *Lehrbuch der Personalpsychologie.* (2. Aufl.) Göttingen: Hogrefe.

Myers, G. (2014). *Psychologie.* (3. Aufl.). Berlin, Heidelberg: Springer.

Naumann, F. (2015). *Schöne Menschen haben mehr vom Leben. Die geheime Macht der Attrakti-vität.* Berlin: S. Fischer Verlag.

Piaget, J. & Inhelder, B. (1981). *Die Psychologie des Kindes*. Frankfurt: Fischer.

Plutchnik, R. (1994). *The psychology and biology of emotion*. New York: Haper Collins College Publishers.

Rammsayer, T. & Weber, H. (2016). *Differentielle Psychologie- Persönlichkeitstheorien* (2. Aufl.). Göttingen: Hogrefe.

Resch, F. & Parzer, P. (2000). Entwicklungspsychologie: Therapierelevante Beiträge der klinischen Emotionsforschung. In S.K.D. Sulz & G. Lenz (Hrsg.). *Von der Kognition zur Emotion. Psychotherapie mit Gefühlen* (S.111-136). München: CIP-Medien.

Rheinberg, F. (2000). *Motivation* (3. Aufl.). Stuttgart, Berlin, Köln: Kohlhammer.

Rogers, C.R. (1961). *On Becoming a Person*. Boston: Houghton Mifflin.

Rotter, J.B. (1966). General experienvies for internal vs. External control of reinforcement. *Psychological Monographs, 80* (1, Whole No. 609).

Salewski, C. & Renner, B. (2009). *Differentielle und Persönlichkeitspsychologie*. München: Ernst Reinhardt.

Saulsman, L.M. & Page, A.C. (2005). The five-factor model and personality disorder empirical literature: A meta-analytic review. *Clinical Psychology Review, 25(3)*, 383-394.

Schaller, B. (2012). *Die Macht der Psyche: die 202 Essentials menschlichen Verhaltens*. Wien: Signum.

Schlese, M. (2012). *Beruf und Persönlichkeit. Zur Beziehung von beruflichen Lagen, Situationen und Persönlichkeitseigenschaften am Beispiel der Big Five im Sozioökonomischen Panel. Wissenschaftliche Studie* (eBook). München: GRIN Verlag.

Schmitt, D.P., Realo, A., Voracek, M. & Allik, J. (2008). Why can´t a man be more like a woman? Sex differences in Big Five personality traits across 55 cultures. *Journal of Personality and Social Psychology, 94*, 168-182.

Schmitz, S. (1999). *Psychologie. Eine umfassende Darstellung aus ganzheitlicher Sicht. Band 1 Grundlagen - Persönlichkeit - Bedürfnisse - Entwicklung*. Petersberg: Verlag Via Nova.

Schneider, K. (1976). *Klinische Psychologie* (11. Aufl.). Stuttgart: Thieme.

Schnell, R., Hill, P.B. & Esser, E. (2013). *Methoden der empirischen Sozialforschung* (10. Aufl.). München: Oldenbourg Verlag.

Schuler, H. (2014). *Psychologische Personalauswahl- Eignungsdiagnostik für Personalentschei-dungen und Berufsberatung.* (4. Aufl.). Göttingen: Hogrefe.

Sedlacek, F. (2015) *Strategische Jugendtherapie (SJT) bei internalisierenden Störungen und Schulverweigerung - eine Evaluation.* München: CIP-Medien.

Seligman, M.E. & Maier, S.F. (1967). Failure to escape traumatic shock. *Journal of Experimental Psychology, 74,* 1-9.

Skinner, B.F. (1954). The science of learning and the art of teaching. *Harvard Educational Review, 24,* 86-97.

Stangl, W. (o.J.). Fritz Riemanns „Grundformen der Angst". Verfügbar unter: http://arbeitsblaetter.stangl-taller.at/EMOTION/Riemann.shtml (04.07.2018).

Statista (2018). *Studienabschlüsse: Anzahl der Bachelor- und Masterabschlüsse an Hochschulen in Deutschland von 2000 bis 2016.* Verfügbar unter: https://de.statista.com/statistik/daten/studie/165267/umfrage/hochschuleabschlush-bachelor-und-master-seit-2000/ (01.07.2018).

Statistisches Bundesamt (2018). *Studierende: Bundesländer, Semester, Nationalität, Geschlecht.* Verfügbar unter: https://www-gene-dsis.destatis.de/genesis/online;jsessionid=54DDEA05DEC06B38342E1E554C49A1C2.tomcat_GO_2_2?operation=previous&levelindex=2&levelid=1530351188801&step=2 (29.06.2018).

Sulz, S.K.D. (1992). *Das Verhaltensdiagnostiksystem VDS. Von der Anamnese zum Therapieplan* (2. Aufl.). München: CIP-Medien.

Sulz, S.K.D. (1993). *Das Verhaltensdiagnostiksystem VDS: Von der Anamnese zum Therapieplan. Handbuch.* München: CIP-Medien.

Sulz, S.K.D. (1994). *Strategische Kurzzeittherapie.* München: CIP-Medien.

Sulz, S.K.D. (1999). *Strategische Therapieplanung – Materialienmappe (VDS20-VDS47).* München: CIP-Medien.

Sulz, S.K.D. (2000a). Emotion, Kognition und Verhalten - zur homöostatischen Funktion der Emotionen und zu ihrer Bedeutung bei der Symptombildung. In S.K.D. Sulz & G. Lenz (Hrsg.). *Von der Kognition zur Emotion. Psychotherapie mit Gefühlen* (S.5-75). München: CIP-Medien.

Sulz, S.K.D. (2000b). Verhaltensdiagnostiksystem. Das Verhaltensdiagnostiksystem als Instrument der Verhaltensanalyse. Verfügbar unter: http://www.serge-sulz.de/Therapiekonzepte/Verhaltensdiagnostiksystem/ (06.02.2018).

Sulz, S.K.D. (2009a). Praxis der Strategisch-Behavioralen Therapie: wirksame Schritte zur Symptomreduktion, zur Persönlichkeitsentwicklung und zur funktionalen Beziehungsentwicklung. In S.K.D. Sulz & G. Hauke (Hrsg.). Strategisch-Behaviorale Therapie. SBT - Theorie und Praxis eines innovativen Psychotherapieansatzes (S.38-57). München: CIP-Medien.

Sulz, S.K.D. (2009b). Von der Strategie des Symptoms zur Strategie der Therapie: Selbstregulation und -organisation als Therapieprinzip. In S.K.D. Sulz & G. Hauke (Hrsg.). *Strategisch-Behaviorale Therapie-SBT* (S.1-37). München: CIP-Medien.

Sulz, S.K.D. (2010). Hysterie I: Histrionische Persönlichkeitsstörung. Eine psychotherapeutische Herausforderung. *Nervenarzt, 81,* 879-888.

Sulz, S.K.D. (2012a). *Therapiebuch II - Strategische Kurzzeittherapie. Ebook.* München: CIP-Medien.

Sulz, S.K.D. (2012b). Als Sisyhus seinen Stein losließ oder: Verlieben ist verrückt! Ein psychologisches Lesebuch über menschliche Überlebensformen und individuelle Entwicklungschancen (6. Aufl.). München: CIP-Medien.

Sulz, S.K.D. (2012c). Psychotherapie-Repetitorium zum Sammeln. Angst - sie regiert dich und dein ganzes Leben, ohne dass du es weißt. Folge 1: Die erste Angst - Existenzangst. *Psychotherapie, 17,* 166-168.

Sulz, S.K.D. (2013a). *VDS35 Schemaanalyse - Überlebensregel. Verhaltensdiagnostiksystem VDS. Stand 05.01.2013.* Verfügbar unter: https://cip-medien.com/vds-verhaltensdiagnostiksystem/ (19.02.2018).

Sulz, S.K.D. (2013b). *VDS19+ Plus-Persönlichkeit Fragebogen. Verhaltensdiagnostiksystem VDS. Stand 05.01.2013.* Verfügbar unter: https://cip-medien.com/vds-verhaltensdiagnostik-system/ (19.02.2018).

Sulz, S.K.D. (2013c). *VDS27 Zentrale Bedürfnisse. Verhaltensdiagnostiksystem VDS. Stand 05.01.2013.* Verfügbar unter: https://cip-medien.com/vds-verhaltensdiagnostik-system/ (19.02.2018).

Sulz, S.K.D. (2013d). *VDS28 Meine zentrale Angst. Verhaltensdiagnostiksystem VDS. Stand 05.01.2013.* Verfügbar unter: https://cip-medien.com/vds-verhaltensdiagnostik-system/ (19.02.2018).

Sulz, S.K.D. (2013e). *VDS30 Persönlichkeitsfragebogen. Verhaltensdiagnostiksystem VDS. Stand 05.01.2013.* Verfügbar unter: https://cip-medien.com/vds-verhaltensdiagnostik-system/ (19.02.2018).

Sulz, S.K.D. (2015a). *Verhaltensdiagnostik und Fallkonzeption. Verhaltensanalyse - Zielanalyse - Therapieplan. Bericht an den Gutachter und Antragsstellung* (6. Aufl.). München: CIP-Medien.

Sulz, S.K.D. (2015b). *VDS24 Frustrierendes Elternverhalten in Kindheit und Jugend. Verhaltensdiagnostiksystem VDS. Stand 12.02.2015.* Verfügbar unter: https://cip-medien.com/vds-verhaltensdiagnostik-system/ (19.02.2018).

Sulz, S.K.D. (2017). *Gute Verhaltenstherapie lernen und beherrschen - Band 1. Verhaltenstherapie-Wissen: So gelangen Sie zu einem tiefen Verständnis des Menschen und seiner Symptome.* München: CIP-Medien.

Sulz, S.K.D. (2018). *Checkliste Persönlichkeitsstile* (siehe Anhang).

Sulz, S.K.D. & Grete, C. (2005). VDS90-Symptomliste - eine Alternative zur SCL90-R für die ambulante Psychotherapie-Praxis und das interne Qualitätsmanagement? *Psychotherapie in Psychiatrie, Psychotherapeutischer Medizin und Klinischer Psychologie, 10(1)*, 38-48.

Sulz, S.K.D. & Hauke, G. (2010). Was ist SBT? Und was war SKT? „3rd wave" – Therapie bzw. Kognitiv-Behaviorale Therapie (CBT). *Psychotherapie, 15(1)*, 10-19.

Sulz, S.K.D. & Maier, N. (2009). Ressourcen- versus defizitorientierte Persönlichkeitsdiagnostik - Implikationen für die Therapie von Persönlichkeitsstörungen?. *Psychotherapie in Psychiatrie, Psychotherapeutischer Medizin und Klinischer Psychologie, 14(1)*, 38-49.

Sulz, S.K.D. & Müller, S. (2000). Bedürfnis, Angst und Wut als Komponenten der Persönlichkeit - eine empirische Studie zum Zusammenhang zwischen motivationalen Variablen und dysfunktionalen Persönlichkeitszügen. *Psychotherapie, 5*, 22-37.

Sulz, S.K.D. & Sauer, S. (2003). Diagnose und Differenzialdiagnose von Persönlichkeitsstörungen. *Psychotherapie in Psychiatrie, Psychotherapeutischer Medizin und Klinischer Psychologie, 8(1)*, 45-59.

Sulz, S.K.D. & Theßen, L. (1999). Entwicklung und Persönlichkeit. Die VDS-Entwicklungsskalen zur Diagnose der emotionalen und Beziehungsentwicklung. *Psychotherapie, 4(4)*, 32-45.

Sulz, S.K.D. & Tins, A. (2000). Qualitative Analysis of needs in childhood and the influence of frustration and satisfaction upon development of personality and psychic disorders. *European Psychology, 1*, 81-98.

Sulz, S.K.D., Gräff-Rudolph, U. & Jacob, C. (1998). Persönlichkeit und Persönlichkeitsstörungen - Eine empirische Untersuchung der VDS - Persönlichkeitsskalen. *Psychotherapie, 3(3)*, 22-32.

Sulz, S.K.D., Beste, E., Kerber, A.-C., Rupp, E., Scheurer, R. & Schmidt, A. (2009). Neue Beiträge zur Standarddiagnostik in Psychotherapie und Psychiatrie - Validität und Reliabilität der VDS90-Symptomliste und VDS30-Persönlichkeitsskalen. *Psychotherapie, 14(4)*, 215-232.

Sulz, S.K.D., Heiss, D., Linke, S., Nützel, A., Hebing, M. & Hauke, G. (2011). Schemaanalyse und Funktionsanalyse in der Verhaltensdiagnostik: Eine empirische Studie zu Überlebensregel und Reaktionskette zum Symptom. *Psychotherapie, 16*, 143-157.

Tschacher, W. & Munt, M. (2013). Das Selbst als Attraktor: das psychologischen Selbst aus systemtheoretischer und achtsamkeitsbasierter Sicht. In S.K.D. Sulz & T. Bronisch (Hrsg.). *States of Mind, Ego States, Selbstmodus - von der zerrissenen zur integrierten Persönlichkeit* (S.18-37). München: CIP-Medien.

Tull, T.J. (1990). DSM-III-R personality disorders and the five-factor model of personality: an empirical comparison. *Journal of Abnormal Psychology, 101*, 553-560.

Vedel, A. (2016). Big Five personality group differences across academic majors. A symptomatic review. *Personality and Individual Differences, 92*, 1-10.

Weinert, A.B. (2004). *Organisations- und Personalpsychologie.* (5. Aufl.). Weinheim/Basel: Beltz Verlag.

Wetzler, S. (2013). *Warum Männer mauern. Wie Sie Ihren passiv-aggressiven Mann besser verstehen und mit ihm glücklich werden. Aus dem Amerikanischen von Dr. Sebastian Vogel* (7. Aufl.). München: Wilhelm Goldmann Verlag.

Zumkley-Münkel, C. (1994). *Erziehung aus Sicht des Kindes. Münster*, New York: Waxmann.

VI. Anhang

Checkliste Persönlichkeitsstile

Autor: Serge Sulz 2018

Hier werden verschiedene Persönlichkeitsstile beschrieben. Lesen Sie sie in Ruhe durch und bewerten Sie, wie gut der betreffende Persönlichkeitsstil zu Ihnen passt, Sie sich darin wiederfinden.

Bezeichnung	Vorteil – funktional – positiv	Nachteil – dysfunktional - negativ
SU: Zurückhaltend (Ich mache nichts was mich unbeliebt macht) Wie sehr treffen die nebenstehenden Beschreibungen auf Sie zu? 0 = nicht 1 = etwas 2 = deutlich 3 = sehr	Anderen fällt auf, dass ich mich zurückhalte und eher selten etwas sage. Ich überlege mir, bevor ich etwas ausspreche. Ich möchte niemand verärgern. Ich möchte nicht riskieren, dass andere mich ablehnen. Meine Zurückhaltung hilft mir, akzeptiert und ausreichend beliebt zu sein. Ich lasse anderen den Vortritt. Ich bin freundlich zu anderen. Ich kritisiere andere nicht. Bei einer Auseinandersetzung gebe ich um des lieben Friedenswillens nach. Dadurch gelingt es mir, keine Feinde zu haben. Ich brauche und erhoffe die Zuneigung anderer. Deshalb vermeide ich Streit und Auseinandersetzungen.	Wegen meiner Zurückhaltung habe ich leider auch nicht viele Freunde. Die Leute haben zwar nichts gegen mich, aber sie werden auch nicht so richtig warm mit mir. Denn ich zeige auch nicht deutlich, wenn ich jemanden mag. Ich zeige auch nicht, wie gut ich etwas kann und eventuell besser kann als andere. Dadurch verhindere ich Neid und Eifersucht. Meine Fähigkeiten werden aber deshalb auch nicht erkannt. Es ist meine Angst vor Ablehnung und Verlust der Zuneigung, die mich hindert, mehr aus mir heraus zu gehen. Deshalb traue ich mich auch nicht, unbequeme Forderungen zu stellen oder Forderungen anderer abzulehnen. Ich vermeide immer wieder Kontakte und Veranstaltungen aus der Angst vor Ablehnung und Liebesverlust heraus.
DE: Anhänglich (Ich bin anhänglich und passe mich an) Wie sehr treffen die nebenstehenden Beschreibungen auf Sie zu? 0 = nicht 1 = etwas 2 = deutlich 3 = sehr	Ich bin gern mit einem oder einigen Menschen zusammen, sodass ich mich nicht allein fühle. Es fällt mir leicht, mich an andere anzupassen. Ich übernehme gern die Interessen und Überzeugungen von Menschen, die ich für erfahrener, stärker oder klüger halte. In ihrer Gemeinschaft fühle ich mich wohler, als wenn ich alles selbstständig und allein meistern muss. Ich frage gern um Rat und lasse mir auch helfen. Beziehung und Gemeinschaft bieten wir Schutz und Geborgenheit. Dafür bin ich bereit, etwas für andere zu tun. Es macht mir nichts aus, unterlegen zu sein, denn der stärkere gibt mir Schutz und ich bin nicht allein. Ich brauche und erhoffe, dass jemand zuverlässig für mich da ist.	Manchmal wäre ich doch gern etwas selbstständiger und fähiger, mit dem Alleinsein zurechtzukommen. Denn so bin ich doch abhängig von anderen Menschen. Auch bekomme ich nicht so viel Wertschätzung für das was ich bin und kann. Andere fühlen sich mir überlegen. Sie scheinen mich weniger zu brauchen als ich sie. Deshalb investiere ich viel mehr in die Beziehung, damit sie mir nicht verloren geht. Ich bin zwar bequem für den anderen aber nicht spannend und attraktiv. Meine Anhänglichkeit macht mich vielleicht zum Anhängsel, aber interessierte Zuwendung erfahren andere. Ich habe Angst vor Trennung, Verlassen Werden und Alleinsein. Deshalb vermeide ich Selbständigkeit
ZW: Gewissenhaft (Ich erledige meine Aufgaben tadellos) Wie sehr treffen die nebenstehenden Beschreibungen auf Sie zu? 0 = nicht 1 = etwas	Ich bin ein gewissenhafter Mensch. Meine Aufgaben und Pflichten erfülle ich so, dass es keine Beschwerden geben kann. Es ist mir wichtig, keine Fehler zu machen. Lieber arbeite ich etwas gründlicher, als es eigentlich sein muss. Wenn meine Arbeit fehlerfrei oder sogar perfekt ist, habe ich ein Gefühl der Genugtuung. Es ist mir ein Anliegen, dass alles bestmöglich erledigt worden ist. Andernfalls	Manchmal macht mich meine Gewissenhaftigkeit unfrei. Ich würde schon gern manchmal „Fünfe grad sein lassen". Ich kann aber nicht anders. Halbfertige Arbeiten liegen zu lassen könnte ich nicht ertragen. Manche machen nur halb so viel wie ich und es reicht auch. Mein Aufwand ist wohl manchmal unangemessen hoch. Es gibt im Leben Jahr auch etwas anderes als Pflichterfüllung. Einfach genießen – das

2 = deutlich 3 = sehr	bleibe ich angespannt und unruhig, bis ich es doch geschafft habe. Andere schätzen meine Gewissenhaftigkeit. Man kann sich auf mich verlassen. Dafür fällt es mir leicht, auf Vergnügungen und geselliges Beisammensein zu verzichten. Ich erwarte von anderen, dass sie auch gewissenhaft und zuverlässig sind und zeige das auch. In meinem Wunsch nach Perfektem steckt auch ein Ehrgeiz und eine gute Portion Leistungsorientierung. Ich brauche das zuverlässige Gefühl, alles richtig gemacht zu haben. Ich habe Angst vor Fehlern und der kritischen oder strafenden Reaktion anderer. Deshalb vermeide oder verhindere ich so gut es geht Fehler oder unvollständige oder unperfekte Arbeit das bezieht sich auch auf mein Privatleben.	wäre manchmal schön. Ich gehe manchmal anderen mit meiner Gewissenhaftigkeit auf die Nerven. Da bin ich anders und zwar nicht sehr beliebt. Die anderen würden es mehr mögen, wenn ich mit Ihnen mehr ausgelassen sein könnte. „Lasst das doch jetzt mal bleiben und kommt zu uns". Meine Leistungsorientierung bringt mir zwar Erfolge, ist aber in der Gemeinschaft etwas Ungemütliches. Ich muss aber mindestens 100-prozentig sein. Am liebsten perfekt. Sonst bleibt meine Anspannung und Angst vor Fehlern und davor, für meine Fehler zur Rechenschaft gezogen zu werden. Mein hoher Anspruch, immer perfekt zu sein, birgt auch ein großes Risiko, denn so einen hohen Anspruch immer zu erfüllen kostet viel Kraft, die an anderer Stelle fehlt, und es liegt in der Natur der Dinge, nicht immer perfekt sein zu können – das führt dann zu Frustration.
PA: kritisch-wehrhaft (ich leiste innerlich Widerstand) Wie sehr treffen die nebenstehenden Beschreibungen auf Sie zu? 0 = nicht 1 = etwas 2 = deutlich 3 = sehr	Ich bin nicht immer so. Aber ich merke ziemlich schnell, wenn jemand über mich bestimmen will und mir etwas aufdrängen will, wovon ich nicht überzeugt bin. Ich muss natürlich mit meinem Vorgesetzten zusammenarbeiten. Ich kann es mir nicht leisten, mit ihm dauernd zu streiten. Aber ich muss mir auch nicht alles gefallen lassen. Wenn er so wenig auf mich eingeht, dann mache ich notgedrungen, was er will. Aber nicht mit Begeisterung und Übereifer, sondern so, dass er mich nicht kritisieren kann. Ich bin dann aber nicht gut auf ihn zu sprechen. Das sage ich aber nur in kleinen Kreis von Vertrauten. Da kann ich schon ziemlich schimpfen und Luft rauslassen. Ich brauche einerseits, dass andere meine Grenzen respektieren und nicht ohne meine Zustimmung etwas von mir verlangen. Ich brauche andererseits, dass Frieden im Haus bleibt und wir einigermaßen miteinander zurechtkommen.	Vielleicht wäre es besser, ich würde jedes Mal offen sagen was mir nicht passt. Oder ich würde versuchen einverstanden zu sein, mit dem was er möchte. Aber ich habe halt eine zweifache Angst: einerseits Angst vor eskalierenden Streit, andererseits Angst, dass der andere meine Grenzen überschreitet. In diesem Dilemma kann ich weder eine gute kooperative Beziehung herstellen, noch eine klare Gegnerschaft entstehen lassen mit offenem Schlagabtausch, der schließlich Klarheit schafft. Ich weiß, dass meine Haltung auf Dauer nicht gut für unsere Beziehung ist. Er hat das Gefühl, dass ich nicht auf seiner Seite bin und ihn unterstütze, sondern dass ich nur halbherzig mitarbeite. Aber es wäre doch auch seine Aufgabe, auf mich und meine Bedürfnisse einzugehen. Warum soll ich den ersten Schritt machen?
HI: Gesellig (Ich bin gesellig, hole mir Beachtung) Wie sehr treffen die nebenstehenden Beschreibungen auf Sie zu? 0 = nicht 1 = etwas 2 = deutlich 3 = sehr	Ich weiß, wie man Leute für sich gewinnt. Ich gehe offen und freudig auf andere zu. Ich spreche andere an. Ich führe mit anderen ein unterhaltsames Gespräch. Ich wecke das Interesse der anderen. Sie hören mir gern zu. Und ich zeige auch Interesse an dem was andere berichten. Bei Erzählungen ist es nicht so wichtig, dass sie genau sind. Sie müssen unterhaltsam und spannend sein. Und das kann ich. Dazu muss man manchmal ein bisschen übertreiben. Auch Gefühle etwas intensiver ausdrücken, sodass der andere beeindruckt ist. Im Mittelpunkt der	Für mich wäre es unerträglich, ein unbeachtetes Mauerblümchen zu sein. Neben meiner Fähigkeit wir Beachtung zu holen, habe ich auf die Fähigkeit schnell zu merken, wenn mir diese verloren geht. Da bin ich empfindlich. Dann übertreibe ich mehr – was Gefühle angeht und was Geschichten angeht. Das kann anderen dann zu viel werden und ich erreiche damit das Gegenteil von dem, was ich brauche. Da kann dann ein Teufelskreis entstehen, aus dem ich ohne ein schmerzliches Gefühl des Unglücks nicht herauskomme. Erst später beruhige ich mich wieder und merke, dass

	Beachtung anderer fühle ich mich wohl. Das ist es was mir gut tut und was ich brauche.	es nicht so schlimm war und ich mich nicht hätte so sehr aufregen müssen. Aber ich neige dazu, dem anderen weh zu tun, wenn er mich missachtet hat.
SC: Einzelgänger (Ich bin Einzelgänger und nicht emotional) Wie sehr treffen die nebenstehenden Beschreibungen auf Sie zu? 0 = nicht 1 = etwas 2 = deutlich 3 = sehr	Ich bin kein Einzelgänger, der anderen Menschen aus dem Weg geht. Ich komme gut mit anderen Menschen zurecht und bin kein Kauz. Aber ich bin unabhängig von anderen Menschen und brauche sie nicht wirklich. Ich fühle mich wohl, wenn ich allein etwas unternehme. Ich gehe keine nahen intensiven Beziehungen ein. Da würde ich mich eingeengt fühlen. Und ich mag auch nicht die großen Gefühle. Denen gehe ich aus dem Weg. Ich brauche nicht viele Freunde – einer reicht mir. Ich kann in einem vollen Lokal allein an einem Tisch sitzen und mich dabei wohl fühlen. Unter Leuten und doch für mich. Später werde ich wohl Familie – Frau und Kinder – haben wollen. Jetzt vermisse ich es nicht. Ich brauche Schutz vor zu viel Nähe und Beziehung. Ich brauche Raum für mich allein.	Auch wenn ich mich allein am wohlsten fühle, ist doch eine gewisse Sehnsucht nach Beziehung da. Aber ich halte Beziehungen von mir fern, ebenso wie ich intensive Gefühle fernhalte. Es lebt sich einerseits ganz gut so, aber ich merke, dass andere Menschen wohl durch ihre Beziehungen ein erfülltes Leben haben. Das kann einerseits so bleiben, weil ich mich ja nicht unwohl fühle. Andererseits wäre ein reicheres Leben vielleicht doch schöner. Ich habe ihm Angst vor zu viel Nähe in einer Beziehung und ich habe Angst vor intensiven Gefühlen, mit denen ich nicht umgehen könnte. Das ist eventuell der Grund, warum ich lieber für mich bleibe.
NA: Bester (Ich will Bester sein, will Wertschätzung) Wie sehr treffen die nebenstehenden Beschreibungen auf Sie zu? 0 = nicht 1 = etwas 2 = deutlich 3 = sehr	Ich bin richtig gut. Bin eigentlich sehr gut. Einer der besten. Ich will Bester sein. Da stecke ich meine Energie rein und schaffe es auch. Ich bin so weit gekommen, dass ich etwas Außergewöhnliches kann und bin. Das muss andere einfach beeindrucken, so dass sie mich bewundern. Wenn ich etwas anpacke, wird etwas Besonderes daraus. Es gibt nur wenige Menschen mit so viel Begabung und Befähigung wie mich. Die meisten Menschen sind nicht zu solchen Leistungen fähig wie ich. Sie bleiben weit hinter mir zurück. Ich steche aus der großen Masse heraus. Ich kann ohne Übertreibung sagen, dass ich einmalig bin. Ich brauche für meinen Selbstwert das Gefühl großartig zu sein, das ich durch die Bewunderung anderer Menschen erhalte.	Leider kann ich mich nicht auf meinen Lorbeeren ausruhen. Ich muss mich anstrengen, um an der Spitze zu bleiben. Ich muss aufpassen, ob mich jemand überholt und übertrumpft. Da hilft es mir, dass ich sensibel auf Kritik reagiere. Allerdings macht mich schon kleine Kritik richtig fertig. Ich bin dann sehr gekränkt. Das lässt mich lange nicht los. Da muss ich wieder ein Triumph einfahren, als Gegengewicht. Als Beweis, dass ich doch nicht nur Durchschnitt bin. Mittelmaß zu sein, würde ich nicht aushalten. Das würde mein Selbstwertgefühl zerstören. Ich habe Angst davor, durch Mittelmäßigkeit ins Nichts abzustürzen, kein bisschen Selbstwert mehr zu haben, weil niemand mir mehr Wertschätzung gibt, niemand nicht mehr bewundert.
EI: Emotional (Ich bin meinen Gefühlen ausgeliefert) Wie sehr treffen die nebenstehenden Beschreibungen auf Sie zu? 0 = nicht 1 = etwas 2 = deutlich 3 = sehr	Meine Emotionen lassen mich die Welt, die Menschen und mich sehr intensiv erleben. Ich spüre sehr viel, erspüre was bei meinem Gegenüber abläuft, erkenne deshalb wie andere Menschen zu mir stehen. Und dies oft lange bevor die anderen verstanden haben, um was es Ihnen geht. Ich kann eine sehr schöne und nahe Beziehung herstellen. Eine Beziehung kommt, die mir und dem anderen sehr guttut. In sehr kurzer Zeit. Sodass wir nicht selten das gleiche fühlen und wollen. Anfangs fühle ich mich in der Beziehung so gut aufgehoben, dass ich mir gar nicht vorstellen kann, wieder	Leider werden meine Beziehungen nach viel zu kurzer Zeit instabil. Ich bekomme dann Angst vor verlassen werden und reagiere so panisch, dass meine Bezugsperson das eines Tages nicht mehr aushält. Mein Kampf gegen das Verlassenwerden wird zu einem Kampf gegen meine Bezugsperson, zumindest fasst diese das so auf, weil ich so wütend werde. Ich kann meine Gefühle nicht im Zaum halten und reagiere oft kopflos. Meine Angst vor Verlassenwerden und Alleinsein führt vielleicht dazu, dass es wirklich geschieht. Manchmal trenne ich mich, um dem Verlassenwerden zuvorzukommen.

	verlassen zu werden. Ich brauche und erhoffe einen Menschen, der mich niemals verlässt.	
PR: Misstrauisch (Ich vertraue nicht) Wie sehr treffen die nebenstehenden Beschreibungen auf Sie zu? 0 = nicht 1 = etwas 2 = deutlich 3 = sehr	Weshalb sollte ich anderen Menschen Vertrauen? Irgendwann passiert es doch, dass jemand dem ich vertraut habe, sich gegen mich wendet oder wir schadet. Also rechne ich bei jedem Menschen damit, dass er etwas tun wird, was Vertrauensbruch ist. Ich bin gewappnet. Menschen sind so. Ich lasse mir nicht einreden, dass ich diesmal wirklich vertrauen könne. Weil ich so wachsam bin, merke ich sehr schnell, dass hinter dem Verhalten meines Gegenübers eine Gemeinheit, eine Verlogenheit, ein Betrug oder ein Angriff steckt. Ich brauche absolute Sicherheit, rechtzeitig eine Feindseligkeit entdecken zu können.	Ich bedaure, dass es keine vertrauenswürdigen Menschen gibt. Und dass ich unentwegt auf der Hut sein muss. Wie soll ich da in Ruhe und Frieden leben können, wenn Menschen so sind? Leider habe ich keinen Anlass, eine gute Beziehung entstehen zu lassen. Ich leide darunter, dass es nur Menschen gibt, die mein Vertrauen missbrauchen würden. Dadurch bleibe ich vorsichtshalber für mich. Ich habe Angst davor, dass ich doch jemandem vertraue und dieser dann mein Vertrauen bricht.
Funktionale Züge:		
stark und selbständig (Ich bin stark und brauche keine Hilfe) Wie sehr treffen die nebenstehenden Beschreibungen auf Sie zu? 0 = nicht 1 = etwas 2 = deutlich 3 = sehr	Ich habe in vieler Hinsicht Kompetenzen und eine ganz gute Lebenstüchtigkeit entwickelt. Ich bin zufrieden damit, wie mir vieles gelingt, sei es beruflich oder in meinen privaten Beziehungen. Ich kann gut mit Menschen umgehen und meisterte auch schwierige Situationen. Es ist mir wichtig, nicht schwach zu sein und noch wichtiger, keine Schwächen zu zeigen. Ich möchte nicht auf die Hilfe anderer angewiesen sein. Ich lasse mir nicht gern helfen. Ich begebe mich möglichst nicht in die Hände anderer, die mir Unterstützung geben wollen. Ich fühle mich stark, wenn ich anderen helfen kann. Ich brauche Selbstständigkeit.	Wenn ich immer der Stärkere bin, wird unsere Beziehung ja doch einseitig. Immer bin ich derjenige, der die Verantwortung übernimmt. Eigentlich würde ich auch gerne mal schwach sein dürfen, sodass jemand auf eine gute Weise für mich sorgt und ich mich getragen fühle. Aber ich schaffe es einfach nicht, Schwäche zu zeigen und um Hilfe zu bitten. Ich schaffe es nicht einmal, mir selbst einzugestehen, dass ich jetzt jemand brauche, der für mich da ist. Erst wenn ich quasi am Boden liege und nicht mehr aufstehen kann, geht das. So viel Angst habe ich davor, schwach zu sein und Hilfe zu brauchen.
Vorausschauend (Ich behalte die Kontrolle) Wie sehr treffen die nebenstehenden Beschreibungen auf Sie zu? 0 = nicht 1 = etwas 2 = deutlich 3 = sehr	Ich fühle mich richtig gut, wenn ich alles im Griff habe. Ich passe gut auf, dass sie die Kontrolle über das habe, was gerade geschieht. Wenn mir das gelingt, fühle ich mich souverän. Ich kann gut voraussehen, was passieren könnte. Deshalb kann ich Eventualitäten in meine Planungen einbeziehen. Da gehe ich auf Nummer sicher. Dazu gehört auch, dass ich andere Menschen gut einschätzen kann und weiß, wie sie reagieren werden. Ich überlasse nichts dem Zufall. Ich brauche die Gewissheit, dass nichts Unvorhersehbares passiert, sodass ich die Kontrolle verliere. Das gilt auch für mich selbst. Ich habe mich im Griff. Ich tue nichts Unkontrolliertes.	Andere können so spontan sein, den Lauf der Dinge dem Zufall überlassen und es passiert ihnen nichts. Ich würde das nicht aushalten. Wenn ich Gefahr laufe, die Kontrolle zu verlieren, bekomme ich große Angst. Manchmal so, dass ich nicht mehr klar denken kann und dadurch schon die Kontrolle verliere. Meine Angst vor Kontrollverlust scheint mich doch sehr zu beherrschen sodass ich mir viele Freiheiten nicht nehmen kann. Ich kann auch nicht ausgelassen mit anderen sein, ohne einen Rest von Kontrolle zu bewahren.

Von diesen Beschreibungen passte

Am besten: …………………………………

Am zweitbesten: …………………………

Am drittbesten: …………………………

Vielen Dank für Ihre Mühe!

Gute Verhaltenstherapie lernen und beherrschen

Band 1 Verhaltenstherapie-WISSEN
So gelangen Sie zu einem tiefen Verständnis des Menschen und seiner Symptome

Können baut auf Wissen auf und Therapie auf Verstehen. Um zu dem notwendigen tiefen Verständnis des Menschen zu gelangen, der zu Ihnen in Psychotherapie kommt, ist ein profundes Wissen unverzichtbar:
– umfangreiche empirische Forschung aus Psychologie und Neurobiologie und
– aktuelle wissenschaftliche Erkenntnis und Theoriebildung.

Das hilft,
– zu einer stimmigen Fallkonzeption,
– einer klaren Therapiestrategie und
– einer effektiven Behandlung zu gelangen
– eine sichere und souveräne und therapeutische Haltung einzunehmen.

Wissen, das man gern griffbereit hat.

ISBN 978-3-86294-046-2 | Hardcover DIN A 4 | 438 S. | 59,–

Band 2 Verhaltenstherapie-PRAXIS
Alles, was Sie für eine gute Therapie brauchen

Moderne kognitive Verhaltenstherapie mit ihren
– störungsspezifischen evidenzbasierten Therapien,
– störungsübergreifenden Interventionen und
– der Wirkungskraft des Expositionsprinzips
– auf dem Erkenntnis- und Kompetenzstand der Verhaltenstherapie der dritten Welle,
– fokussiert auf Emotionsregulation,
– korrigierenden Beziehungserfahrungen,
– Metakognition und Entwicklung des Denkens und Fühlens; dazu die Perspektive der evidenz-basierten Strategisch-Behavioralen Therapie
– schemaanalytisch (dysfunktionale Überlebensregel) und
– funktionsanalytisch (Reaktionskette zum Symptom)
– Alle wichtigen Interventionen anschaulich beschrieben
– von der ersten Therapiestunde mit dem ersten Patienten an.

Ein Therapiebuch als ständiger Begleiter.

ISBN 978-3-86294-047-9 | Hardcover DIN A 4 | 316 S. | 59,–

7. Auflage 2017
Verhaltensanalyse
Therapieplanung
Zielanalyse
Falldokumentation
Fallbericht
Bericht an den Gutachter
Antragstellung
VDS | VDS -Report

> > > >Seit 1.4.2017 NEUER Leitfaden für den Bericht an die GutachterIn da sich die Psychotherapie-Richtlinien und die Psychotherapie-Vereinbarungen geändert haben.

Das Handbuch „Verhaltensdiagnostik und Fallkonzeption" zum Anfertigen der Verhaltensanalyse, der Zielanalyse und des Therapieplans sowie zum Schreiben der Falldokumentation in der Aus- und Weiterbildung Verhaltenstherapie. Von der Erstuntersuchung, der Befunderhebung, der Anamnese, der Verhaltensbeobachtung, die Diagnosestellung über Verhaltens-, Zielanalyse und Therapieplanung findet sich alles Benötigte. Mit ausführlichen Beispiel-Falldokumentationen und anschaulichen Störungsmodellen etc.

Wer weitere Hilfestellung haben möchte
- kann den NEUEN Leitfaden Bericht an die GutachterIn VT-Langzeittherapie herunterladen
- sei auf unsere Antragstellung-Software VDS-Report verwiesen, die hilft, die neuen Kassenanträge schnell und qualifiziert zu schreiben

S. K. D. Sulz | ISBN 978-3-86294-051-6 | 438 Seiten | € 59,–

>>>>>>>> **http://software.cip-medien.com/product/vds-report** <<<<<<<<

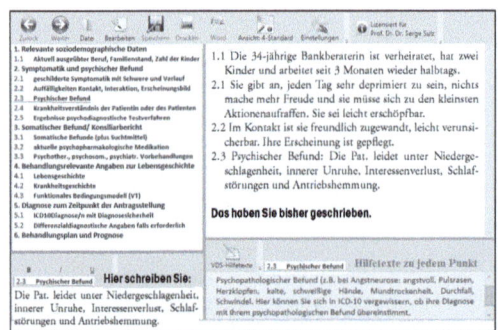

Forschung

Strategic Recommendations for
Psychosocial Support / Forschung

 Jona M. Meyer

ISBN 978-3-7431-6780-3

Broschur | 204 S. | 32,– €

E-Book 978-3-7448-4234-1 | 11,99 €

Ösophagusatresie – Betroffene Familien
kommen zu Wort.

 Julia Dumsky, Kurt Wedlich

ISBN 978-3-86294-050-9

Broschur | 239 S. | 25,– €

E-Book 978-3-8629-4052-3 | 22,99 €

Biographische Determinanten der Disposition zu psychischer Erkrankung – Evaluation
des VDS 1-Fragebogens

 Susanne Schönwald

ISBN 978-3-7392-0786-5

Broschur | 644 S. | 39,– €

E-Book 978-3-7392-6376-2 | 24,99

Strategisch-Behaviorale Gruppen-Therapie
der Depression Konzeption und Evaluation
im stationär-psychiatrischen Setting

 Iris Liwowsky

ISBN 978-3-735788-89-4

Broschur | 217 S. | 39,– €

E-Book 978-3-7357-5512-4 | 24,99 €

Evaluation und Prädiktion therapeutischer
Veränderung im Rahmen der Strategisch-
Behavioralen Therapie

 Miriam Hebing

ISBN 978-3-86294-006-6

Broschur | 360 S. | 39,– €

Strategische Jugendlichentherapie (SJT) bei
internalisierenden Störungen und Schulverweigerung – eine Evaluationsstudie

 Florian Sedlacek

ISBN 978-3-7386-1473-2

Broschur | 204 S. | 39,– €

E-Book 978-3-7448-4234-1 | 11,99 €

Analyse Impliziter und Expliziter Prozessfaktoren in der Psychotherapie

 Susanne Graßl

ISBN 978-3-73223-27-9

Broschur | 388 S. | 39,– €

E-Book 978-3-7322-2030-4 | 24,99 €

Strategische Therapien

 Serge K. D. Sulz

ISBN 978-3-86294-027-1

Broschur | 376 S. | 34,– €

Strategische Jugendlichentherapie (SJT) –
Evaluation im Einzelgruppensetting

 Annette Richter-Benedikt

ISBN 978-3-7392-4571-2

Broschur | 350 S. | 39,– €

Evaluation des strategisch-behavioralen
Therapiemoduls „Entwicklung als Therapie"

 Veit-Uwe Hoy

ISBN 978-3-7386-0888-5

Broschur | 462 S. | 39,– €

E-Book 9783738685572 | 36,99 €

PKR SJT

SBT SKT

Forschung – Entwicklung – Praxis

S. Sulz (Hrsg.)

Strategische Therapien

Die Strategisch-Behaviorale Therapie (SBT) wird von ihrer Entstehung aus der Strategischen Kurzzeittherapie (SKT) (Sulz 1994) an bis zu den neuesten Konzept-Entwicklungen und Erweiterungen des Embodiments, der Mentalisierung und der Selbstmodi und Entwicklungsmodi dargestellt wird – als erste deutsche third wave Therapie. Viele der von Grawe (1998) vier Jahre später in seiner psychologischen Grundlegung der Psychotherapie beschriebenen Faktoren sind in der SKT im Kernbereich der Therapiestrategie.

Die inzwischen vier Stränge des strategischen Therapiekonzepts – **Kurztherapie, Langzeittherapie, Jugendtherapie und PKP** – bieten sowohl die Möglichkeit, ein vertieftes Verständnis des psychisch erkrankten Menschen zu erreichen, als auch ein daraus abgeleitetes reichhaltiges Therapierepertoire zu entwickeln. Die konkrete Therapie entfaltet sich auf der Basis der kognitiv-affektiven Entwicklungstheorie, dem individuellen Störungsmodell, daraus abgeleiteter Strategien, in der interpersonellen Begegnung bei tiefem Verständnis (rational und empathisch) des Patienten – teils unter Anwendung definierter Interventionen, teils ohne diese im persönlichen Dialog. Wissenschaftlich basiert der strategische Ansatz auf dem aktuellen Stand der kognitiven Verhaltenstherapie sowie auf Forschungen aus dem Bereich der Neurobiologie, Psychologie, besonders der Emotionspsychologie und der Psychotherapieforschung, einschließlich psychodynamischer Entwicklungen und Forschungen.

ISBN 978-3-86294-027-1 | 376 S. | € 39,–